Laurie Lee

Cider mit Rosie

mit 13 Aquarellen von Laura Stoddart

Aus dem Englischen von Pociao und Walter Hartmann

Die Übersetzer bedanken sich bei ihrer Vorgängerin
Grete Felten

Inhaltsverzeichnis

Erstes Licht

Ich war drei Jahre alt, als man mich vom Wagen des Fuhrmanns herunterhob auf den Boden, und mein Leben auf dem Dorf begann mit Schrecken und Verwirrung.

Das hohe Junigras, in dem ich stand, reichte mir bis über den Kopf, und ich weinte. Nie war mir Gras so dicht auf den Leib gerückt. Es ragte ringsum in die Höhe, jedes einzelne Blatt von der Sonne getigert. Es war scharfkantig und von einem dunklen, boshaften Grün, wuchs dicht wie ein Wald und wimmelte von Heuschrecken, die zirpten und schwatzten und wie Affen durch die Luft sprangen.

Verloren stand ich da und wusste nicht, wohin. Vom Boden stieg eine tropische Hitze auf, begleitet von einem scharfen Geruch nach Nesseln und Wurzelwerk. Schneeweiße Wolken von Holunderblüten türmten sich am Himmel, wollten mich betäuben mit ihren Flöckchen und schwindelerregend süßen Düften. Hoch oben schossen aufgeregte Lerchen umher und machten ein Geschrei, als bräche der Himmel in Stücke.

Zum ersten Mal in meinem Leben gab es keinen Menschen in Sichtweite. Zum ersten Mal in meinem Leben war ich allein in einer Welt, deren Verhalten ich weder vorhersehen noch begreifen konnte: eine Welt aus kreischenden Vögeln, stinkenden Pflanzen und jäh hochspringenden Insekten. Ich war verloren und rechnete nicht damit, dass mich einer finden würde. Ich legte den Kopf in den Nacken und brüllte, und die Sonne traf mein Gesicht wie eine Ohrfeige.

Aus diesem Alptraum am hellen Tag errettete mich – wie so oft – das Erscheinen meiner Schwestern. Laut rufend kamen sie die steile, unwegsame Böschung heraufgeklettert, teilten das hohe Gras und fanden mich. Rosige Gesichter, vertraut und lebendig – große glänzende Gesichter, die wie Schilde zwischen mir und dem Himmel schwebten, Grinsgesichter mit weißen Zähnen (und Lücken dazwischen), die man wie Geister mit lautem Gezeter heraufbeschwören konnte und die alle Ängste verscheuchten mit ihrer derben Schelte und Zärtlichkeit. Zu dritt standen sie über mich gebeugt – Mund und Hände verschmiert vom Saft roter Johannisbeeren.

»Ist ja gut, nun hör schon auf zu heulen. Komm runter hier, komm nach Hause, da gibt's Johannisbeeren satt!«

Und Marjorie, die Älteste, hob mich hinauf in ihre lange braune Mähne, trabte mit mir den Pfad hinab, durch den abschüssigen Garten voller Rosen, und setzte mich auf der Schwelle des Hauses ab, das nun unser Zuhause war, auch wenn ich es noch gar nicht fassen konnte.

Das war der Tag unsrer Ankunft im Dorf, im letzten Sommer des Ersten Weltkriegs. In einem Haus mit Garten, der einen halben Morgen groß war und am abfallenden Ufer eines Sees lag, ein dreistöckiges Haus mit Keller und einem eingemauerten Schatz, mit einer Wasserpumpe und Apfelbäumen, Flieder und Erdbeeren, mit Saatkrähen im Rauchfang, Fröschen im Keller, Schwamm an der Decke – und all das für dreieinhalb Shilling die Woche.

Wo ich vorher gewohnt habe, weiß ich nicht. Mein Leben hatte auf dem Wagen des Fuhrmanns begonnen, der mich über die langen sanften Hügel zu diesem Dorf gebracht hatte, wo ich, im hohen Gras abgesetzt, erst mal verloren ging. Auf dem Wagen hatte man mir einen Union Jack umgehängt, zum Schutz gegen die pralle Sonne, und als ich mich davon befreite und heulend im sirrenden Dschungel dieses Sommerhangs stand – in diesem Moment, so erschien es mir, wurde ich geboren. Und auch für die anderen, unsere ganze achtköpfige Familie, begann da das Leben. An jenem ersten Tag aber wussten wir alle weder ein noch aus. Das Chaos war über uns hereingebrochen mit Wagenladungen voller Hausrat, auf dem Küchenboden krabbelte ich durch einen Wald aus umgedrehten Stuhlbeinen und blitzende Felder aus Glas. Angespült an einem fremden Strand, begannen wir auszuschwärmen, auf der Suche nach seinen Quellen und Schätzen. Die Schwestern verbrachten diesen ersten Tag im Garten und plünderten die Früchte von den Büschen, bis es dunkel wurde. Die Johannisbeeren waren reif; Trauben roter, schwarzer und weißer Beeren hingen umflochten von wilden Rosen. Für die Mädchen war es eine nie gekannte Beute; johlend huschten sie von Busch zu Busch und fielen wie Spatzen über die Früchte her.

Auch unsere Mutter ließ sich von ihren Pflichten ablenken, verführt von der üppigen Wildnis eines seit langem vernachlässigten Gartens. Den ganzen Tag trabte sie hin und her, erhitzt und schwatzhaft, stellte Blumen in jeden Topf und Krug, den sie am Küchenboden finden konnte. Blumen aus dem Garten, Gänseblümchen von der Böschung, wilden Kerbel, Gräser, Farn und Laub – ganze Arme voll trug sie zur Tür hinein, bis der dämmrige Innenraum gänzlich von der Welt da draußen besetzt schien – ein stiller grüner Teich, geflutet von den honigsüßen Gezeiten des Sommers.

Das wirre Durcheinander auf dem Boden erschien mir wie ein Floß; auf dem saß ich und spähte zum Fenster hinaus, das der grün wuchernde Garten vollkommen einnahm. Ich sah die zwischen den Johannisbeerbüschen umhertollenden Mädchen, mit ihren langen schwarzen Strümpfen, über denen die weiße Haut aufblitzte. Hin und wieder kam eine in die Küche geflitzt, schob mir ganze Hände voll zerdrückter Beeren in den aufgesperrten Mund und sauste wieder hinaus. Und je mehr ich davon bekam, desto mehr verlangte ich. Es war, als fütterten sie einen fetten kleinen Kuckuck.

Es war ein langer Tag, immerzu krähte, zwitscherte oder schepperte etwas. Keiner erledigte wirklich eine Arbeit, zu essen gab es nur Beeren und Brot. Ich krabbelte zwischen dem Nippes und Krimskrams auf dem unvertrauten Fußboden umher – Glasfischen und Porzellanhunden, Schäfern und Schäferinnen, Bronzereitern, stehengebliebenen Uhren, Barometern und Fotografien bärtiger Männer. Jedem Objekt stattete ich einen Besuch ab, denn es waren die Heiligtümer und Merkmale einer vage erinnerten Landschaft. Aber während ich zusah, wie die Sonne über die Wände wanderte und sich dann im Kristallglas der im Eck stehenden Gefäße buntschillernd brach, sehnte ich mich danach, dass wieder Ordnung herrschte.

Dann war der Tag plötzlich zu Ende, und das Haus war eingerichtet. Jeder Besenstiel, jede Tasse und jedes Bild war unverrückbar an seinem Platz; die Betten waren bezogen, an den Fenstern hingen Vorhänge, die Strohmatten waren ausgelegt, das Haus war Heim geworden. Ich kann mich nicht erinnern, wie es geschah, doch auf einmal schien der unleugbare Charakter des Hauses spürbar, mit seinem Geruch, dem Chaos und der ihm eigenen Logik, als sei es nie anders gewesen. Bis zum

Einbruch der Nacht war an jenem ersten Tag Ordnung eingekehrt, und das Haus hatte ein Gesicht. Vorbei die beunruhigen-
de Verlorenheit der achtlos auf dem Küchenboden abgestellten
Gegenstände – alles hatte seinen Platz gefunden, den es ein für
alle Mal behielt. Und von jenem Tag an wuchsen wir heran. Die häusli-
che Ordnung wurde so manches Mal durchgeschüttelt wie eine
Schneekugel, wobei Betten, Stühle und Dekorationsobjekte
von einem Zimmer ins andere wirbelten, getrieben von der
stürmischen Tatkraft meiner Mutter und der Mädchen. Doch
stets fanden diese Objekte wieder ihren Platz im Geviert der
Wände, alles war noch da, jedes sah aus wie zuvor; und so ging
das zwanzig Jahre lang.

Nun maß ich das Wachstum dieses ersten Jahres am Gelände,
das sich mir zunehmend erschloss, an den neuen Fertigkeiten
des Anziehens und Umherstreifens, die ich nach und nach lernte. Wenn ich mich zu einem kleinen Ball machte, hochsprang
und mit der Faust auf die Klinke schlug, konnte ich die Küchentür öffnen. In das hohe Bett konnte ich klettern, indem ich das
Eisengestänge als Trittleiter nahm. Ich konnte pfeifen, mir aber
nicht die Schnürsenkel zubinden. Das Leben wurde zu einer
Folge von Experimenten, die entweder Kummer brachten oder
den Erfolg des Gelingens: ein Abwägen der Ordnungen und
Geheimnisse des Hauses, während die Zeit golden schimmerte
und endlos schien, wenn der Körper nach all dem Umherspring-
en und Klettern die aberwitzige Starre eines Insekts annahm,
gleichsam versteinert stundenlang nur atmete und schaute. Ich
sah die Staubpartikel im durchsonnten Raum herabschweben,
kannte eine Ameise vom Anfang bis zum Ende ihres Lebens,

musterte die Astknoten in der Schlafzimmerdecke – sie liefen dahin wie Neger im trüben Dämmer des Morgens oder glitten verstohlen von Brett zu Brett, doch im fahlen Licht des Tages waren alle wieder am Platz, nicht gruseliger als Fossilien im Schiefer.

Diese Astknoten an der Schlafzimmerdecke waren eine Welt für sich, hier konnten meine Augen endlos schweifen, auf Reise gehen im langen Urweltdämmer des Erwachens, zu dem ein Kind verdonnert ist. Es waren Archipele in einem Ozean aus blutrotem Firnis, Heere, die sich gegen mich aufgestellt und vereint hatten, das Alphabet einer unheimlichen Sprache und das erste Buch, das ich lesen lernte.

Das Haus mit seinen bröckelnden Mauern, seinen Geräuschen und Schatten, mit den imaginierten Füchsen unter dem Dielenboden war die Basis, von der ich auszog und Pfaden folgte, die, so wie meine Kräfte Tag um Tag wuchsen, Stück um Stück weiter hinausführten. Von Stein zu Stein schickte ich meine Sinne aus, eine winzige Nussschale, quer übers unergründliche Meer dieses weglosen Hofes, wie ein Wilder, der die Pazifik-Inseln in der Südsee abklappert. Augen und Nase erkundeten, grapschende Finger eroberten ein neues Grasbüschel, ein Farnblatt, eine Nacktschnecke, den Schädel eines Vogels, einen Hohlraum voll bunter Schneckenhäuser. In den Sommerewigkeiten jener ersten Tage erweiterte ich meine Welt und kartografierte sie gedanklich, prägte mir die sicheren Häfen ein, die Staubwüsten und Wasserlöcher, ihre Schmutzhaufen und beflaggten Büsche. Und kehrte klopfenden Herzens immer wieder zu ihren zahlreichen lockenden Schrecken zurück: dem zerfallenden Vogelskelett im alten Holzkäfig; den eklig-schwarzen, toten Fliegen in der Ecke; den abgelegten, vertrockneten

Schlangenhäuten; der von lautlos wimmelndem Leben tosenden Stadt eines madenbesetzten Katzenkadavers. Einmal geschaut, gingen diese Relikte in den Bereich bekannten Terrains ein. Wenn man sich an sie erinnerte, bekam man Ohrensausen, und zu ihnen zurück kehrte man nur, wenn man sich stark genug fühlte. Es waren die ersten sichtbaren Opfer jener Zerstörungskraft, die, wie ich wusste, Tag und Nacht am Werk war, obwohl ich sie nie dabei ertappte. Dennoch war ich dankbar für diese Opfer. Auch wenn es ein grausiger Anblick war, der nicht aus meinen Träumen weichen wollte, zeigten sie doch den ersten, endlos erscheinenden Potenzialen des Schreckens Grenzen auf. Sie läuterten die Fantasie, indem sie bewiesen, dass das Furchtbare nicht schrankenlos war.

Als Hafenausfahrt galt mir die Spülküchentür, von hier aus erkundete ich die Felsen und Riffe und die Passagen, die sichere Durchfahrt boten. Ich entdeckte den komplexen Aufbau des Hauses mit seinen Irrgängen und Beständen, die Stellen, wo sich sein Zauber konzentrierte, und die Gestalt der grünen sprießenden Garteninsel, auf der es stand. Mutter und Schwestern rauschten an mir vorüber wie Galeonen, mit wehenden Gewändern, und ich erfasste die Gerüche und Geräusche in ihrem Kielwasser, den wogenden Atem, die Karbolfahne, Gesang und Gegrummel, das Klirren zerschellenden Geschirrs.

Wie überwältigend sie erschienen, voll aufgetakelt, diese hoch aufragenden Mädchen mit ihrem flatternden Haar und den geblähten Blusen, die bleichen Arme entblößt, weil es Wäsche oder irgendeine andere Arbeit gab. Jederzeit konnten sie einen entern, um Knöpfe zu schließen oder sonst was, oder man wurde schwungvoll hochgenommen, zappelte wie ein Fisch am Haken und war gefangen in ihrem spitzenbesetzten Leinen.

Die Spülküche war eine Mine, in der man alle Mineralien des Lebens schürfte. Hier entdeckte ich das Wasser – ein ganz anderes Element als die grüne Stinkbrühe in der alten Badewanne, die draußen im Garten stand. Hier konnte man es in reinen blauen Schlucken aus dem Erdboden heraufpumpen, man hängte sich an den Pumpengriff, und es schoss glitzernd hervor wie flüssiger Himmel. Und es spritzte, lief glänzend über den gefliesten Boden, schwappte in einem Krug oder machte einem die Kleider kalt und schwer. Man konnte es trinken, damit malen, es mit Seife zum Schäumen bringen, Käfer darauf schwimmen oder es als Seifenblasen durch die Luft schweben lassen. Man konnte den Kopf hineinstecken, die Augen aufmachen und sehen, wie sich die Wandung des Eimers bog, konnte den angehaltenen Atem brausen hören, mit dem Mund so tun, als sei man ein Fisch, und den Kalk der Erde riechen. Eine magische Substanz, die man verbrauchen, auffangen, verschütten oder in Löcher hinablaufen lassen konnte, nie aber verbrennen, zerbrechen oder zerstören.

Wo die alte Pumpe stand, war die Spülküche das Reich des Wassers. Und hier gab es alles Weitere, das mit Wasser zu tun hatte: dichten Dampf an den Montagen, die steif vor Stärke waren; kochende Seifenlauge, schwellender, platzender Schaum, wispernd und schimmernd, schillernd wie ein Regenbogen, in dem Tausende winziger Fenster blinkten. Brodel, brodel, Mühsal und Murren, Laken und Hemden werden gespült und geklatscht, und die schnaufende Mutter rudert mit roten Armen in den dampfenden Wellen. Dann wird die Wäsche mit einem Stiel aus dem Kessel geholt, wie Kuchenteig oder gewebter Schaum oder gebündelte Schneedecken.

Hier wurden auch die Fliesen geschrubbt und die Stiefel

gebürstet, ebenso Arme und Hälse, rotes und weißes Gemüse. Betrat man das morgendliche Durcheinander dieses Raums, lag der komplette Garten tropfnass auf dem Tisch. Kleingeschnittene Karottenscheiben wie Kupfermünzen, Radieschen und Lauch, Kartoffeln, in Wasser getaucht und von Erdkrusten befreit, dazu kam das Schnalzen knackiger Erbsenschoten mit Reihen von grünen Perlen und das Zupfen klebriger Bohnen aus ihren faserigen Nestern.

Verstohlen plünderte man zwischen diesen Zurichtungen und knabberte sich gleich einer Ratte durch Wurzeln und Blätter voran. Kühl und frisch wie festes Wasser rollten die Erbsen unter der Zunge, und die Zähne zermalmten die grünen Schalen saurer Äpfel und die süße weiße Stärke der Rüben. Verscheucht von feuchten, mehlüberzogenen Händen, kehrte man verdrossen in stummer Begierde wieder. Fetzen von warmem Gebäckteig wurden zu Männern und Frauen – Köpfe und Arme aus ungesalzenem Fleisch, das allein mit dem Traum vom Kannibalismus gewürzt war.

Große Mahlzeiten wurden in diesem Raum zubereitet, Kochkessel voller Eintopf für den unstillbaren Hunger von acht Mäulern. Eintöpfe aus allem, was an diesen fruchtbaren Ufern wuchs, mit Salbei gewürzt, mit Brühwürfeln und ein paar Lammknochen verfeinert. Es gab, wohl wahr, wenig Fleisch in jenen Zeiten; manchmal ein Pfund magerer Rippchen zum Kochen oder ab und zu einen Hasen, den ein Nachbar vor die Tür gelegt hatte. Doch in der Saison hatten wir Gemüse in Hülle und Fülle; Linsen und Brot lieferten die Ballaststoffe. Acht bis zehn Laibe wurden jeden Tag ins Haus geliefert, und trocken wurden sie bei uns nie. Die Kruste war noch ofenwarm, da rissen wir sie schon in Stücke, und ihre Eintönigkeit wurde belebt

durch allerlei Objekte, die wir in ihrem Innern fanden – Bind-
fäden, Nägel, Papier und einmal gar eine Maus; seinerzeit ging
man noch unbekümmert ans Backen. Unsere Linsen wurden in
dem großen Topf gekocht, in dem wir am Samstagabend auch
das Badewasser erhitzten. Unser kleines Holzfeuer lieferte nur
genügend Warmwasser für ein Bad, das wir uns dann der Reihe
nach teilten. Weil ich der Zweitjüngste war, enthielt mein Wasser immer schon den Schmutz meiner Vorgänger, und die Aus-
wirkungen dieses Privilegs spüre ich bis auf den heutigen Tag.

Eines Morgens erwachte ich im weißgetünchten Schlafzimmer, schlug die Augen auf und stellte fest, dass ich blind
geworden war. Auch wenn ich sie weit aufriss und angestrengt
spähte, sah ich nichts von dem Zimmer, nur einen goldenen
Schimmer, der stumpf auf meinen blinzelnden Lidern lag. Ich
betastete meinen Körper: Er war da. Ich hörte die Vögel singen.
Dennoch war nichts von der Welt zu sehen, nur dieses gelbliche,
zitternde Licht. War ich etwa gestorben? War ich im Himmel?
Was immer es sein mochte, es gefiel mir nicht. Ich war zu früh
aus einem Traum voller Krokodile erwacht und hatte keine Lust
auf neue Bedrängnis. Da hörte ich die Mädchen auf der Treppe.
»Marge!«, rief ich.»Ich kann nichts mehr sehen!« Und
heulte wieder mal los.

Barfüßige Schritte eilten herbei, ich hörte Marjorie kichern.
»Schau ihn dir bloß an, Doth«, sagte sie.»Lauf und hol
einen Waschlappen – seine Augen sind wieder verklebt.«

Der kalte Saum des Waschlappens fuhr mir triefnass übers
Gesicht, und ich fand mich in der Welt wieder. Sah Bett und
Deckenbalken, das sonnenhelle Viereck des Fensters und die
Schwestern, die sich grinsend über mich beugten.

»Wer war das?«, rief ich.

»Niemand, Dummerchen. Deine Augen waren verklebt, das ist alles.«

Der süße Klebstoff des Schlafs; das war mir schon öfter passiert, aber irgendwie vergaß ich es immer. Also drohte ich den Mädchen, ich würde auch ihre zukleben; ich war wach, ich konnte sehen und war glücklich. Ich lag da und schaute zum kleinen grünen Fenster hinaus. Die Welt draußen leuchtete so rot, als stünde sie in Flammen. So hatte sie noch nie ausgesehen.

»Doth?«, rief ich, »was ist mit den Bäumen passiert?«

Dorothy zog sich gerade an. Sie lehnte sich träge und schlaftrunken aus dem Fenster, und das Licht floss durch ihr Nachthemd wie Sand durch ein Sieb.

»Gar nichts ist mit denen passiert«, erwiderte sie.

»Und ob«, sagte ich. »Sie fallen ja auseinander!«

Dorothy gähnte ausgiebig, kratzte sich unter der dunklen Mähne, und aus ihrem Haar schwebten weiße Daunen.

»Das sind bloß die fallenden Blätter. Wir haben jetzt Herbst. Im Herbst fallen immer die Blätter.«

Herbst? Im Herbst. Das war es also. Da fallen immer die Blätter, und es riecht so eigenartig. Ich malte mir aus, dass es so bleiben würde und sich nichts mehr änderte, dass es für alle Zeiten diese feuerroten Wälder gab, die immer weiter loderten wie der Dornbusch von Moses und so selbstverständlich zu diesem neu entdeckten Land gehörten wie der ewige Schnee zum Nordpol. Wieso waren wir an einen solchen Ort gezogen?

Marjorie, die hinuntergegangen war, um beim Frühstück zu helfen, kam wieder die Teppe heraufgepoltert.

»Doth«, flüsterte sie; sie schien aufgeregt und verängstigt.

»Doth … er ist wieder da. Hilf Loll beim Anziehen und komm dann schnell nach unten.«

Wir gingen hinunter und sahen ihn am Kamin sitzen, lächelnd, nass und durchgefroren. Ich stieg auf einen Stuhl am Frühstückstisch und starrte ihn an, diesen Fremden. Mir erschien er weniger wie ein Mensch, eher wie ein Sammelsurium von Dingen aus dem Wald. Sein Gesicht war rot und zerknittert, und es leuchtete wie ein Baumpilz. Er hatte Blätter in seinem verfilzten Haar, kleine Zweige und Laub hafteten an seinen zerschlissenen Kleidern, überall an diesem Mann. Seine Stiefel sahen aus wie das schwarze modrige Zeug, das man findet, wenn man unter einem Baum gräbt. Mutter setzte ihm Porridge und Brot vor, und er schenkte uns allen ein bleiches Lächeln.

»Muss ja grauenhaft sein, draußen im Wald«, sagte unsere Mutter.

»Ich hab ein paar Säcke, Ma'm«, sagte er und löffelte seinen Porridge. »Die halten mir die Nässe vom Leib.«

Das würden sie keineswegs tun, im Gegenteil, sie würden die Nässe aufsaugen wie ein Schwamm und ihn in Feuchtigkeit einhüllen.

»Sie sollten nicht so ein Leben führen«, sagte Mutter. »Gehen Sie lieber nach Hause zurück.«

»Nein«, sagte der Mann lächelnd. »Das geht nicht. Die würden mich im Handumdrehen hoppnehmen.«

Mutter schüttelte betrübt den Kopf, seufzte und gab ihm noch etwas Porridge. Wir Jungs waren entzückt von der Erscheinung des Mannes; die pingeligen Mädchen wussten nicht so recht. Jedenfalls war er kein Landstreicher, sonst hätte ihn Mutter nicht in die Küche gelassen. In seiner Tasche trug er vier glänzende Medaillen, die er hervorholte, blank polierte und wie Münzen auf dem Tisch präsentierte. Er redete anders als die Leute, die wir kannten; viele seiner Worte begriffen wir gar nicht. Doch Mutter verstand ihn offenbar, sie stellte ihm Fragen und schaute sich die Fotografien an, die er unter seinem Hemd hervorholte, gab wieder einen Seufzer von sich und schüttelte den Kopf. Er erzählte einiges von Gefechten und vom Fliegen in der Luft, und für uns hörte sich alles ganz wundervoll an.

Er stammte nicht aus dieser Gegend. Eines frühen Morgens war er an der Haustür aufgetaucht und hatte um eine Tasse Tee gebeten. Unsere Mutter hatte ihn hereingeholt und ihm ein komplettes Frühstück vorgesetzt. Damals hatte er Blutflecken im Gesicht gehabt und einen äußerst erschöpften Eindruck gemacht. Doch als er dann in einer Küche saß mit einer Frau und vielen Kindern um sich, da hatten seine Augen gestrahlt und sein Bart geschmunzelt. Er erzählte uns, dass er im Wald schlief, was ich eine gute Idee fand. Und er war Soldat, das hatten wir von Mutter erfahren.

Über den Krieg wusste ich Bescheid; alle meine Onkel waren dort; seit meiner Geburt hatte ich die Leute immerzu davon reden hören. Manchmal kletterte ich in den Korbsessel am Kamin, schloss die Augen und sah braune Männer über ein Schlachtfeld laufen. Ich war drei, aber ich sah sie herumstapfen und sterben und hatte ein Gefühl, als wäre ich älter als sie.

Der Mann sah nicht aus wie ein Soldat. Er hatte kein glänzendes Messing an sich, trug keinen Lederkoppel, keinen gewachsten Backenbart wie meine Onkel. Er hatte einen ungepflegten Vollbart, seine Militärkluft war zerlumpt. Aber die Mädchen bestanden darauf, dass er Soldat war; sie sagten es leise, als wäre es ein Geheimnis. Und als er zum Frühstück in unser Haus kam und ich ihn gebeugt am Ofen sitzen sah, dampfend vor Feuchtigkeit, übersät mit Blättern und Schmutz, fiel mir ein, dass er da oben in den Wäldern schlief. Ich stellte mir vor, wie er schlief, dann ein bisschen in die Schlacht zog und anschließend auf eine Tasse Tee zu uns kam. Er war der Krieg, und der Krieg war da draußen; ich hätte ihn gern gefragt: »Wie läuft der Krieg denn so, im Wald?«

Aber er hat uns nie davon erzählt. Er saß da und trank seinen Tee, schluckte und schnaufte, während die Ofenhitze die Feuchte aus den dampfenden Kleidern zog und es aussah, als stiegen Geister von ihm auf. Wenn sich unsere Blicke trafen, dann verzog sich sein Bart zu einem Lächeln. Und als Bruder Jack mit einem Löffel auf ihn schoss und sagte: »Ich bin 'n Soldat!«, erwiderte er leise: »Aye, mein Sohn, du würdest gewiss einen besseren abgeben als ich.«

Als ich das hörte, fragte ich mich, wie es jetzt wohl um den Krieg stand. Sah er so abgerissen aus, weil er ein schlechter Soldat war? Hatte er den Krieg in den Wäldern verloren?

Als er nicht mehr wiederkam, wusste ich, dass es stimmte. Die Mädchen sagten, Polizisten hätten ihn in einem Wagen abtransportiert. Und Mutter seufzte und war traurig über den armen Mann.

Bei einem Wetter, das mir neu war und lärmte mit stürmischen, kalten Winden, verließ uns Mutter, um meinen Vater zu besuchen. Das war ganz weit weg, außer Sichtweite. An ihr Fortgehen kann ich mich nicht erinnern, doch plötzlich gab es nur die Mädchen im Haus, die mit Besen und Spüllappen durcheinanderliefen, stritten, zankten und uns ins Bett brachten, wenn es gerade passte. Unser Haus, unser Essen, alles roch jetzt anders, und die Mahlzeiten kamen einem vor wie kläglich misslungene Zaubertricks; sie waren entweder kalt, nur halb gar oder schwarz verkohlt. Marjorie war überall zugleich und stets außer Atem; mit vierzehn Jahren hatte sie für die ganze Familie zu sorgen. Wenn mir die Strümpfe runterrutschten, blieben sie unten. Über längere Zeit hinweg wurde ich nicht gewaschen. Dunkles Laub wehte ins Haus und sammelte sich in den Ecken; wenn es regnete, waren die Böden nass, und in der Küche hing auf sämtlichen Leinen die Wäsche und tropfte traurig auf alles und jeden.

Aber zu essen gab es. Die Mädchen liefen mit nervösem Kichern umher, erschöpft von einem Spiel, das sie nur verlieren konnten. Im Lauf der Tage häufte sich im Haus ein so wüstes Durcheinander an, dass ich die einzelnen Zimmer nicht mehr unterscheiden konnte. Ich lebte unbeschwert in den Tag und buddelte draußen im Erdreich, bis ich schwarz war wie ein Dachs. Wenn mir die Nase lief, fand dies genauso wenig Beachtung wie meine Füße. Ich ließ meine Schuhe als Schiffe auf dem Abflusskanal fahren, ich schnitt Laken in Streifen, machte mir Wickelgamaschen und marschierte wie ein Soldat durch das verrottete Laub. Ich nutzte die Gelegenheit zu ausschweifenden Wanderungen, futterte unterwegs alle möglichen Sachen, bunte Beeren, Laub und Engerlinge; mir wurde jeden Tag schlecht, was ich aber mit heldenhaftem Stolz ertrug.

Die Schwestern waren ständig im Haus unterwegs, sie eilten treppauf und treppab, bedrängt von allen Seiten – vom eindringenden Regen, den schmutzstarrenden Jungs, versengten Laken, angebranntem Essen und überkochenden Wasserkesseln. Das Puppenhaus war zum Tollhaus geworden, die Mädchen zarte Vögelchen, die eine Sturmfront durchflogen. Doth kicherte hilflos, Phyl saß heulend zwischen dem Gemüse, und Marjorie verkündete eines schönen Abends: »Ich würd mich jetzt hinlegen und sterben, wenn irgendwo Platz zum Hinlegen wäre.«

Als ich dann vom Ende der Welt erfuhr, war ich keineswegs überrascht. Es deutete ja alles darauf hin. Der Himmel hing tief, schwarze Wolkenwirbel türmten sich; Tag und Nacht toste der Wald wie ein aufgewühlter, brausender Ozean. Eines Abends saßen wir um den Küchentisch und knackten Walnüsse mit unserem besten Messing-Kerzenhalter, als Marjorie aus der Stadt zurückkam. Sie glänzte vom Regen und war beladen mit Brot und Rosinenbrötchen. Und sie war kreidebleich.

»Der Krieg ist aus«, verkündete sie. »Er ist zu Ende.«

»Nie im Leben«, sagte Dorothy.

»Haben sie mir im Laden erzählt«, sagte Marjorie. »Und sie haben Backpflaumen verschenkt.« Sie reichte uns eine Tüte voll, und wir aßen sie roh.

Die Mädchen schenkten sich Tee ein und sprachen darüber. Und ich war mir sicher, nun sei das Ende der Welt gekommen. Mein ganzes Leben lang hatte Krieg geherrscht, der Krieg war die Welt. Jetzt war der Krieg vorbei. Also war es mit der Welt auch vorbei. Anders ergab es für mich keinen Sinn.

»Lasst uns rausgehen und schauen, was da vor sich geht«, sagte Doth.

»Du weißt, dass wir die Kleinen nicht allein lassen können«, erwiderte Marge.

Also kamen wir mit. Es war dunkel; zwischen den glitzernden Dächern des Dorfs hörte man den Widerhall begeisterter Gesänge. Hand in Hand liefen wir durch den Regen, den Hang hinauf und die Dorfstraße entlang. In einem Garten knisterte ein Freudenfeuer, in dessen Schein eine Frau, rot leuchtend wie ein Teufel, mit einem Krug in der Hand Luftsprünge machte und Schreie ausstieß, die nichts mit Singen zu tun hatten. Auch in allen anderen Gärten gab es Freudenfeuer. Auf der Straße näherte sich ein Mann, küsste die Mädchen, hüpfte und vollführte auf Zehenspitzen eine Pirouette. Dann fiel er in den Dreck und lag auf dem Rücken, ruderte mit seinen Beinen wie ein Frosch und krächzte laut ein Lied.

Am liebsten wäre ich stehen geblieben. Noch nie hatte ich einen Mann in so ausgelassener, guter Stimmung gesehen. Doch wir eilten weiter. Wir kamen zum Pub und spähten durch die Fenster hinein. Der Tresen schien geradezu entflammt mit seinen vielen Lampen. Und es sah aus, als würden die Männer mit den rosigen Gesichtern hinter den regennassen Scheiben immerzu anschwellen und gerade in Flammen aufgehen. Sie atmeten Rauch aus, sie tranken Feuer aus goldenen Glaskrügen, und voller Ehrfurcht lauschte ich ihrem lauten Getöse. Hier war mit allem zu rechnen. Und tatsächlich: Ein Mann stand auf und zerdrückte ein Glas wie eine Nuss zwischen den Händen, dann hob er sie lachend hoch, damit alle die Wunden sehen konnten. Aber sein Blut ging unter in dem blutroten Lichtschein ringsum. Zwei Männer kamen eng umschlungen aus der Wirtshaustür getanzt. Streitend und fluchend fielen sie über die Mauer und rollten im Dunkel den Hang hinab.

Eine Frau, die wir nicht sehen konnten, fing laut an zu kreischen. »Jimmy! Jimmy!«, jammerte sie. »Oh Jimmy! Das wird ihn umbringen! Ich werd den Pfarrer holen gehn, jawohl! Ach, Jimmy!«

»Hör dir das an!«, sagte Dorothy, zugleich erschrocken und entzückt.

»Die Kinder gehören längst ins Bett«, sagte Marjorie.

»Wart noch ein bisschen. Nur eine Sekunde. Wird schon nicht schaden.«

Da fing der Schornstein des Schulhauses an zu brennen. Eine Funkenfontäne schoss hoch in die Nacht hinauf, wand sich und wurde mitgerissen vom Wind, sank herab und tanzte die Straße entlang. Der Kamin zischte wie ein Feuerwerk, enorme Feuerstöße quollen hervor, als leerte sich das kleine Haus, und ich erwartete schon, dass gleich brennende Stühle und Tische, funkelnde Messer und Gabeln folgen würden. Auf den vermoosten Dachziegeln schwelte der schwefelige Ruß, aus den Kaminritzen zischten dünne gelbe Rauchsäulen. Wir standen im Regen und schauten gebannt zu, als hätte man diesen sehenswürdigen Moment für den heutigen Tag aufgespart. Als wäre das Haus und mit ihm der Müll eines ganzen Jahres eigens verschont geblieben, um nun zur allgemeinen Freude in Flammen aufzugehen.

Wie sie alle grölten, hin und her schlurften und sangen, berauscht vom Bier und dem Anblick der Flammen! Doch was kam nun, wenn der Krieg vorbei war? Was würde aus meinen Onkeln werden, die im Krieg lebten? Aus diesen hünenhaften, unnahbaren Männern, die stets aus heiterem Himmel in unserem Haus auftauchten und nach Leder und Pferd rochen. Was würde aus unserem Vater werden, in Uniform wie alle anderen, und dennoch etwas Besonderes, anders als der Rest? Sein Bild hing über dem Klavier, adrett und hochmütig wirkte er, trug eine Mütze mit Dienstgradabzeichen und einen gezwirbelten Schnurrbart. Ich verwechselte ihn immer mit dem Kaiser. Würde er sterben, jetzt, wo der Krieg vorbei war?

Als wir auf den brennenden Schulhauskamin starrten und

die Freudenfeuer des ganzen Tales rochen, begriff ich, dass gerade etwas Bedeutendes vor sich ging. Jeden Augenblick erwartete ich das spektakuläre Ende meines schon recht lange währenden Lebens. O weh, das Ende des Krieges und der Welt! In meinen Schuhen stand das Regenwasser, Mutter war verschwunden, und ich rechnete kaum damit, den nächsten Tag zu erleben.

Erste Namen

Nun herrschte also Frieden, doch ich merkte keinen Unterschied. Unsere Mutter war aus der Ferne heimgekehrt mit aufregenden Geschichten über die Verrücktheiten, die er mit sich brachte – wie Fremde auf der Straße plötzlich stehen geblieben waren und sich geküsst hatten, oder auf Standbilder geklettert waren, um ihn lauthals zu verkünden. Aber was hatte er schon zu bedeuten? Das Essen schmeckte genau wie früher, das Wasser aus der Pumpe war so kalt wie eh und je, unser Haus stürzte nicht ein und wurde auch nicht größer. Der Winter kam mit einer düsteren, ausgemergelten Trübseligkeit, und das Dorf füllte sich mit fremden Männern, die in brauner Uniformhose mit Hosenträgern herumstanden, ihre kurze Tabakspfeife rauchten, sich an den Armen kratzten und schweigend über die Gärten hinwegstarrten.

Ich glaubte kein bisschen an diesen Frieden. Weder gab es eine Erklärung dafür, noch waren Engel erschienen, er hatte keinerlei Einfluss auf den Ablauf meiner Tage und Nächte, noch hatte er die Steine im Hof in Gold verwandelt. Also vergaß ich ihn bald und ging wieder daran, die Geheimnisse zu erkunden, die es im Haus und draußen im Freien gab. Der Garten bot nach wie vor seine unkrautüberwucherten Winkel und seine schwarz gewordenen Kohlköpfe, seine Steine und vertrockneten Blumenstängel. Und das Haus hatte seine kalten und warmen Zonen, finstere Löcher und knarzende Dielen, seine Schreckensbereiche und gesegneten Zufluchtsorte; hinzu kam eine endlose Zahl von allerlei Dingen, die sich klappen und festmachen ließen, an denen man sich schneiden oder verbrennen konnte, die ächzten und seufzten, auf- und zugingen, kippten, klimperten oder pfiffen, kniffen oder kratzten, sich drehten, herunterfielen und kaputtgingen. Es gab auch einen Schrank, in dem es nach Pfeffer roch, einen dumpf hallenden Keller und ein dröhnendes Klavier, es gab vertrocknete Spinnentiere, hin und wieder Streit zwischen Brüdern und den ewigen Trost der Frauen.

Damals war ich noch klein und durfte bei meiner Mutter schlafen, was ich für den ganzen Sinn des Lebens hielt. Wir schliefen in einem Zimmer im ersten Stock auf einer mit Flockwolle gefüllten Matratze; das Bettgestell bestand aus Messingstäben und hatte Vorhänge. Mich allein hatte sie in jenen Tagen als Traumgefährten auserkoren, unter allen in der Familie erwählt für diesen ganz besonderen Liebesbeweis – mein gutes Recht, wie mir schien.

Und so genoss ich in der endlosen Nacht meinen üppigen Schlaf, lag im Schutz ihres fülligen Haars träge an ihren warmen Leib geschmiegt, glücklich und zufrieden in der Geborgenheit ihres Betts. Fern von den Fluchten des Hauses und dem trennenden Tag waren wir zwei nun für uns, Seite an Seite. Das Dunkel erschien mir so schwer und weich wie die Frucht der Schlehe, wenn man ihre Reife fühlen kann. Ein Dunkel voller Wonne und unbeschwerter Trägheit, wo alle Kanten gerundet schienen, alles stimmig war und passte; und wo sich zeigte, dass das, wonach man sich gesehnt und verzehrt hatte, immer noch da war.

Befreit von ihrem lärmenden Tagwerk schlief meine Mutter in ihrem Nachthemd wie ein glückliches Kind. Zusammengekuschelt lag sie in den Kissen, atmete friedlich und gab leise Gluckser von sich. Auf ihren Traumflügen hing ich ihr wie ein Fallschirm im Rücken; oder sie drehte sich um und umschloss mich mit ihrem großen müden Körper, sodass ich behaglich dalag wie eine Maus im Heuschober. Eifersüchtig hütete ich diese tiefen, wortlosen Nächte, wenn wir uns, leise im Schlaf murmelnd, zusammen einrollten; ein Geheimnis, das ich den wachen Tag hindurch bewahrte und das mich über alle anderen erhob. Nur für mich wurde es Nacht, für den Prinzen ihrer Finsternis, der allein um ihre völlige Ohnmacht im Schlaf wusste, ihr totes Gesicht und die nackten tauben Arme. Selbst wenn sie im Morgengrauen aufstand und wieder in die Küche schlurfte, war ich nicht gänzlich verlassen, sondern wälzte mich in die Kuhle, die von der Schlafenden geblieben war, lag in ihrem Lavendelduft und schlief wieder ein in diesem Nest, das sie eigens für mich gemacht hatte.

In jenem dritten Lebensjahr war ich überzeugt, dass sie das Bett für alle Zeiten mit mir teilen würde. Nie war ich eine Nacht von ihr getrennt gewesen, zumindest konnte ich mich nicht daran erinnern. Doch ich wuchs rasch heran und war längst kein Baby mehr; Bruder Tony lauerte bereits in seinem Bettchen. Als ich erstmals davon tuscheln hörte, dass man mich ins Zimmer der Jungs umsiedeln wollte, konnte ich es gar nicht glauben. Das würde meine Mutter doch nie im Leben zulassen? Wie sollte sie eine Nacht ohne mich überstehen?

Meine Schwestern begannen, mich mit Schmeicheleien zu beschwichtigen: »Du bist jetzt erwachsen und ein großer Mann!«, sagten sie, oder: »Du wirst bei Harold und Jack schlafen! Na, was sagst du dazu?« Was sollte ich schon dazu sagen? – Ich fand es bodenlos. Ich tat so, als wäre ich völlig verstört, und gewann damit ein paar Nächte, meine letzten in diesem daunenweichen Bett. Dann änderten die Mädchen ihre Taktik: »Das ist nur vorübergehend. Später kannst du dann zu Mum zurückkommen.« Ich glaubte ihnen nicht so ganz, aber Mutter schwieg, also gab ich den Widerstand auf und spielte mit. Nie wieder durfte ich ins Bett meiner Mutter zurück. Zum ersten Mal erlebte ich Verrat, es war die erste Kostprobe von der Härte des Älterwerdens, und es war meine erste Lektion, wie sanft und gnadenlos eine Zurückweisung durch Frauen erfolgen kann. Man sprach nicht mehr darüber, und ich akzeptierte es. Ich wurde ein bisschen zäher, ein bisschen kälter und wandte meine Aufmerksamkeit der Welt da draußen zu, die nun immer deutlicher aus dem Nebel hervortrat ...

Der Hof und ebenso das Dorf manifestierten sich zuerst durch Zauber und durch Angst. Projektionen ihrer Geister und meiner Sinnestäuschungen füllten die ersten Leerstellen mit dämonischen Figuren. Das Wummern der Pulsschläge, die ich in meinem Kopf hörte, war nicht mehr allein das Ticken einer inneren Uhr, sondern wurde zum Marschtritt von Ungeheuern, der von außen hereindrang. Es waren Kreaturen der »Welt«, sie hatten es auf mich abgesehen und kamen das Tal herauf, sie hatten Körbe über die Köpfe gestülpt und grunzten im Takt meines Herzschlags. Vermutlich waren frühkindliche Kopfschmerzen der Auslöser, aber ich habe angstvolle Tage in Erwartung dieser Dämonengestalten verbracht. Trotzdem: So unermüdlich sie auch marschieren mochten, sie haben es nie weiter als bis zum Rand des Dorfes geschafft.

Dies sorgte tagsüber für Unbehagen, und ich behielt es

für mich. Die Nacht hielt natürlich allerlei andere Dinge bereit, über die ich weit mehr zu klagen hatte – verlöschende Kerzen und Türen, die ins Schloss fielen und mich im Finstern ließen; kopfstehende Gesichter; pechschwarze Löcher im Boden, wo die Vorstellungskraft überschäumte und mich zum Schreien brachte, denn mit Zähneklappern war es hier nicht mehr getan. Dann gab es die Alten Männer, die in den Wänden wohnten, in den Böden und im Abfluss des Klosetts, die uns beäugten und in gnadenloser Gehässigkeit über uns richteten. Offenbar waren es uralte, angemoderte Götter, und sie überwachten uns Jungs immerzu. Schamlos wurden sie von unseren Schwestern beschworen, und in der Tat: In einem Haus ohne väterliches Regiment waren sie ein perfekter Ersatz.

Doch gab es auch einen echten alten Heiden aus Fleisch und Blut, der uns alle eine Zeit lang in Bann schlug. Er kam selten ins Dorf, stets ganz nach Belieben, und wenn es der Fall war, dann wandelte ein Souverän und zugleich etwas Böses unter uns, am deutlichsten aber entfaltete er seine Wirkung bei den Frauen.

Als ich ihn das erste Mal zu Gesicht bekam, hatte ich einen salzigen Geschmack im Mund, das weiß ich noch genau. Es war eine frostklare und mondhelle Winternacht, wir saßen wie üblich in der Küche. Leise bullerte der Ofen, die Kerzen flackerten, die Mädchen plauderten schläfrig. Ich war im Halbschlaf auf den Tisch gesunken, als Marjorie plötzlich »Pssst ...!« machte.

Natürlich hatte sie etwas gehört, ständig hörte jemand irgendwas, also richtete ich mich auf und lauschte halbherzig. Die anderen spitzten in äußerster Anspannung die Ohren; man hätte eine Feder fallen hören können. Zuerst vernahm ich nichts. In den Eiben rief eine Eule und bekam Antwort aus einem fernen Gehölz. Dann sagte Dorothy:»Horcht mal!«; Mutter machte »Pscht!«; und nun waren wir aufs höchste alarmiert. Wie ein Rudel Hirschkühe und Kitze ohne Bock hoben wir alle gleichzeitig den Kopf. Da hörten wir es, weit unten auf der Straße, leise nur, doch unverkennbar – das Schleifen von Metall auf dem gefrorenen Boden, dazwischen ein Kettenrasseln.

Die Blicke der Mädchen verrieten ein Wissen um Grässliches, in den leuchtenden, aufgerissenen Augen stand die Angst vor dem Verderben.»Das ist er!«, flüsterten sie mit bebender Stimme.»Er ist wieder ausgebrochen! Das ist er!«

Er war es in der Tat. Mutter verriegelte die Tür und löschte Lampe und Kerzen. Dann saßen wir dicht aneinandergedrängt im feuergeröteten Zwielicht und warteten auf sein unheilvolles Erscheinen.

Das Schleifen der Ketten wurde lauter, kam klirrend näher in der mondhellen Nacht, unaufhaltsam glitten sie im Takt der Schritte die Straße herauf, auf uns zu. Die Mädchen wanden sich auf ihren Stühlen und stimmten ein schauerliches Kichern an; es klang, als hätten sie den Verstand verloren.

»Still!«, warnte unsere Mutter.»Ruhe jetzt! Rührt euch nicht …« Ihr Gesicht war verzerrt vor Angst.

Die Mädchen senkten den Kopf und warteten schaudernd. Immer näher rasselten die Ketten. Die Straße herauf, um die Ecke, oben am Hang entlang – dann war er, dem Stampfen seiner Füße nach, da … Die Mädchen waren außer sich, konnten nicht mehr an sich halten und sprangen kreischend auf, stolperten im Feuerschein durch die Küche und zerrten hektisch die dunklen Vorhänge zur Seite …

Stolz schritt das Tier in der Nacht vorüber, sein Haupt von

prächtigem Gehörn gekrönt, in den milchigen Augen blitzte der Mond, wenn sein Licht sie traf; eine imposante Gestalt mit zottigem Fell. Steifbeinig stelzte er dahin, schwang den silbrigen Bart, und von den kräftigen, verfilzten Schultern und Beinen hingen die schweren Ketten herab, die er gesprengt hatte.

»Jones' Ziegenbock!«, wisperte unsere Dorothy; zwei Worte, die fast einer Anbetung gleichkamen. Denn dieser Mondscheinwanderer der Dorfstraßen, halb Gefangener und halb brünstiger König, war kein simpler Streuner, sondern ein Untier aus uralten Träumen. Er war riesig und struppig wie ein Shetlandpony, und alle Männer hatten Angst vor ihm; Squire Jones hielt ihn an einen Pflock gekettet, der wahrhaftig fünf Fuß tief in die Erde getrieben war. Doch in mondhellen Nächten, ob im Winter oder im Sommer, konnten ihn weder Pflock noch Ketten halten. Dann schnaubte er und bäumte sich, riss seine Ketten los und kam, getrieben von sinnlicher Begierde, durchs Dorf.

Ich hatte oft von ihm gehört; nun endlich sah ich ihn, wie er ruckartig die Straße hinabschritt. Alt wie ein Gott, trug er seine Ketten gleich einer Robe; er verströmte einen scharfen Salzgeruch, und alle paar Schritte nahm er Witterung auf, als suche er einen Freund oder ein Opfer. Doch er war allein unterwegs; niemand kreuzte seinen Pfad, er passierte ein einsames Dorf. Töchter und Ehefrauen spähten aus abgedunkelten Schlafzimmern, Männer lauerten im Verborgenen mit der Axt in der Hand. Unterdessen zog er, furchteinflößend, stinkend vor Kraft und weiß im Licht des Mondes, seines Weges …

»Habt ihr je einen so großen Ziegenbock gesehen?«, fragte Dorothy mit einem Seufzer.

»So einer rennt dich um und trampelt auf dir rum. Ich hab gehört, dass er Miss Cohen umgerannt hat.«

»Stell dir vor, du bist allein auf dem Heimweg und begegnest ihm ...«

»Was würdest du dann tun?«

»Einen Anfall würd ich kriegen. Und du, Phyl?«

Phyl gab keine Antwort: Sie war davongelaufen und heulte hysterisch in der Vorratskammer.

Jones' Angst und Schrecken verbreitender Ziegenbock schien mir ein natürliches Phänomen jener Tage zu sein, fester Bestandteil eines Dorfes, wo Untiere und Geister ebenso beiläufig auftauchten wie Menschen. Alle miteinander schienen sie zur Gemeinde zu gehören, hatten aber ganz unterschiedliche Eigenheiten – manche waren gutartig, andere galt es unbedingt zu meiden; es gab welche, die nur in bestimmten Mondphasen auftraten, andere, die zu gewissen Tagesstunden oder um Mitternacht erschienen, und solche, die vor etwas warnten oder einen glücklich machen oder in den Wahnsinn treiben konnten, je nach ihrem Naturell. Es gab den Todesvogel, die Kutsche, Miss Barracloughs Gans, das Henkershaus und das Schaf mit zwei Köpfen.

Ein Schaf mit zwei Köpfen ist nichts Außergewöhnliches, aber dieses war steinalt und konnte sprechen. Es lebte für sich unter den Catswood-Lärchen und wurde nur im Schein eines Blitzstrahls sichtbar. Es konnte wunderschön mit sich selbst im Duett singen oder sich stundenlang ins Kreuzverhör nehmen; viele Reisende hatten es gehört, als sie an diesem Wäldchen vorbeikamen, aber selbstverständlich hatten es nur wenige gesehen. Wer diesem Schaf dann tatsächlich einmal im Gewitter gegenüberstand und die Geistesgegenwart hatte, es zu fragen, dem hätte es mitgeteilt, wann und auf welche Weise man sterben würde – zumindest wurde das von Leuten behauptet. Doch niemand fand so recht Gefallen an den Fähigkeiten dieses Untiers. Und wenn die Schafsblitze über den Bäumen des Catswood zuckten, hielt man es für klüger, den Ort zu meiden.

Die Kutsche vom Bulls Cross war ein weiteres böses Omen; sie erschien immer nur um Mitternacht. Bulls Cross war ein Bergsattel, und auf diesem Stück Heideland hoch oben am Ende des Tales hatten sich einst die Routen der Postkutschen und die Pisten des Rindertriebs gekreuzt, die Berkeley mit Birdlip und Bisley mit Gloucester-Market verbanden. Nicht nur dort oben im Grasboden waren die Spuren der alten Poststrecke noch erkennbar, auch im Gedächtnis der älteren Dörfler waren sie noch gegenwärtig. Und hier oben konnte einem – stets um Mitternacht und insbesondere in der Neujahrsnacht – eine silbergraue, von scheuenden Pferden gezogene Kutsche begegnen, deren Gespann polternd außer Kontrolle geriet; man hörte den scharfen Knall, mit dem das Geschirr zerriss, die verzweifelten Kommandos des Kutschers, das Splittern von Holz und die Schreie der Passagiere. Die Vision beschwor ein Unglück vergangener Zeiten herauf und wurde täglich um Mitternacht neu durchgespielt.

Leute, die es nie gesehen hatten, prahlten damit, Augenzeuge gewesen zu sein; doch wer es zu Gesicht bekommen hatte, schwieg. Denn über geschwätzige Zeugen kam ein Fluch, an den wir alle glaubten: Man wurde über Nacht schlohweiß, verlor sämtliche Zähne, und später wurde man irgendwann totgetrampelt. Neuigkeiten über die Phantomkutsche gab es also immer nur aus zweiter Hand. »Gestern Nacht hamse die Kutsche wieder gesehn. Harry Lazbury hat sie gesehn, heißt es. Er is aus Painswick raufgekommen und hat sein Rad geschoben. Er hat's fallen lassen und is heimgerannt, war ganz von Sinnen.« Wir überließen den armen Harry seinem schauerlichen Schicksal, während die silbrig schimmernde Kutsche wieder schaukelnd durch unsere Köpfe raste, so regelmäßig wie die Post. Auch wenn hinter dieser Erscheinung keine weltbewegende Tragödie steckte, so hatte sie sich doch tief eingeprägt, und ihr Spuk suchte uns immer wieder heim. Die umgekippte Kutsche mit der gebrochenen Deichsel, die verbogenen, zum Mond zeigenden Räder, die schnaubenden Pferde, die sich gegenseitig das Hirn aus dem Schädel traten, die todgeweihten Reisenden auf der Heide – die Vorstellung dieser kleinen, aber in nächster Nähe passierten Katastrophe barg einen Schrecken, den die gewaltigen Gemetzel neuerer Zeit nie so ganz in den Schatten stellen konnten.

Was die struppige Wildnis vom Bulls Cross angeht, so würde ich selbst heute nicht um Mitternacht durch diese windgepeitschte Graslandschaft laufen. Es war eine seltsame Tundra, gewissermaßen eine Insel des Nichts, die hoch über den besiedelten Tälern lag. Weit und breit stand kein Haus, doch ihre stillen Senken schienen von den Zusammenstößen Fremder befleckt. Im Zeitalter der Pferde und Straßenräuber waren sich Reisende in diesem Niemandsland stets mit Misstrauen begegnet; hier lauerte man Reisenden auf, um sie auszurauben, zu vergewaltigen oder umzubringen. Für die umliegenden Dörfer war es ein Stück blanker Horizont, eine kahle Lücke zwischen den Wäldern, eine windige Hochebene, die sofort ins Auge fiel und somit der geeignete Platz für einen Galgen war. Folglich hatte dort jahrelang ein Galgen gestanden, an den sich die alten Leute noch erinnerten.

Der nasskalte, gelbe Wald unterhalb vom Bulls Cross war als Deadcombe Bottom bekannt. Dort hatten meine Brüder und ich ein altes kleines Haus mit eingestürztem Dach entdeckt, das in einem verwilderten Garten stand. Wir spielten oft in den verfallenen Räumen, rannten die von Trümmern übersäte Treppe hinauf, pflückten und aßen die kleinen sauren Äpfel, die vor den zerbrochenen Fenstern hingen. Es war eine feuchte, düstere Ruine in den feuchten Tiefen des Waldes; in den Zimmern roch es nach Schimmel und modrigem Bettzeug. Und an der Wand hinter der Tür war ein nackter Eisenhaken, von blutrotem Rost überzogen.

In dieses stille, von keinem Vogel und keinem Sonnenstrahl behelligte Tohuwabohu kamen wir immer wieder. Hier konnten wir tun und lassen, was wir wollten, konnten kaputtmachen, so viel wir wollten, und erstaunlicherweise hat uns nie einer gestört. Erst später erfuhren wir, was es mit diesem Ort auf sich hatte: Es war das Haus des Henkers vom Bulls Cross gewesen, hier hatte er mit seinem Sohn gewohnt in der Zeit, als er seinen Beruf ausübte, und hier hatte er sich dann auch umgebracht.

Das Haus im Wald war wohlüberlegt ausgewählt, es stand unweit seiner Arbeitsstätte und dennoch verborgen. Es waren karge Zeiten, die Tage des Henkers ausgelastet; er war ein verschwiegener und begabter Mann. Jeden Abend wanderte er hinauf, um dort am Galgen die Verbrecher aus unserer Gegend aufzuknüpfen. An einem düsteren, stürmischen Abend hatte man ihn wieder wie üblich beauftragt und ihm einen zitternden Jungen übergeben. An die Arbeit im Dunkeln gewohnt, war er schnell fertig mit dem jungen Burschen, genehmigte sich dann eine Pause und setzte seine Pfeife in Brand. Er wollte sich gerade zum Gehen wenden, als der Mond hinter den Wolken hervorkam und den Richtplatz erhellte, und in dem regennassen

Gesicht, das schief auf ihn herabsah, erkannte der Henker den eigenen Sohn. Zu den Männern, die nahebei standen, sagte er kein Wort. Er ging einfach zurück zu seinem Haus, trieb einen Haken in die Wand, brachte eine Schlinge an und erhängte sich. Seit damals hatte keiner mehr im Henkershaus im Deadcombe Bottom gewohnt. Nun verfiel es immer mehr, und dort spielten wir und mampften Äpfel, wir schaukelten an diesem Haken und traten die feuchten Lehmwände in Stücke …

Etwa ab dem fünften Lebensjahr begann ich mit einigen der Dörfler bekannt zu werden – ihrem Benehmen und der Kleidung nach zumeist Sonderlinge –, von denen ich noch den Namen weiß und was sie taten. Da gab es zum Beispiel Kohlstrunk-Charlie, Albert den Teufel und Painswick-Percy.

Kohlstrunk-Charlie war unser Dorfschläger – ein gewalttätiger Schweinehirt mit hagerem Gesicht, der stets in Wickelgamaschen herumlief und nur für seine Sauen und fürs Raufen lebte. Wie andere Leute Pflanzen ziehen, so zettelte er Streitereien an, ließ sie in der Hitze seiner Streitlust aus dem Nichts heraus sprießen und wässerte sie täglich mit Blut. Jeden Abend zog er mit seinem Kohlstrunk bewaffnet los, bereit, den erstbesten Mann niederzuschlagen, der ihm über den Weg lief. »Was ist denn los, Charlie? Ich hab doch gar keinen Streit mit dir!« »Peng!«, rief Charlie und schlug zu. Männer sprangen hastig vom Fahrrad oder traten mit voller Kraft auf die Bremse, wenn sie den alten Charlie kommen sahen. Mit seiner braunen Habichtsnase und den pelzigen Armen sah er aus wie ein Binnenwikinger. Gewöhnlich baute er sich draußen vor dem Pub auf, schwang den gewaltigen Strunk, rief wie im Comic: »Zack! Wumm!«, und forderte jeden, der vorbeikam, zum Zweikampf heraus. So mancher Mann blieb blutend zurück, und der ebenfalls angeschlagene Charlie schleppte sich nach Hause zu seinen Schweinen. Bei Kohlstrunk-Charlie war es wie bei Jones' Ziegenbock: Alle im Dorf verrammelten die Türen, wenn einer von ihnen in Sichtweite kam.

Albert der Teufel war auch so eine Schreckgestalt – ein taubstummer Bettler mit Stummelbeinen, einem Rumpf wie ein schwarzer Käfer und dem Mund einer Marionette. Der Blick seiner glibberigen Augen hatte eine ominöse Kraft, die einem Angst und Schrecken einjagte. Es hieß, mit einem Blick könne er Mädchen verderben, Burschen die Manneskraft rauben, Leute in den Wahn treiben, Speck ranzig werden lassen und für anderes Ungemach im Haus sorgen. Wenn er auf seiner Betteltour das Dorf heimsuchte und man sein musikalisches Glucksen näher kommen hörte, dann legten die Leute Esswaren und Geld auf ihre Gartenmauer und schlossen sich im Klosett ein.

Painswick-Percy hingegen war ein Clown und abgerissener Dandy, der in Frack und hautengen Hosen über den Hügel zu kommen pflegte und nach den Mädchen im Dorf schielte. Dieser harmlose, etwas beschränkte Bursche umgarnte sie allein mit Worten; diese aber machten die Mädchen so konfus, dass sie ebenso schockiert wie vergnügt loskreischten. Er hatte ein spitzes rosiges Gesicht und die schmale Figur eines Tänzers. Die Mädchen folgten ihm überall hin, hefteten ihm bunte Bänder an die Frackschöße, stichelten und spornten ihn zu immer keckeren Einfällen an. Dann drehte er eine Pirouette und gab unvermutet eine überaus ausgefeilte Bemerkung von sich, wobei er lächelnd die Zähne bleckte – und die Mädchen stoben kreischend über die Böschung davon, erregt und mit hochrotem Gesicht, verkrochen sich ungläubig im Gebüsch und fragten sich gegenseitig, ob es denn möglich war, was Percy da eben gesagt hatte? Er war ein sanfter, eleganter und charmant auftretender Mann, doch er starb schon bald an irgendwas im Kopf. Dann war da Fisch-Willy, der immer freitags von Haus zu Haus ging mit Körben voll Makrelen, so alt, dass sogar meine Familie sie ungenießbar fand. Willy war ein geschwätziger Kerl mit traurigem Blick; sein Mädel hatte ihn wegen seines Fischhandels sitzen lassen. Wenn er kam, stand er an unsere Tür gelehnt, schnaufte und kratzte sich und lamentierte über diesen Verlust. Mit den Transportmöglichkeiten war es damals nicht weit her, das Meer weit weg, und eins stand fest: Der arme Willy stank.

Und ich erinnere mich auch an Keiler-Tom, der säckeweise Baumwurzeln als Brennholz verkaufte. Oder an den Hasenscharten-Harry, den Dumpfen Davis, an den Handaufhalter und den Grinsemann. Die drei Erstgenannten waren Landstreicher, die stetig ihre Runde machten, Letzterer aber war ein etwas verdrehter Farmer. Ich glaube, nur wenige Menschen sind je so unglücklich dran gewesen wie er – eigentlich war er ein melancholischer Menschenhasser, doch eine Lähmung hatte seinem Mund ein ewig strahlendes Lächeln verpasst, sodass jeder, der ihm begegnete, ihn fröhlich grüßte. Worauf er sie alle mit sonniger Miene anstrahlte und zur Hölle wünschte.

Am Bulls Cross selbst gab es tagsüber zwei vertraute Gestalten: John-Jack und Emmanuel Twinning. John-Jack brachte seine Zeit am Wegweiser zu, wo er düster nach Wales hinüberstarrte, ein schweigsamer, unzivilisiert wirkender Mann, dem Äußeren nach ein Russe. Er lebte mit seiner Schwester Nancy zusammen, die ihm im Lauf der Jahre fünf bemerkenswert hübsche Kinder geboren hatte. Emmanuel Twinning hingegen war ein betagter und sanftmütiger Mann, der seine Anzüge eigenhändig aus Spitalbetttüchern fertigte und mit seinem Pferd in der Nähe wohnte.

Emmanuel und sein Schecke teilten vieles, so auch die Küchenbenutzung, und fast an jedem Abend konnte man ihre grauen Köpfe aus dem Fenster schauen sehen. Der Alte selbst schien, wenn man ihn alleine antraf, in überirdischen Regionen zu schweben, so blau und fern, dass die Mädchen immer sangen:

O komm, o komm, E-ma-ha-ha-nu-el!
Erlös das arme Is-ra-ha-ha-el! ...

Wenn er das hörte, dann nickte er und lächelte uns voller Sanftmut zu, bewegte die Lippen mit dem Gesang. Er war dermaßen alt, so fern und eigentümlich, dass ich nie daran zweifelte, dass es in diesem Lied um ihn ging. Wenn einer himmelblaues Tuch trug und Emmanuel hieß, konnte man schon auf den Gedanken kommen, er sei Gott.

Im langen heißen Sommer des Jahres 1921 befiel das Land eine schwere Dürre. Quellen versiegten, die Brunnen waren voller Frösche, und das sonst einwandfreie Wasser aus unserer Pumpe in der Spülküche färbte sich braun und schmeckte nach Eisennägeln. Meiner Familie war die Dürre willkommen, aber für die anderen im Dorf bedeutete sie eine Plage. Wochenlang dörrten die Bäume unter dem heißen, blauen Himmel, und das Getreide verbrannte auf den Feldern; die Alten behaupteten, die Sonne sei von ihrer Bahn abgekommen und wir hätten alle nicht mehr lange zu leben. Es wurden sogar Fürbitten gehalten, doch meine Familie nahm nicht daran teil, denn wir fürchteten nichts mehr als Regen.

Als die Dürre anhielt, ließ man das Beten sein und verlegte sich auf eher diabolische Methoden. Schließlich marschierten Soldaten mit Gewehren auf die Hügelkuppen und begannen, auf vorbeiziehende Wolken zu schießen. Als ich ihre knatternden Salven hörte, die die Stille durchbrachen wie knackende Stöcke, wusste ich, dass die lange Waffenruhe zu Ende war. Und tatsächlich, ob durch die Gebete oder das Schießen oder den simplen Kreislauf der Natur – die Dürre war bald vorbei, und es begann zu regnen wie nie zuvor.

Ich weiß noch, wie ich nachts wach wurde vom Geschrei meiner Mutter, dem grässlichen Toben in der Finsternis da draußen, dem Rauschen der sturmgepeitschten Bäume. Das alte Grauen war wieder da, und wie immer kam es mitten in der Nacht.

»Aufstehn!«, schrie Mutter. »Es kommt rein! Aufstehn, sonst ersaufen wir alle miteinander!«

Ich hörte sie umherpoltern und an die Wände hämmern, als ginge gleich die Welt unter. Wenn Mutter Alarm schlug, dann überlegte man nicht lange und bemühte erst gar nicht die Vernunft; es standen einem einfach die Haare zu Berge, man sprang aus dem Bett und rannte mit den anderen die Treppe hinab.

Das Dilemma bestand darin, dass unser Domizil völlig der Natur ausgeliefert war: Das Haus am steilen Hang stand genau da, wo die angesammelten Wassermassen hinrauschten. Sämtliche Fallrohre des Himmels schienen genau vor unsere Haustür zu führen, und es gab nur einen schmalen Abfluss, um das Wasser zu schlucken. War er verstopft, was meist im Nu geschah, ergoss sich die Flut in unsere Küche – und weil es nicht genügend Türen gab, um sie abzulassen, erschien es mir damals durchaus plausibel, dass wir ertrinken würden.

»Hölle aber auch!«, brüllte unsere Mutter. »Verflixt und zugenäht! Herr erbarme dich!«

Murrend sausten wir los und suchten nach Besen, rannten dann hinaus, um es mit dem Sturmwetter aufzunehmen. Der Abfluss war bereits blockiert, der Hof stand unter Wasser. Das Prasseln des Regens übertönte unser Schreien und Jammern, und es blieb uns nur eins, fegen.

Welche Panik diese Weckrufe mitten in der Nacht auslösten – Trompetenstößen gleich, die jedem Schlaf den Garaus machten, und diese Finsternis, der Sturm und der unsichtbare Regen, die brausenden Baumwipfel, knisternde Blitzstrahlen, Donnerschläge, steigende Wasserfluten; und mittendrin unsere völlig entgeisterte Mutter. Die Mädchen waren im Nachthemd und hielten flackernde Kerzen, während wir Jungs das Wasser zum Abfluss fegten. Wie spitze Stäbe bohrte sich der Regen durch unsere Hemden; wir bibberten vor Angst und Kälte.

»Mehr Besen!«, brüllte Mutter, sie hüpfte auf und ab. »Lauf einer los, Sapperlot! Fegt schneller, Jungs! Liebe Güte, es steht schon bis zur Türschwelle!«

Das Wasser gurgelte und schwappte träge um uns herum, bildete fette gelbe Blasen wie Jauche, es spritzte und schäumte, wo die kugeldicken Regentropfen auftrafen, und näherte sich Zoll um Zoll unserer Tür. Der Abfluss lag nun unter Wasser, wir sahen ihn nicht mehr und fegten um unser Leben, die Kerzen zischten im prasselnden Regen und erloschen eine nach der anderen. Mutter zündete Fackeln aus Zeitungspapier an, während wir uns, knietief im Wasser, unter Geschrei und Donnerschlägen abkämpften, triefend nass, den Tränen nahe und von enormer Angst gepackt.

Manchmal lief das Wasser tatsächlich ins Haus; zwei oder drei Zoll hoch schwappte es, glitt die Treppe hinab wie eine dickflüssige Dessertcreme und breitete sich über den ganzen Boden aus. In diesem Fall bekam Mutters Lamento eine elegische Dimension, und die ganze Welt wurde als Zeuge angerufen. Dramatische Beschwörungen schallten durch die Nacht; die Götter wurden verklagt und die Heiligen zur Ordnung gerufen, die Parzen schwer gerüffelt.

Am folgenden Morgen sah es in der Küche wirklich schlimm aus, Schlamm und Schmutz bedeckten die Matten, und es folgte die langwierige und deprimierende Schinderei, all das mit der Schippe aufzunehmen und in Eimern fortzuschaffen. Mutter lag auf den Knien, rang die Hände und verdrehte die Augen.

»Ich weiß beim besten Willen nicht, was ich getan habe, um derart gestraft zu werden. Und das ausgerechnet jetzt, wo ich das Haus endlich in Ordnung habe. In so einem Fall würde selbst Heiligen und Engeln der Geduldsfaden reißen ... Meine armen, armen Kinder, meine allerliebsten Schätzchen – ihr könntet glatt umkommen in diesem Dreckloch! Keinen würde es scheren – keine Menschenseele. Pass doch auf mit dem vermaledeiten Eimer!«

Abgesehen vom Lärm und den Tränen und dem Dreck waren die Wasserfluten eigentlich gar nicht so schlimm. Doch ich leugne nicht, dass sie mir einen Heidenschreck einjagten. Die Vorstellung, die Wassermassen könnten tatsächlich in unser Haus eindringen, erschien mir damals schlimmer als ein Brand. Deshalb lag ich, wenn es um Mitternacht heftig stürmte, immer völlig verängstigt im Bett, hörte den Wind draußen gegen die Wand peitschen und den Regen ans Fenster trommeln und malte mir aus, wie alles – unsere Familie und das Haus mitsamt Mobiliar – in den Gully der Ewigkeit gespült wurde. Erst viel später wurde mir einiges klar: dass wir aufgrund unserer Hanglage wohl kaum je hätten ertrinken können, dass Mutters Ängste und Anfälle auf ganz andere Dinge zurückzuführen waren und dass es tatsächlich möglich war, auch bei anhaltendem Regen friedlich zu schlafen. Allerdings werde ich auch heute noch unruhig und halte nach einem Besen Ausschau, wenn sich plötzlich der Himmel verdüstert und sich im Westen ein Sturm zusammenbraut, wenn ich das erste Donnergrollen höre und der Wind nach Regen riecht.

Dorfschule

Das Dorf, in das wir gezogen waren, bestand aus zwanzig bis
dreißig am Südosthang eines Tales verstreuten Häusern. Es
war ein schmales Tal mit steilen Hängen und lag nahezu völlig abgeschieden; darüber hinaus war es ein Durchzugsschacht
für Winde, bei Regenfällen ein Kanal für Sturzbäche, und eine
mit Vögeln und Insekten gesegnete dschungelgleiche Wärme-
falle, sobald es Sonne gab. Im Gegensatz zum hochgelegenen
Flachland drüben in Windrush waren die Ursprünge des Tales
geheimnisumwittert; das Schmelzwasser von Eiskappen hatte
es lange vor unserer Zeit aus dem Schichtstufenprofil gegraben.
An den Hängen waren die alten Flussterrassen noch sichtbar,
die Kühe suchten sich dort ihren Weg entlang der Stufen. Wie
eine Insel war es von eigentümlichen Beständen besiedelt – seltenen Orchideen und Weinbergschnecken, und das Wasser der
Kalksteinquellen hatte chemische Bestandteile, die den Frauen
präraffaelitische Kröpfe wachsen ließen. Die Flanken des Tals
boten gutes Weideland, die Kuppen waren mit dichten Buchen-
wäldern bedeckt.

Dort unten zu leben war etwa so, als wohnte man in einer
Schote: Man sah nichts außer dem Bett, in dem man lag. Der
baumbestandene Horizont bildete die Grenze unserer Welt.
Wochenlang bewegten sich die Bäume ohne Unterlass mit einem monotonen Brausen im Wind, das eine natürliche Laut-
äußerung der Landschaft zu sein schien. Im Winter umgaben

uns gefrorene Eisspeere, im Sommer rann das Grün wie dicke Schichten von Lava die Hügelränder herab. Morgens dampften die Bäume vom Nebel oder im Sonnenlicht, und fast jeden Abend warfen sie farbige Bänder über uns, wenn sie einen Sonnenuntergang reflektierten, den wir von unserem verdeckten Standort aus nicht sehen konnten.

Wasser war das umtriebigste Element im Tal, es kam in anhaltenden Regenfällen aus Wales. Den ganzen Tag rann es aus den Wolken und tropfte von Bäumen und Dächern, von Traufen und Nasenspitzen. Es riss Straßen auf, bahnte sich ein Bett durch die Gärten und füllte die Gräben mit glucksendem Rauschen. Menschen wie Pferde stapften in nassem Sackleinen umher, Vögel schüttelten Regenbögen von triefenden Ästen, und wie eine U-Bahn strömte es geräuschvoll aus Löchern hervor und in Löcher hinein.

Unvergessen auch das Licht auf den Hängen, wo Strauchwerk und Senken lange Schatten warfen, und die wie bemaltes Porzellan leuchtenden Rinder, zahlreich dahintrottend in immer gleicher Gestalt. Bienen flogen wie Kuchenkrümel durch die goldene Luft, weiße Schmetterlinge wie zuckerbestäubte Oblaten, und wenn es nicht regnete, lag über allem ein diamantener Staub, der die Dinge verschleierte und zugleich größer erscheinen ließ.

Die meisten Häuser waren aus dem Kalkstein der Cotswolds erbaut und mit Steinschindeln gedeckt. Auf diesen wuchs eine Art goldenes Moos, das wie kristallisierter Honig glitzerte. Hinter den Häusern gab es lange steile Gärten voller Kohlköpfe, Obststräucher und Rosen, dort waren Kaninchenställe, Taubenschläge, Plumpsklos und Fahrräder. Und im Talgrund machte sich der Sitz des Squire breit – ein vornehmes, wenn auch bescheidenes Landhaus aus dem sechzehnten Jahrhundert, dem man eine georgianische Fassade verpasst hatte.

In der Lebensweise der Dorfbewohner gab es drei Varianten: Man arbeitete entweder für den Squire, auf einer Farm oder in den Tuchfabriken in Stroud. Abgesehen vom Landgut und den üppigen Gemüsegärten – die zur Absicherung gegen schlechte Zeiten dienten – gab es zur Deckung der sonstigen Bedürfnisse eine Kirche, eine Kapelle, zwei Pfarrhäuser, einen Pub, eine Holzhütte – und die Dorfschule.

Die Dorfschule jener Zeit lieferte Unterweisung in allem, nach dem wir sonst gefragt hätten. Es war eine kleine, aus Stein erbaute Scheune, durch eine Holzwand in zwei Räume unterteilt – für die Kleinen und die Großen. Es gab eine Lehrerin und gelegentlich auch mal ein junges Mädchen, das ihr zur Hand ging. Jedes Kind aus dem Tal kam in diese Schule, blieb bis zum vierzehnten Lebensjahr und wurde dann zur Arbeit auf dem Feld oder in der Fabrik eingeteilt, im Kopf nichts Belastenderes als ein paar Eselsbrücken, eine wirre Auflistung von Kriegen und eine verschwommene Vorstellung von der Geografie dieser Welt. Es schien genug, um damit durchs Leben zu kommen, und war mehr, als unsere armen alten Großeltern vorweisen konnten.

Als ich in diese Schule kam, hatte sie ihre maximale Kapazität erreicht. Aufgrund des allgemeinen Schulzwangs und eines außergewöhnlichen Kinderreichtums war sie vollgepackt mit Schülern. Ausgelassene Jungen und Mädchen aus dem Umkreis mehrerer Meilen – von abgelegenen Farmen und halb verborgenen Katen am anderen Ende des Tales – strömten täglich herbei, um unsere Zahl zu vergrößern, brachten ungekannte Flüche und Gerüche mit, wunderliche Kleider und kurioses Backwerk. Für mich war es die erste erstaunliche Anschauung einer Welt jenseits der weiblichen Wärme meiner Familie. Ich erwartete nicht, dies lange überstehen zu können, und als ich damit konfrontiert wurde, war ich vier.

Ohne jede Vorwarnung kam dieser Morgen, als meine Schwestern mich umringten, in Schals wickelten, mir die Stiefel schnürten, eine Mütze aufsetzten und eine gebackene Kartoffel in die Tasche schoben.

»Was ist denn los?«, fragte ich.

»Heute kommst du in die Schule.«

»Nee. Ich bleibe hier.«

»Nun mach schon, Loll. Du bist jetzt ein großer Junge!«

»Bin ich nicht.«

»Doch.«

»Buuuhuuu ...«

Sie packten mich, ich heulte und trat um mich, doch sie schleiften mich hinauf zur Straße.

»Jungs, die nicht zur Schule gehen, werden in Kisten gesteckt, verwandeln sich in Kaninchen und werden am Sonntag geschlachtet.«

Ich fand das ziemlich übertrieben, sagte aber dann nichts mehr dazu. Gerade mal drei Fuß groß, eingemummt in meine Schals, kam ich in der Schule an. Auf dem Schulhof war die Hölle los, und die Kartoffel verbrannte mir den Schenkel. Alte Stiefel, zerlöcherte Strümpfe, zerrissene Hosen und Röcke sausten und schlitterten an mir vorbei. Die Bagage rückte näher, ich wurde umzingelt; Kies flog mir ins Gesicht wie Schrapnell. Hoch aufgeschossene Mädchen mit krausem Haar und große Jungen mit spitzen Ellbogen stupsten mich und waren grässlich neugierig. Sie zogen an meinen Schals, drehten mich wie einen Kreisel, zwirbelten mir die Nase und klauten meine Kartoffel.

Gerettet wurde ich schließlich von einer liebenswürdigen Dame – der sechzehnjährigen Junglehrerin –, die ein paar Ohrfeigen austeilte, mir die Tränen abwischte und mich zu den Kleinen führte. Ich verbrachte diesen ersten Tag damit, kleine Löcher ins Papier zu bohren, dann lief ich schlecht gelaunt heim.

»Was ist los, Loll? Hat's dir denn nicht gefallen in der Schule?«

»Keiner hat mir das Plätzchen gegeben!«

»Plätzchen? Welches Plätzchen?«

»Sie haben gesagt, ich krieg ein Plätzchen!«

»Also, das kann ich mir wirklich nicht vorstellen.«

»Doch! Sie haben gesagt: ›Du bist also Laurie Lee? Na, dann setz dich erst mal hier hin. Für dich gibt's auch noch ein Plätzchen.‹ Ich hab den ganzen Tag dort gesessen und keins gekriegt. Da geh ich nicht mehr hin.«

Doch schon nach einer Woche fühlte ich mich als Veteran und war genauso rabiat wie der Rest. Jemand hatte meine Kartoffel geklaut, also mopste ich jemandem den Apfel. Unser Schulzimmer war voller Spielsachen, wie ich sie noch nie gesehen hatte – bunte Formen und Rollen aus Ton, ausgestopfte Vögel und Figuren zum Ausmalen. Und es gab ein Gestell, an dem man die Kugeln zählte, auf ihm spielte unsere Junglehrerin wie auf einer Harfe, und wenn sie unsere wandernden Finger führte, drückte sich ihr Busen an unser Gesicht …

Die wunderschöne Hilfslehrerin verließ uns schließlich und wurde durch eine füllige Witwe ersetzt. Sie war groß und roch wie eine Wagenladung Lavendel; und sie trug ein Haarnetz, das ich zuerst für eine Perücke hielt. Ich weiß noch, wie ich ganz nah hinging und genau hinschaute – das Haar lag eindeutig zu glatt, um echt zu sein.

»Was starrst du denn so?«, erkundigte sich die Witwe.

Ich war viel zu schüchtern, um ihr zu antworten.

»Na komm, sag es mir. Sei nicht so zaghaft.«

»Sie tragen eine Perücke«, sagte ich.

»Nein, ganz bestimmt nicht!« Sie wurde rot.

»Doch. Ich hab's gesehn«, sagte ich.

Sie wurde nervös und auch böse, was ich seltsam fand. Sie nahm mich auf den Schoß.

»Jetzt schau mal aus der Nähe hin. Ist das wirklich eine Perücke?«

Ich schaute sehr genau hin, sah das Netz und sagte: »Ja.«

»Ach wirklich?«, sagte sie, während die Klasse gaffte. »Glaub mir, es ist keine Perücke. Du müsstest mir bloß morgens beim Ankleiden zusehen, dann würdest du es selber merken.«

Dann ließ sie mich vom Knie rutschen wie eine nasse Katze, aber sie hatte meine Fantasie angeregt. Der Vorschlag, ihr morgens beim Ankleiden zuzusehen, erschien mir ebenso unerhört wie wundervoll.

Die paar Jahre, die wir in dem weißgetünchten Klassenzimmer für die Kleinen verbringen durften, waren eine kuschelige Zeit der Anarchie. Wir spielten und weinten, machten Sachen kaputt, schliefen ein, waren frech zur Lehrerin, entdeckten, was wir einander antun konnten, und hauchten unsere letzten Tage kindlicher Unschuld aus.

Meine Banknachbarn waren zwei blonde, bereits puppenhaft hübsche Mädchen, die mich die kommenden fünfzehn Jahre meines Lebens beschäftigen und verfolgen sollten. Poppy und Jo waren unzertrennlich, den ganzen Tag lang saßen sie händchenhaltend da, und ihre rosig-klebrigen Gesichter strahlten eine weibliche Unerschütterlichkeit aus, die mich so in Rage versetzte, dass ich sie laut anschreien musste.

Eine andere, die ich im Auge behielt und gern mochte, hieß Vera; sie war nicht sehr groß, kraushaarig und meist allein. Ich entwickelte ein eigenartiges Mitgefühl für die stämmige Vera, und durch sie – nicht durch eine Schönheit – geriet ich in die Klemme und erlebte zum ersten Mal im Leben eine empörte Öffentlichkeit. Es war keine große Sache, und ich war mir auch gar keiner Schuld bewusst. Eines Morgens kam sie auf dem Schulhof zu mir und hielt ihr Gesicht dicht an meines. Ich hatte einen Stock in der Hand, und damit schlug ich ihr auf den Kopf. Ihr Haar war elastisch, also schlug ich sie erneut und sah zu, wie sich ihr Mund zu einem Schrei öffnete.

Zu meiner Überraschung entstand ringsum Tumult; es gab empörte Kommentare von den älteren Mädchen, Ausrufe des Entsetzens und heftiger Tadel mischten sich mit Veras Jammern und Schluchzen. Ich war fasziniert – und keineswegs beunruhigt –, dass ich nur diesen Buchenstecken schwingen musste, um so einen Auflauf hervorzurufen. Also schlug ich sie noch einmal, ohne Bosheit oder Zorn, und lief dann fort, um mich mit etwas anderem zu beschäftigen.

Das Experiment wäre damit beendet und wohl auch schnell vergessen gewesen. Aber nein; ich war umringt von hochroten, wütenden Gesichtern, die alle fauchten und schimpften.

»Gemeiner Kerl! Arme Vera! Kleines Ungeheuer! Pfui! Das melden wir der Lehrerin!«

Irgendwas war verkehrt, die Welt schien empört, und ich fühlte mich ein bisschen mulmig. Ich hatte bloß Vera auf ihr schwarzes Kraushaar gehauen, und jetzt schrien mich alle an. Ich rannte davon, versteckte mich und ging davon aus, dass sich alles bald beruhigen würde, doch schließlich fanden sie mich. Zwei große rechtschaffene Mädels zogen mich an den Ohren aus dem Versteck.

»Du sollst ins Klassenzimmer der Großen kommen, weil du Vera gehauen hast. Jetzt blüht dir was!«, erklärten sie.

Und so wurde ich in diesen Raum gezerrt, in dem ich noch nie gewesen war und wo die Lehrerin mir unter den erbarmungslosen Blicken der Großen eine Strafpredigt hielt. Mittlerweile war ich verstört und bibberte vor lauter Schuldbewusstsein. Am Ende setzte ich ein verlegenes Grienen auf und rannte zur Tür hinaus. Ich hatte meine erste Lektion weg – dass ich Vera nicht hauen durfte, egal wie struppig ihr Haar sein mochte. Und außerdem: dass die Vorladung ins Klassenzimmer oder die Hand des Gendarmen auf der Schulter fast immer überraschend kommt, und für eine Missetat, die man eigentlich schon vergessen hat.

Mein Bruder Jack, der mit mir bei den Kleinen saß, war zu klug, um weiterhin dort zu bleiben. Er war tatsächlich so intelligent, dass es für die anderen ungemütlich wurde und wir uns alle freuten, ihn loszuwerden. Bleich saß er da in seiner Schürze, lernte mit großem Eifer und wies die Lehrerin an, ihm neue Bücher zu bringen, die Bleistifte zu spitzen oder nicht so viel Lärm zu machen; er galt von Anbeginn als der komische Heini unter den Kleinen. Also wurde er mit beispiellosem Tempo in die Großen-Klasse befördert, bekam sein Pult und ein Dutzend Atlanten, auf denen er dann Platz nahm, um weiterhin mit seiner prägnanten, frostigen Stimme die Lehrerinnen zu schikanieren.

Ich selbst aber war ein typischer Kleiner, begnügte mich damit, meine Zeit abzusitzen, mich herumzufläzen, zu quengeln und zu faulenzen, und keiner fand daran etwas auszusetzen. So blieb ich nach der Versetzung des blitzgescheiten Jack noch lange ein selbstzufriedener Chef meiner Kinderjahre, konnte recht gut Figuren aus Papier ausschneiden, mit Kreide Sonnen an die Wände malen und Schlangen aus Ton formen, vertrödelte hingebungsvoll die Tage und war unserer neuen jungen Lehrerin sehr zugetan. Doch allmählich lief meine Zeit ab, es nahte unaufhaltsam der Wechsel zu den Großen. Beinah erschrocken stellte ich plötzlich fest, dass ich bis hundert zählen, meinen Namen in großen und kleinen Buchstaben schreiben und bestimmte Zahlen voneinander abziehen konnte. Eben war es mir sogar gelungen, Poppy von Jo abzuziehen, da kam der Ruf von oben. Ich war kein Kleiner mehr und wurde versetzt – die nächste Klasse wartete auf mich.

Dort fand ich eine Welt vor, in der es rau und erwachsen zuging, es gab lange Pulte mit Tintenfässern, seltsame Karten an den Wänden, große Jungen in schweren Stiefeln, kratzende Federn, angestrengtes Ächzen und jähe, scharfe Bestrafung. Mit kindlichen Ausreden und Zuflucht in den Lispelcharme war es ein für alle Mal vorbei. Nun war ich auf mich gestellt, schutzlos konfrontiert mit einer Arena, die neue Strategien erforderte, wo man Pakte schloss und kurzerhand aufkündigte, Freunde gewann und sie hinterging, um seinen Platz am warmen Ofen kämpfen musste.

Der Ofen war für uns Symbol einer Kaste, seine behagliche Wärme ein Ziel, zu dem während der sieben langen Wintermonate alle drängten. Er war aus Gusseisen und hatte ein lärmendes Maul, das scheppernd Koks aufnahm und Qualm ausatmete. Er war mit einer Schildkröte verziert, unter der die Inschrift »Langsam aber sicher« stand, und im Winter glühte er rot. Drückte man einen Bleistift dagegen, fing das Holz an zu brennen, und wenn man oben auf die Platte spuckte, dann hüpften und tanzten die Spuckeflöckchen umher wie winzige Tischtennisbälle.

Die ersten Tage im Klassenzimmer der Großen waren kummervoll, weil ich die Junglehrerin der Kleinen vermisste, ihren mit Rüschen geschmückten Busen, ihre verträumte, liebevolle Stimme und die Hände, die mir beim Aufknöpfen halfen. Hier bei den Großen wurden zweifelsohne keine solchen Annehmlichkeiten geboten, und Miss B., die Oberlehrerin, der ich nun ausgeliefert war, wirkte vom Aussehen her so erquicklich wie ein Gartenrechen.

Sie war eine kleine, gestrenge und übellaunige Person, in der Schule unter dem Spitznamen Crabby bekannt, schaute stets grämlich und mutlos drein und trug ihr dünnes Haar in einer Schneckenfrisur. Haut und Stimme erinnerten an einen Truthahn. Wir alle fürchteten uns vor der kollernden Miss B.; sie schnüffelte und spähte, pirschte sich geduckt an und schlug unversehens zu – sie war der Horror.

Jeden Morgen war Krieg ohne Kriegserklärung; keiner wusste, wer als Nächster was aufs Dach kriegte. Wir standen stramm in unseren Bänken, leicht verrenkt, bis Miss B. hereinkam, mit dem Lineal an die Wand schlug und uns aus ihrem Schielauge musterte. »Guten Morgen, Kinder!« »Guten Morgen, Frau Lehrerin!« Die Begrüßung war wie ein Säbelrasseln. Dann blickte sie finster zu Boden und fing an zu knurren: »Vater unser …«, woraufhin wir das Vaterunser aufsagten und nach einigen Lobpreisungen Gott für die Gesundheit unseres Königs dankten. Doch kaum hatten wir das finale Amen geplärrt, da federte Crabby schon aus dem Stand heraus zu irgendeinem Jungen hin und klebte ihm eine.

Man wusste kaum je, wofür, und war nie darauf gefasst, denn die Strafe ging stets der Beschuldigung voraus. Die allerdings folgte sogleich, begleitet von einem Spuckeregen.

»Was scharrst du mit den Füßen! Was spielst du am Tisch herum! Was grinst du diese belämmerte Betty an! Ich verbitte mir das. Verstanden? Ich wiederhole: Ich verbitte mir das!«

Nicht selten konnte man bei Schulhofkeilereien einen Jungen, den eine Übermacht in die Knie gezwungen hatte, rufen hören: »Ich verbitte mir das! Kapiert? Ich wiederhole: Ich verbitte mir das!« Es war eine Art Losungswort, mit dem man unter Berufung auf gemeinsames Leid um Gnade bat.

Wir hielten also nicht viel von Crabby – obschon wir ihr unsere hervorragenden Reflexe verdankten. Aber darüber hinaus machte ihr Unterricht nicht viel her. In Erinnerung blieb sie vor allem als aggressive Person, eine gebeugte kleine Kreatur, die immerzu aufspringt und Backpfeifen verteilt – ganz gewiss kein Ungeheuer, doch eine gängige Verkörperung dessen, was wir von der Schule erwarteten.

Denn die Schule war damals – zu meiner und zu Crabbys Zeit – offenbar dazu da, uns von der frischen Luft und der üblichen Feldarbeit fernzuhalten. Crabbys Repertoire, alles, was sie uns in Schreiben und Rechnen und Geschichte beibrachte, wirkte gerade so, als hätte sie es in ihrer Verdrießlichkeit selbst erfunden, eine Form belangloser Beschäftigung, vergleichbar mit Sträflingsarbeit wie Werg zupfen oder Säcke nähen.

So saßen wir, während die schönen Tage dahinrannen, in unsere Pulte eingezwängt und kehrten dem Tal den gebeugten Rücken zu. Die Juniluft infizierte uns mit urwüchsigen Gelüsten, Grassamen und Distelflaum trieben zum Fenster herein, wir konnten die Felder riechen und wurden gepeinigt von Kuckucksrufen, und jedes Geräusch, das von draußen hereindrang, war ein heftiger Schlag in den Solarplexus. Das Knarzen der Fuhrwerke, die an der Schule vorbeifuhren, das Klirren der Geschirre, die Rufe der Fuhrleute, das Muhen der Kühe von der Weide, Fletchers klappernde Mähmaschine, Gewehrknall aus der Richtung eines Kaninchenbaus – all das zerrte und zupfte an uns, drängte zu Aktivitäten, bis wir Miss B. am liebsten ermordet hätten.

Und es nahte unweigerlich der Moment, an dem die Rebellion ihr Banner erheben sollte, der Tag, an dem der Druck sich Bahn brach und ein Held auf den Plan trat, nach dem wir ohne weiteres Straßen benannt hätten. Jedenfalls wurde von diesem Tag an sein Name geehrt, obwohl wir ihm damals kaum Unterstützung gewährten …

Es war Spadge Hopkins, und ich muss zugeben, es hat uns überrascht. Er war einer jener wuchtigen, feisten Burschen mit stämmigen Beinen und roten Fäusten, die bereits ausgewachsen sind und wie geschaffen für das Tagwerk in freier Natur. Knapp vierzehn war er damals, vom Körperbau weit überproportioniert – zumindest im Hinblick auf unsere Schule. Wenn man ihn in die enge Schulbank gequetscht sah, wirkte er bedauernswerter als ein Ochse in Ballettschuhen. Ein Bücherwurm war er nicht gerade, beim Lernen hörte man ihn stöhnen, oder er hackte mit seinem Taschenmesser am Pult herum. Miss B. hatte ihre Freude daran, ihn zu triezen, indem sie ihn zum lauten

Vorlesen zwang oder ihm ohne Vorwarnung unverständliche Fragen stellte, bei denen er rot wurde und zu stottern begann.

Dann kam sein großer Tag, es war ein flirrender Sommertag, und die grünen Wipfel draußen im Tal schienen in der Luft zu schweben. Crabby B. war besonders schlecht gelaunt, und Spadge Hopkins hatte die Nase voll. Er zappelte in seiner Schulbank herum, er verdrehte die Augen, er stampfte mit den Stiefeln und grummelte: »Die sollte sich lieber in Acht nehmen, da vorn. Wär besser für sie, ich sag's euch ...«

Wir wussten nicht genau, worauf er hinauswollte, trotz seiner vielsagenden Blicke. Dann warf er seinen Federhalter hin, sagte: »Mir reicht's«, stand auf und ging zur Tür.

»Und wo willst du hin, junger Mann, wenn ich fragen darf?«, erkundigte sich Crabby mit ihrem entsetzlichen Schielauge.

Spadge blieb stehen und fixierte sie.

»Geht Sie rein gar nix an.«

Wir bebten vor Freude über diese Respektlosigkeit, und Spadge ging lässig in Richtung Tür.

»Setz dich sofort hin!«, kreischte Crabby plötzlich. »Ich verbitte mir das!«

»Tschüss«, sagte Spadge.

Da sauste Crabby los wie eine verwilderte Katze, fauchte und fuhr die Krallen aus. Sie erreichte Spadge auf der Türschwelle und fiel über ihn her. Es gab einen peinlichen Moment heftigen Schnaufens und Rangelns, während sie an seinen Kleidern zerrte. Dann hatte Spadge sie trotz ihrer Gegenwehr mit seinen großen roten Fäusten an den Handgelenken gepackt und hielt sie auf Armlänge von sich.

»Würde vielleicht jemand aufstehen und mir helfen!«,

heulte Crabby, vollkommen außer sich. Doch keiner rührte sich; wir schauten bloß zu. Wir sahen, wie Spadge sie hochhob und oben auf den Schrank setzte, dann zu Tür hinausging und verschwand. Einen Moment lang herrschte Stille, dann legten wir alle unsere Federhalter hin und begannen vereint heftig zu trampeln. Crabby blieb, wo sie war, oben auf dem Schrank, und trommelte heulend mit den Absätzen gegen die Schranktür.

Wir rechneten mit furchtbarer Vergeltung, doch es passierte überhaupt nichts. Nicht einmal der Aufrührer Spadge wurde zur Rechenschaft gezogen – man ließ ihn einfach in Ruhe.

Von diesem Tag an hat Crabby nie wieder mit ihm geredet, sich ihm entgegengestellt oder ihm irgendwas verboten. Er hockte träge in seiner Bank, das Kinn auf die hochgezogenen Knie gestützt, in seine eigene Welt versunken. Manchmal schien Miss B. ihn näher in Betracht zu ziehen, und wenn sich ihre Blicke trafen, zwinkerte er nur. Ansonsten konnte er nach Belieben kommen und gehen oder auch ganz schwänzen.

Aber wir haben nie wieder rebelliert; die Verhältnisse änderten sich. Crabby B. wurde ersetzt durch eine neue Oberlehrerin – eine gewisse Miss Wardley aus Birmingham. Diese Dame war für uns etwas ganz Neues. Sie trug geschliffenen Glasschmuck, der beim Gehen funkelte, und hatte eine herrlich volltönende Stimme. Sie sang gern, liebte die Vogelwelt und ermunterte uns, ebenfalls Interesse dafür aufzubringen. Sie war sachlicher als Crabby, hielt die Zügel weniger straff, aber fest in der Hand; und nachdem die anfängliche Ausgelassenheit über die Ankunft dieser Fremden vorbei war, akzeptierten wir ihre überzeugende Autorität.

Nicht dass sie viel von mir gehalten hätte. »Dicker Faulpelz« nannte sie mich immer. Nach meinem Mittagessen aus gebackenem Kohl und Brot kam es nicht selten vor, dass ich in der Schulbank einnickte. »Wach auf!«, rief sie dann und schlug mir mit einem Lineal auf den Kopf, »du mit deinen roten kleinen Augen!« Außerdem störte sie mein permanentes Schniefen, was für mich so normal war wie Atmen. »Geh raus auf die Straße und putz dir mal ordentlich die Nase. Komm erst wieder, wenn alles raus ist!« Aber das würde ich nicht tun, um nichts auf der Welt, und erst recht nicht, wenn man mich dazu zwang: Also saß ich draußen auf der Mauer, beleidigt und voller Groll, und schniefte lauter denn je. Ich gab nicht klein bei und kam auch nicht zurück, bis sie einen Jungen schickte, um mich zu holen. Dann begrüßte mich Miss Wardley mit eisiger Heiterkeit: »Nicht mehr ganz so biestig jetzt? Wie wär's, wenn du morgen ein Taschentuch mitbringst? Wir wären dir gewiss alle dankbar.« Ich saß da und schmollte, dann vergaß ich das Schmollen, und kurz darauf war ich schon wieder eingedöst …

Mittlerweile gingen auch all meine Brüder zur Schule. Jack, ein bereits anerkanntes Genie, bewegte sich längst jenseits unseres Horizonts, er hatte unsere Unterstützung nicht mehr nötig. Alle waren sich einig, dass jemand von so überragender Intelligenz sich nicht mit normalen Sterblichen abzugeben brauchte. Also ließ man ihn ungestört in einer Ecke sitzen, wo er seine Geistesblitze hatte und dann jedes Mal blinkte wie die Anzeige einer Kegelbahn. Als Letzter war der kleine Tony in die Schule gekommen, aber der war wieder anders – jeglichem Lernen abgeneigt und taub gegenüber jeder Autorität, brachte er eine so geniale Unverschämtheit mit, dass man ihr kaum etwas entgegensetzen konnte. Er saß den ganzen Tag da und pickte Löcher ins Löschpapier; die großen dunklen Augen hatten einen wissenden Blick, sein flinkes Mundwerk war unerhört, und mit herausforderndem Witz widersetzte er sich jeglicher Unterweisung. Keiner konnte etwas an seinem Betragen ändern, bloß aufschreien bei dem, was er so von sich gab.

Nur mir, dem verschlafenen Bruder dieser beiden, fiel es schwer, bei Miss Wardley Anerkennung zu finden. Am Ende gelang es mir, indem ich mir lange Aufsätze über die Lebensgewohnheiten von Ottern aus den Fingern saugte. Ich hatte nie einen Otter gesehen oder mich auch nur darum bemüht, einen aufzustöbern, aber sie ließ sich von meinen Aufsätzen blenden. Sie wurden laut vorgelesen und haben mir sogar Auszeichnungen eingebracht, aber brüsten kann ich mich damit nicht.

Unsere Dorfschule war ärmlich und überfüllt, doch letzten Endes genoss ich es. Hier herrschte der Geruch brodelnden Lebens: nach den Lederstiefeln der Jungen und dem Haar der Mädchen, nach Ofen und Schweiß, nach blauer Tinte, weißer Kreide und Bleistiftspänen. Wir lernten hier nichts Abstraktes und nichts Unnötiges – bloß die simplen faktischen Grundlagen, das Alphabet und nützliche Rechenfertigkeiten, was man eben brauchte, um einen Schuppen zu vermessen, eine Rechnung zu schreiben oder ein Schild zu lesen, das vor einer Schweineseuche warnte.

Während der öden Morgenstunden und während der langen Nachmittage saßen wir in unseren Schulbänken und skandierten. Die vielstimmigen Litaneien im beklemmend engen Klassenzimmer konnte man bis auf die Straße hinaus hören: »Zwölf-Zoll-gleich-ein-Fuß. Drei-Fuß-gleich-ein-Yard. Vierzehn-Pfund-gleich-ein-Stone. Acht-Stone-gleich-ein-Hundredweight.« Wir nahmen diese Zahlen in uns auf als Urwahrheiten, festgelegt von einer höchsten Instanz. Wir fragten nicht und hörten nichts, sondern wippten im Takt unserer Litanei und hämmerten uns die Grundformeln ein. »Zwei-mal-zwei-ist-vier. Gott-ist-die-Liebe. Herr-ist-der-König. Unser-König-heißt-George. George-ist-der-Fünfte …« So war es immer gewesen, so war es und so würde es für alle Zeit sein; wir stellten keine Fragen und hörten gar nicht, was wir von uns gaben, aber wir haben es nie wieder vergessen.

Und so sehe ich auch jetzt, beim Erinnern dieser Wiederholungen, dieses Klassenzimmer vor mir, das ich damals kaum sonderlich wahrnahm – Miss Wardley, erhaben auf ihrem hohen Stuhl hinter dem Lehrertisch thronend, mit dem klimpernden Glasschmuck am schlanken Hals. Der bullernde Ofen mit dem Feuerschein in den Ritzen der Klappe; die alte Weltkarte mit ihrer teebraunen Färbung; die Krüge mit welken Feldblumen auf den Fensterbrettern; der gähnende Schrank mit den zerlesenen Büchern. Dann die Jungen und die Mädchen, die Zwerge und die Krüppel, die trägen Dicken und die flinken Dürren; Riesen und Rüpel, Engel und Schieler – Walt Kerry, Bill Timbrell, Spadge Hopkins, Clergy Green, die Ballingers und Browns, Betty Gleed, Clarry Hogg, Sam und Sixpence, Poppy und Jo – wir waren hässlich und schön, hatten Skrofeln, Warzen, Fußpilz und verschorfte Knie, wir waren laut und roh, unbarmherzig, grausam, dumm und abergläubisch. Und doch haben wir uns gemeinsam aus dem Klammergriff der Parzen befreit, Bewohner einer Welt, die keinen Untergang kannte. Tapfer kauten wir am Bleistift, kratzten mit der Schreibfeder, erzählten leise wispernd einen Witz weiter, kicherten, wenn uns einer kitzelte, grummelten über schweren Aufgaben, fixierten mit leerem Blick wie im Traum die Wand …

»Miss, ach bitte, Miss, darf ich mal austreten?«

Ein unwilliges Nicken erlaubt es mir. Geräuschvoll stürme ich hinaus in die frische Luft, umbrandet vom Gesang der Vögel. Ringsum liegt jetzt die freie grüne Welt, und Mrs Birt hängt gerade ihre Wäsche auf. Ich bin jetzt für mich und mache kurz Bestandsaufnahme. Höre das Gemurmel aus dem fernen Klassenzimmer, es summt wie ein Bienenkorb. Eigentlich gehöre ich gar nicht zu denen; ich weiß natürlich, dass ich was Besonderes bin, ein junger König möglicherweise, heimlich an diesem Ort platziert, damit er sich unters Volk mischt. Ich fühle mich so einmalig und majestätisch; um meine Herkunft rankt sich zweifellos ein Geheimnis. Ich weiß, eines Tages wird es gelüftet. Eine Kutsche mit Lakaien wird plötzlich vor unserem Haus vorfahren, und Mutter (meine?) wird weinen. Die Familie wird sehr feierlich und respektvoll Spalier stehen, und ich werde davonfahren, um meinen Thron zu besteigen. Natürlich werde ich großzügig sein, auf keinen Fall hochmütig; für meine Brüder wird es keinen Kerker geben. Stattdessen werde ich sie mit Kuchen und Götterspeise füttern, und jede meiner Schwestern werde ich mit einem Prinzen verheiraten. Souveräne Gnade soll ihre Mitgift sein, auch wenn sie es kaum verdienen …

Ich kehre ins Klassenzimmer zurück, und Miss Wardley schaut düster drein (wenn ich dann König bin, muss sie immer einen Knicks machen). Aber all das ist vergessen, als Walt Kerry sich herüberlehnt und die Ergebnisse meiner Rechenaufgaben sehen will. »Ja, Walt; klar, Walt. Hier, schreib sie dir ab. Sind nicht schwer, ich hab sie alle fertig.« Dieser Fiesling nimmt sie entgegen wie seinen rechtmäßigen Tribut, und ich bin stolz genug, sie ihm zu geben. Der kleine Jim Fern, der neben mir sitzt, schaut von seinen bis zur Unlesbarkeit verbesserten Seiten auf.

»Du bist halt einfach gut. Du und dein Bruder Jack. Ich wollt, ich wär auch so gut wie ihr.« Er schaut mich traurig und bewundernd an, und schon geht es mir wieder besser.

In der Pause stürzen wir nach draußen und schreien unsere aufgestaute Energie heraus. Jemand schlägt einem anderen auf den Kopf. Irgendwer holt sich blutige Knie. Die Jungs bleiben dicht zusammen wie ein Bienenschwarm. »Los, gehn wir alle nach hinten, ja?« Und trappelnd machen wir uns auf den Weg in den schmalen Durchgang, der für uns so viel Geheimnis birgt. Hinter der Mauer ist das Revier der Mädchen, ganz nah sind sie, und wir rufen Grüße hinüber.

»Ich hab dich gehört, Bill Timbrell! Hab genau gehört, was du gesagt hast! Pass nur auf, ich sag's der Lehrerin!«

Erhitzt und erfrischt strömen wir zurück auf unseren Schulhof, pfeifend, waschechte Mannsbilder.

»Haste gehört, was ich gesagt hab? Haste, hey? Denen hab ich's gegeben! Die haben ganz schön gequiekt!«

Wir alle lachen uns schief, wir bringen kein Wort mehr heraus vor Gelächter und müssen einander immerzu knuffen.

Miss Wardley hatte viel Geduld, aber wir waren nun mal nicht die Schlauesten. Unsere Schulhefte waren ein einziges Elend von Klecksen und Krakeln, es sah aus, als wollte man Affen das Schreiben beibringen. Wir sangen himmlisch im Chor und zeichneten wie Höhlenmenschen, aber die meisten anderen Fächer lagen uns nicht so. Nur mit dem Dichten hatten wir keine Probleme. Ich weiß noch, wie Miss Wardley mit quietschender Kreide eine Aufgabe an die Tafel schrieb, sie las sich wie eine Einkaufsliste:

»Schreibe ein Gedicht in Versen, in dem eines oder mehrere der folgenden Dinge vorkommen: ein Kätzchen; Elfen; meine Ferien; ein alter Kesselflicker; milde Gabe; Seegras ...« (»Was ist das, Miss?«)

Aber damals war das leicht, man schrieb ein Dutzend pro Stunde, man zauderte nicht lange, sondern legte einfach los und nahm sich nacheinander die Stichworte vor, die man mit unermüdlichen Reimen abhakte.

Manchmal setzte es Hiebe, was keinen störte – höchstens hin und wieder eine zornrote Mutter. Manchmal erschien ein Mann und zog uns Zähne. (»Meine Mom sagt, Sie sollen keine Backenzähne rausnehmen ... «»Vierzehn, fünfzehn, sechzehn, siebzehn ...«»Sind das lauter Backenzähne?«»Halt den Mund, kleine Rotznase.«) Manchmal stattete uns der Squire einen Besuch ab, überreichte Preise und hielt mit abwesendem Blick eine Rede. Manchmal kam per Fahrrad ein Inspektor, zählte uns der Reihe nach durch und radelte wieder davon. Unterdessen ging Miss Wardley mit klimperndem Halsschmuck zwischen uns auf und ab, belehrend, beschwörend, verzweifelnd:

»Walter Kerry, du bist ein Faulpelz. Du hast den Verstand eines Huhns. Du bist ein großer, aufgeblasener Tölpel und Flegel. Du wirst heute nachsitzen und alles noch mal machen. Am besten bleibt ihr gleich alle da, die ganze Bande.«

Wurden die Aufgaben zu mühsam und zu schwierig, hatten wir die altbewährten Methoden, uns zu drücken.

»Bitte, Miss, ich muss morgen daheim bleiben und helfen, die Wäsche – die Schweine – mein Dad is krank.«

»Weiß ich nicht, Miss, das haben Sie uns nie beigebracht.«

»Jemand hat mein Buch geklaut, Miss. Carry Burdock war's.«

»Bitte, Miss, ich hab ganz schlimmes Kopfweh!«

Manchmal hatten die Ausreden Erfolg, manchmal nicht. Einmal drückte sich eine Schar von uns vor einer Klassenarbeit, indem wir uns die Hände von Pferdebremsen zerstechen ließen. Wir brauchten einen ganzen Tag dazu, aber das Ergebnis war beeindruckend – unsere angeschwollenen Hände sahen aus wie Elefantenrüssel. »War 'n ganzer Schwarm, Miss. Der fiel über uns her. Wir sind weggerannt, aber sie ham uns trotzdem total zerstochen.« Ich weiß noch, wie wir stöhnten, und dass wir keinen Federhalter mehr halten konnten, an den Schmerz aber erinnere ich mich nicht.

Bei anderer Gelegenheit fälschten wir natürlich auch Mitteilungen unserer Mütter, oder wir aßen Beeren, von denen uns speiübel wurde, oder behaupteten, mit dem Toten verwandt zu sein, der draußen gerade bestattet wurde (der Kirchhof lag gleich nebenan). Es war nicht schwer, ein Gejammer anzustimmen, wenn der Leichenwagen vorbeifuhr: »Ist meine Tante, Miss – das ist mein Cousin Wilf – kann ich bitte gehen, Miss, darf ich?« So manchem einsamen Sarg folgte als Nachhut feierlich eine buntgewürfelte Schar verhärmter, schäbig gekleideter Kinder, die keiner der erstaunten Hinterbliebenen kannte.

So haben wir also die Schule hinter uns gebracht – und wo wären wir sonst heute? Genau dort, wo wir sind; an einem Webstuhl oder auf einem Traktor, und rechnen würden wir genau wie jetzt, in Fünfer- und Zehnerpäckchen. Das war offenbar alles, was wir brauchten, und Miss Wardley halste uns keine unnütze Bürde auf. Bei ihr lernten wir Dinge, die nicht unbedingt auf dem Lehrplan standen – die Namen von Blumen, die Lebensgewohnheiten der Vögel, das Vertrautwerden mit einem Gegenstand, sobald man sich anschickt, ihn zu zeichnen. Wir lernten, wie trügerisch die Harmlosigkeit der Jungen und wie listig der

Charme der Mädchen sein konnte, wie fantasiebegabt ein Idiot und wie sachkundig der ansonsten stumme Einfaltspinsel referieren konnte, wenn es um Marder ging. Wir waren erbarmungslos und grausam wie alle Primitiven. Aber in dieser Schule lernten wir, dass Grausamkeit ganz persönliche Ursprünge haben kann; und der angeborene Hass auf Missgestalten und Ausgestoßene wurde gezügelt durch den täglichen Umgang mit ihnen.

Da gab es Nick und Edna, die unweit vom Bulls Cross wohnten, Kinder eines Geschwisterpaars – ein kräftiger Junge und ein hübsches Mädchen; sie zu verachten haben wir gewiss nicht in der Schule gelernt. Und es gab den Zigeunerjungen Rosso, der draußen am Steinbruch lebte, wo seine Sippe ihr Sommerlager hatte. Schwarz gelockt war er, mit kakaobrauner Haut. Anfangs hatten wir ihm die kalte Schulter gezeigt. Er war ein echter Außenseiter (sie aßen Schnecken, so hieß es), und seine schrägstehenden Indianeraugen waren uns nicht geheuer. Dann stahl er eines Tages aus Hunger ein paar Sandwiches, und Miss Wardley versohlte ihn mit dem Rohrstock. Ganz gleich, wie seine Tat zu bewerten war, dies machte ihn zu einem der unseren.

Wir sahen zu, wie er nach dieser Tracht Prügel heulend aus der Schule rannte, sich kurz aufs Knie niederließ und seine Schnürstiefel band. Die Frau des Ladenbesitzers, die gerade vorüberkam, blieb stehen und hielt ihm eine kurze Standpauke. »Du hättest nicht zu stehlen brauchen, auch wenn du Hunger hattest. Warum bist du nicht zu mir gekommen?« Der Junge sah sie kurz an, stand auf und rannte wortlos davon. Er wusste – genau wie wir – die Antwort: Auf Zigeuner pflegte man hier die Hunde zu hetzen. Als wir heimliefen zu unserem Mittagessen aus gebratenem Kohl, hatten wir alle Mitleid. Wir stellten uns den armen Rosso vor, wie er hungrig zurück in seinen

Steinbruch stieg, zu diesen armseligen Zelten, wo man zwischen Schlamm und Pfützen saß und an den kargen Hängen nach Essbarem suchen musste. Zigeuner erschienen uns auf einmal nicht mehr finster oder seltsam. Wir dachten: Kein Wunder, dass sie Schnecken essen.

Das schmale Klassenzimmer war nichts anderes als ein Fließband, das uns in diesen wenigen Jahren weiterbeförderte. Wir kamen durch die Tür, auf der »Kleinkinder« stand, bewegten uns schrittweise auf den Ausgang zu und wurden dann der Welt zurückgereicht. Ein froher und glücklicher Augenblick; ihn hatten wir immerzu im Auge. Mittlerweile saßen wir in größeren Schulbänken und sahen, wie die Jüngeren stetig an Zahl zunahmen; Miss Wardley fragte uns jetzt hin und wieder um Rat und verwöhnte uns, als lägen wir auf dem Sterbebett. Es gab nichts mehr zu tun, nichts mehr zu lernen. Wenn wir uns jetzt im Klassenzimmer umsahen, dann voller Ungeduld und zugleich mit einem Gefühl von Nostalgie. In den Pausen gingen wir gemessenen Schrittes auf der Straße auf und ab, gaben uns den Jüngeren gegenüber gönnerhaft. Vorbei waren die bleich und bebend ausgefochtenen Raufereien, das blitzartige Davonlaufen, keinem Fiesling wurde mehr Honig ums Maul geschmiert. Nur hin und wieder ließ man sich zu einem Knuff hinreißen, um Autorität zu zeigen, anschließend schlenderte man gelassen mit seinesgleichen weiter.

Schließlich gab es einen langen Händedruck von Miss Wardley, zärtlich und respektvoll. »Auf Wiedersehen, und alles Gute! Vergesst nicht, mich mal wieder zu besuchen!« Jeden von uns bedachte sie dabei mit einem ebenso koketten wie wehmütigen Blick, wohl wissend, dass keiner von uns es tun würde.

Die Küche

Unser Haus und unser Leben darin taucht selbst heute noch ständig in meinen Träumen auf. Nacht um Nacht kehre ich wehrlos, wie gerufen zurück zu seiner Beschaulichkeit und seinen Alpträumen: in die düsteren Schatten seiner dicken Mauern, zwischen Hang und Eiben gezwängt, in diese Stuben mit getäfelter Decke und löchrigen Matratzen, mit blutroten Geranienklecksen am Fenster, dem Geruch nach feuchtem Pfeffer und blühendem Schimmelpilz, in dieses Chaos, wo die Frauen herrschten.

Männliche Autorität haben wir Jungs nie gekannt. Als mein Vater uns verließ, war ich drei, und von einigen seltenen und flüchtigen Besuchen abgesehen hat er nie wieder bei uns gewohnt. Er war ein intelligenter und forscher, schwer durchschaubarer Mann; ein Sohn und Enkel von Seeleuten, der selbst für die Seefahrt nichts übrig und daher beschlossen hatte, sein Glück an Land zu versuchen. Innerhalb seiner Grenzen gelang es ihm. Schon als junger Bursche wurde er Gehilfe beim Lebensmittelhändler, Organist in der Dorfkirche, ein sachkundiger Fotograf und ein Dandy. Gewisse Selbstporträts

jener Zeit zeigen einen hübschen Burschen, zwar in abgewetz-
ter Kleidung, doch groß und schlank, mit einer Vorliebe für
Handschuhe, hohe Kragen und elegante Posen. Sein Charme
wie auch sein Ehrgeiz hoben ihn eindeutig ab vom Durch-
schnitt. Im Alter von zwanzig hatte er die schöne Tochter eines
örtlichen Kaufmanns geheiratet, die ihm acht Kinder gebar –
von denen fünf überlebten – und dann selbst in jungen Jahren
starb. Er heiratete daraufhin seine Haushälterin, die ihm vier
weitere Kinder schenkte, drei blieben am Leben, darunter ich.
Während der zweiten Ehe war er noch immer Gehilfe im Le-
bensmittelladen und verdiente neunzehn Shilling die Woche.
Sein sehnlichster Wunsch aber war es, Beamter zu werden, und
dafür büffelte er jeden Abend. Der Erste Weltkrieg gab ihm die
ersehnte Chance, und trotz seines Argwohns gegenüber Waffen
und Krieg beschloss er, sein Leben und auch die Familie aufs
Spiel zu setzen, bewarb sich um einen Posten als Zahlmeister,
begab sich in einer kugelsicheren Weste nach Greenwich und
lebte seitdem höchstens mal vorübergehend bei uns.

Er war der geborene Vermittler, und alles lief zufriedenstellend. Den Krieg überstand er in seiner Schreibstube und erhielt anschließend eine Kriegsrente (wegen eines Ausschlags, der ihn bei Nervosität heimsuchte, glaube ich), trat dann in den Staatsdienst ein, wie es ihm immer vorgeschwebt hatte, und ließ sich in London nieder. Damit oblag es meiner Mutter, die Kinder seiner beiden Familien großzuziehen, was sie aus Liebe und Mitgefühl tat, aus blinder Loyalität und im unerschütterlichen Glauben, dass er eines Tages zu ihr zurückkehren werde ...

Unterdessen lebten wir dort, wo er uns verlassen hatte – ein Überbleibsel seiner Jugend in der Provinz; eine wuchernde, schwerfällige, ländliche Brut, die er jetzt nicht mehr brauchen konnte. Er schickte uns Geld, und wir wuchsen ohne ihn auf; ich für meinen Teil habe ihn kaum vermisst. Ich war vollkommen zufrieden in dieser Welt der Frauen, auch wenn es oft konfus zugehen mochte und wir von der Hand in den Mund lebten; war es zufrieden, herumgeschubst zu werden, mal herausgeputzt und mal in Flicken, gescholten und bewundert, von leidenschaftlichen Küssen überrumpelt oder zwischen dem Abwasch deponiert und vergessen.

Meine drei Halbschwestern nahmen Mutter viel von ihrer Bürde ab und waren ein Geschenk des Himmels. So großmütig, nachsichtig, gutherzig und eigensinnig waren diese Mädchen, dass man sie nur bewundern konnte. Sie schienen immerfort in voller Blüte zu stehen und waren im Glanz ihrer gereiften Jugend für uns Jungs der Inbegriff all dessen, was eine Frau an Schönheit, Stil und Geschick mitbringen sollte.

Denn ihre Schönheit war über allen Zweifel erhaben, ebenso die Natürlichkeit, mit der sie sie zur Schau trugen. Marjorie, die Älteste, eine blonde Aphrodite, ihrer Besonderheit offenbar gar nicht bewusst, bewegte sich stets im Rhythmus selbstvergessener Anmut und trug ihre Schönheit wie eine Schlafwandlerin. Sie war groß, langhaarig und von träumerischer Sanftheit, sprach leise und mit Bedacht. Ich habe nie erlebt, dass sie die Beherrschung verlor oder in irgendeiner Sache auf ihrem Recht bestanden hätte. Aber ich weiß noch, dass sie manchmal leise weinte, große blaue Tränen, die sie gewöhnlich um andere vergoss. Sie war die geborene Mutter, konnte geschickt mit der Nadel umgehen und nähte Kleider für uns alle, wenn es Bedarf gab. Mit ihrer unerschöpflichen Schönheit und ihrem ausgeglichenen Wesen war sie das friedvolle Licht, das uns in nächtlichen Ängsten leuchtete, eine stetige tröstliche Flamme, und selbst die Schatten, die sie warf, schenkten uns Geborgenheit.

Dorothy, die Zweitälteste, war ein schmächtiger Kobold, hübsch und gefährlich wie Feuerwerkskörper. In ihr verbanden sich Neugier und Keckheit, auf die Jungs wirkte sie wie Funke und Zunder; ihre geschmeidige dunkle Gestalt schien lauter Warnhinweise zu tragen, und ihre Bewunderer taten gut daran, sie zu beachten. »Nicht in der Hand behalten«, hieß es beispielsweise, oder: »Flamme ans Zündpapier halten und sich schnellstens entfernen.« Sie war eine Räuberin, die den Nervenkitzel liebte, Abenteuer provozierte und Klatsch heimbrachte. Das meiste war für Marjories Ohren bestimmt, die dann beim Nähen innehielt, große Augen machte und jede neue Enthüllung mit einem Kopfschütteln quittierte. »Das ist nicht dein Ernst, Doth! Das hat er nie im Leben! O nein! ...« Mehr habe ich kaum je davon mitbekommen.

Dorothy war flink wie eine Dschungelkatze, bezaubernd und dennoch kein stilles Wesen. Sie beschützte uns Jungs mit

Mut und Elan, und sie brachte uns Schätze mit von der Außenwelt. Wenn ich nun an sie denke, ist sie wie aufsteigender Rauch, ein kicherndes Prusten, ein Geruch nach Kordit. In Ruhestellung war sie noch etwas ganz anderes: ein pflaumenblaues Märchenwesen, zart und gefühlsduselig.

Die jüngste von den dreien war die gelassene, stille Phyllis, eine fragile Kleine mit tabakfarbenem Haar, hübsch, aber auch irgendwie scheu, da sie immer im Schatten der Älteren stand. Marjorie und Dorothy einte eine natürliche Vertrautheit, weil sie nahezu gleichaltrig waren, und so fand sich Phyllis ein wenig außerhalb, eine Einzelgängerin, nicht so recht zugehörig und auf sich selbst angewiesen. Sie ertrug es mit einer bescheidenen Einfalt und bewunderte lieber, als Beschwerde zu führen. Ihre liebste Aufgabe war es, uns Jungs ins Bett zu bringen, hier zeigte sie sich in einem ganz eigenen Licht, offenbarte eine hingebungsvolle, fast altmodische Achtsamkeit und sang uns feierlich mit Kirchenliedern in den Schlaf.

Die melancholische Phyllis, wie sie im Licht der Sommerabendsonne mit gefalteten Händen friedlich neben unseren Betten sitzt, den Blick in die Ferne gerichtet, eine einsame Hüterin mit leuchtendem Wuschelkopf, die endlosen Strophen von »Happy Eden« singend – wie oft bin ich darüber eingeschlummert, spürte, wie die anflutende Schlafeswärme mich umfing, angeführt von ihrer jungen, heiseren Stimme und tonlosen Traumgespinsten ...

Diese Halbschwestern mochte ich sehr; neben ihnen hatte ich noch zwei Halbbrüder. Reggie, der Erstgeborene, wohnte anderswo bei seiner Großmutter, aber der jüngere Harold lebte bei uns. Harold war ein hübscher Junge, knochig und verschlossen, und er liebte unseren abwesenden Vater. Er stand ein wenig abseits, sein Lachen war eher ein Schnauben, und meistens machte er einen unzufriedenen Eindruck. Er hatte geschickte Hände, und obwohl er jünger war als die Mädchen, wirkte er eine Generation älter und irgendwie verloren.

Meine richtigen Brüder waren Jack und Tony; wir drei waren die Jüngsten. Wir stammten aus Dads zweiter Ehe und waren innerhalb von vier Jahren zur Welt gekommen; danach hatte er sich aus dem Staub gemacht. Jack war der Älteste, Tony der Jüngste, ich stand behütet in der Mitte. Jack war pfiffig, blitzgescheit und mein enger Kumpel. Wir spielten zusammen, balgten uns und gingen auf Rattenjagd, bauten eine eigene Welt um uns auf und teilten das Bett, bis ich schließlich zu Hause auszog, und jeder zehrte vom Grips des anderen. Unser Nesthäkchen Tony war ein hübsches und seltsames Kind, ein grüblerischer, fantasiebegabter Eigenbrötler. Wie Phyllis litt er darunter, dass er unter dreien stets der war, der übrig blieb; schlimmer noch, er war der Überzählige unter sieben. Entweder musste er immerzu rennen, um nicht den Anschluss zu verlieren, oder er hockte einsam auf der Erde. Sein seltsam verzerrtes, gequältes Gesicht spiegelte manchmal das Leuchten eines Heiligen, ein andermal die starre, leere Wachsamkeit eines Insekts wider. Er konnte allein herumgeistern oder ganz still irgendwo sitzen, sich verlaufen oder genau im falschen Moment auftauchen. Er zeichnete wie ein Künstler, lesen oder schreiben wollte er nicht, er sang und tanzte, verschluckte schachtelweise Perlen, hatte vor nichts Angst, dafür aber heimliche Freunde, und wurde von schlimmen Alpträumen geplagt. Tony war der einzige wahre Visionär unter uns, ein kleiner Eremit, den keiner so recht verstand …

Mit unserer Mutter waren wir also zu acht in diesem Haus und verfügten über drei weiträumige Stockwerke. Es gab das große weißgetünchte Dachgeschoss, das sich über die ganze Länge des Hauses erstreckte, dort schliefen die Mädchen auf prallen gestreiften Matratzen; von den schrägen Wänden, die durchhingen wie ein Zeltdach, bröckelte der Putz. Das Dach war so marode, dass es den Regen durchließ und auch Fledermäuse. Man konnte es jedes Mal hören, wenn draußen ein Vogel auf den Dachziegeln landete. Mutter und Tony schliefen in dem Zimmer, das darunterlag; Jack, Harold und ich in einem anderen. Aber das Haus war seit seiner Erbauung immer wieder neu unterteilt und geflickt worden, sodass es mittlerweile schier unmöglich war, ins eigene Zimmer zu gelangen, ohne das eines anderen zu durchqueren. So suchte also jeden Abend eine Prozession bleicher Geister schläfrig ihr Bett, bis wir nebeneinander ausgestreckt in der nach Kerzenwachs duftenden Finsternis lagen, ein jeder unter der zugeteilten Decke verstaut, während ein Schnarchen und Pfeifen das alte Haus erzittern ließ, als käme da ein Dampfkarussell langsam in Schwung.

Unsere wachen Stunden jedoch, überhaupt unsere Jahre des Heranwachsens, verbrachten wir zum größten Teil in der Küche. Bis wir heirateten oder auszogen, war sie der Ort, an dem wir uns gemeinsam aufhielten. Hier lebten und futterten wir im familiären Mief, scherten uns nicht um die Enge und stiegen wie Vögel im Nistkasten übereinander hinweg, bahnten uns ohne böse Absicht mit den Ellbogen den Weg, redeten oder schwiegen alle gleichzeitig oder schrien aufeinander ein, hatten jedoch, wie ich glaube, nie das Gefühl, in einer Sardinendose zu hocken, denn es hatte jeder seinen Platz wie die Noten auf einer Tonleiter.

Diese Küche, abgewetzt durch unsere Stiefel und unsere Existenz, war warm und schmuddelig, und das zusammengewürfelte Mobiliar blieb nie, wo es stand, sondern wurde jeden Tag neu platziert. Auf einem schwarzen Rost knisterten Kohle und Buchenzweige, auf der Trockenstange wurden Handtücher geröstet; der Kaminsims stand voll mit schönem altem Porzellan, Zaumzeugschmuck und kurios verwachsenen Kartoffeln. Auf dem Boden lagen verdreckte Matten, die Fenster waren mit Pflanzen zugestellt, an den Wänden hingen alte Kalender und stehengebliebene Uhren, und über die niedrige, rauchgeschwärzte Decke zogen sich Schimmelflecken. Außerdem gab es sechs Tische unterschiedlicher Größe, einige Polstersessel, aus denen die Füllung quoll, Kisten, Schemel und schadhafte Körbe, Bücher und Zeitungen auf jedem Stuhl, ein Sofa für die Katzen, ein Harmonium für die Jacken und ein Klavier für den Staub und die Fotografien. Dies war das Erscheinungsbild unserer Küchenlandschaft – die Felsen unseres submarinen Daseins, jeder Gegenstand glatt geschliffen durch permanente Berührung oder von allerlei ausdrucksvollen Seepocken überzogen: Andenken an Geburtstage und verstorbene Verwandte, Wrackteile verschollener Möbelstücke, alles versunken in Mutters Zeitungen, die sich seit Jahren ringsum am Boden stapelten.

Als ich morgens aufwachte, sah ich in den Eiben die Eichhörnchen an den saftigen roten Früchten knabbern. Zwischen den Bäumen und dem Fenster hing eine goldgelbe Wolke aus schwebenden Samen und Spinnengewebe. Von der anderen Seite des Tales hörte man die Farmer ihrem Vieh zurufen, auf den Teichen schnarrten die Moorhühner. Bruder Jack war wie immer als Erster auf, während ich mir im Bett die Stiefel anzog. Schließlich standen wir beide auf dem nackten Dielenboden, kratzten uns und sprachen unser Morgengebet. Weil wir Starrköpfe waren und es unmännlich fanden, laut zu beten, standen wir Rücken an Rücken und nuschelten vor uns hin, und wenn einem dummerweise doch eine hörbare Bitte herausrutschte, fing man einfach an zu singen, um es zu vertuschen.

Singen und Pfeifen waren immer nützlich, um das Gesicht zu wahren, vor allem, wenn der andere die besseren Argumente hatte. Diesen Trick setzten wir immer gern ein, beinahe automatisch, und an diesem Morgen fing Jack damit an.

»Na, wie heißt er, unser König?«, fragte er, während er nach seiner Hose griff.

»Albert.«

»Nein, stimmt nicht. Er heißt George.«

»Hab ich doch gesagt, oder? George!«

»Hast du nicht! Du weißt es nicht. Du bist dumm.«

»Jedenfalls nicht so dumm wie du.«

»Du bist beschränkt. Du hast so viel Hirn wie eine Bettwanze.«

»Da-da-di-da-da.«

»Du hast kein Hirn, hörst du? Du kannst noch nicht mal zählen.«

»Trallali-trallalaaa … Hab dich nicht verstanden.«

»Und ob du mich verstanden hast, Schwachkopf. Dicker Faulpelz. Großer dicker –«

»Dum-di-da! … Ich versteh nichts! … Ni-hi-hichts! …«

Nun, damit war es erledigt, wir waren quitt, wie üblich. Wir rieben uns den Schlaf aus den Augen und zogen uns rasch an.

Auf der Treppe nach unten roch es nach Holzdielen, Lumpen, sauren Zitronen und alten Gewürzen. Die verrauchte Küche bot das allmorgendliche Durcheinander, aus dem in Kürze das Frühstück hervorgehen würde. Mutter rührte in einem rußschwarzen Topf den Porridge. Tony säbelte mit einem Lineal am Brotlaib, die Mädchen, bereits im Mantel, deckten den Tisch, und die Katzen fraßen die Butter. Ich putzte ein paar Stiefel und pumpte frisches Wasser; Jack ging einen Krug entrahmte Milch holen.

»Ich bin spät dran«, sagte Mutter zum Feuer gewendet. »Diese vermaledeite Kohle taugt nichts.«

Sie langte nach einer Ölkanne und goss den ganzen Inhalt ins Feuer. Eine Stichflamme schlug tosend in den Kamin hinauf. Mutter kreischte, wie sie es immer tat, und rührte weiter den Porridge.

»Hätte ich doch bloß einen ordentlichen Herd«, sagte sie. »Was eine Plage jeden Morgen, bis ihr endlich marschbereit seid.«

Ich streute etwas Zucker auf eine Brotscheibe und verschlang sie hastig, ehe sie mir jemand wegschnappte. Wie anders doch die Küche heute Morgen wieder aussah, als die Sonne durch den wirbelnden Qualm drang. Ein paar Kristallvasen warfen splittrige Regenbogen über das verstaubte Klavier, während Vater mit seinem Kneifer wie eine entrüstete Gottheit von der Wand herabschaute.

Schließlich gab es mit einem dicken, dampfenden Kochlöffel den Porridge auf unsere Teller. Ich bedeckte die Haferbreihäufchen mit Rübensirup und begann vom Rand zur Mitte hin zu essen. Die Mädchen am Tisch kauten in morgendlicher Dösigkeit vor sich hin. Träge, noch ganz verschlafen, bewegten sich die Kiefer, der Mund klappte auf, wenn der Löffel sich hob, dann hielten sie, Löffel am Mund, kurz inne, rissen sich zusammen und aßen. Die Augen starrten ausdruckslos geradeaus, ohne den neuen Tag schon ganz zu erfassen. Rosig und leuchtend noch von ihren nächtlichen Träumen, von den Umarmungen wer weiß welcher Helden, schienen sie wie verstummte Geister, die man nach paradiesischen Liebesfesten zurück auf die Erde befördert hatte.

»Meine Güte!«, rief Doth. »Habt ihr gesehen, wie viel Uhr es ist?«

Sie sprangen auf, eine nach der anderen.

»Herrje, schon so spät!«

»Ich muss los.«

»Ich auch.«

»Himmel, wo sind meine Sachen?«

»Na dann tschüss, Ma, und tschüss, Jungs, seid schön brav!«

»Soll ich irgendwas aus dem Laden mitbringen ...?«

Sie zogen die Strümpfe hoch, setzten die Mützen auf, eilten den Hang hinauf. Um diese Stunde strömten Fußgänger und Radfahrer die weiten Hügel herab nach Stroud hinein, heulten die Sirenen durch den frischen Morgen und stießen die Fabrikschlote ihre ersten Rauchwolken aus. Aus jedem abgelegenen Winkel der fünf um Stroud liegenden Täler eilten Mädchen herbei in die Läden und an die Webstühle, mit bleichen Wangen und Schlaf in den Augen, in den Ohren noch leise die schwindenden Stimmen der Nacht. Marjorie begab sich zu ihrem Hutmacherladen, Phyllis in ihr Schuhgeschäft, Dorothy zu ihrer Arbeit als Bürohilfe in einer heruntergekommenen Tuchfabrik am Fluss. Und Harold, der war bereits an der Arbeit, denn sein Tag begann schon um sechs. Meistens verfluchte er seine Arbeit an der Drehbank, wenn er das Haus verließ, obwohl sie ihm eigentlich gefiel.

Aber was sollten wir Jungs machen, nachdem alle fort waren? Hatten wir Schule, dann brachen wir als Nächste auf. In den Ferien verzogen wir uns zum Spielen den Hang hinauf, veranstalteten an den Mauern Schneckenrennen, buddelten im Garten und fanden Kartoffeln, die wir in Blechdosen auf dem Abfallhaufen kochten. Wir waren immer hungrig, stöberten permanent nach Essbarem, hielten immerzu in Schränken und Sträuchern danach Ausschau. In der Ferienzeit gab es morgens immer ein Risiko: unter Umständen bekam man Hausarbeit oder Besorgungen aufgebrummt. Mutter war gewöhnlich mit Bügeln oder Saubermachen beschäftigt, oder sie saß auf dem Fußboden und las in einem Buch. Wenn wir uns also im Hof herumtrieben, spitzten wir immer die Ohren, denn wenn sie uns erwischte, war der Spaß vorbei.

»Ach, da bist du ja, mein Junge. Ich brauche Salz! Lauf schnell zu Vick und hol mir welches, sei so nett.«

Oder: »Schau mal, ob Granny Trill ein wenig Tee übrig hat – aber frag höflich, hörst du?«

Oder: »Lauf doch mal rüber zu Miss Turk und frag, ob sie uns einen Half-Crown pumpt; ich wusste gar nicht, dass ich so abgebrannt bin.«

»Schick unseren Jack, Mutter! Ich hab bei ihr schon den Speck geborgt. Jetzt ist wirklich er dran.«

Doch Jack war wie ein Aal durchs Gras davongeglitten, hatte sich auf listige Art davongemacht, wie üblich. Er war sprunghaft, durchtrieben und geistesgegenwärtig, ein sensibles Nervenbündel und mager im Vergleich mit uns anderen, vermutlich das, was Bauern »schwerfuttrig« nennen. Damit hätten sie allerdings schiefgelegen, denn Jack wusste sich prima zu helfen. Beim Essen hatte er eine Strategie entwickelt, die ihm doppelte Portionen garantierte. Tempo und List waren die Schlüssel zu seinem Erfolg, und wir hungrigen Geschwister nannten ihn den Gierschlund.

Jack schlang sein Essen im Eiltempo herunter, das war sein ganzes Geheimnis – und anders ging es bei uns auch nicht. Man stelle sich vor: Wenn wir am Esstisch Platz nahmen, saßen wir zu acht um eine Schüssel. Gewöhnlich war es Linseneintopf, eine dicke braune Pampe, die aussah wie aus Plastikknöpfchen gemacht. Sie roch wie Stallmief, aber daran hatten wir uns gewöhnt, und sie machte hinreichend satt – wenn man genug davon abbekam. Denn die Größe unserer Familie übertraf die der Schüssel, und so war nie genug da, dass es für alle gereicht hätte.

Beim Austeilen ging Mutter völlig unmethodisch vor, nicht einmal das Gesetz des Zufalls kam hier zum Zuge – jeder Teller bekam einen Schlag, in beliebiger Reihenfolge, alles Weitere blieb uns dann selbst überlassen. Es gab kein Tischgebet, keine Vorwarnung, keinen Startschuss. Aber wer zuerst seinen Teller leer gefuttert hatte, hatte Anrecht auf das, was sich noch im Topf befand. Mit angehaltenem Atem verfolgten wir Mutters gesenkten Schöpflöffel – wo die Linsen hinfielen, wusste man nie genau. Aber der ewig hungrige Jack hatte den Bogen raus, er folgte dem Löffel mit seinem Teller. Geistesabwesend gab Mutter ihm dann den ersten Schlag, oft genug einen zweiten, und sobald er die hatte, schluckte er alles im Nu hinunter, ohne zu kauen. »Noch etwas, bitte, ich hab alles aufgegessen« – der leere Teller bewies es, also bekam er auch noch den Rest in der Schüssel. Auf diese Weise habe ich oft gegen ihn verloren, weil er einfach die entscheidende Sekunde schneller war. Doch es hat mich geprägt und eine hässliche Narbe hinterlassen: eine verkorkste Verfressenheit, sodass ich bis heute am Abend nach großen Reispuddings und Eintopfgerichten verlange.

Der Tag war vorüber und wir hatten ihn genutzt, Besorgungen erledigt oder Streifzüge über die Felder gemacht. Wenn der Abend kam, kehrten wir aus der rasch abkühlenden Abendluft heim in die Küche mit ihrer warmen Behaglichkeit aus Kochdunst und qualmendem Herdfeuer. Wir Jungs trafen als Erste ein, schlurften den Hang hinab, jeder für sich, wie heimkehrende Krähen. Lange Schattenzungen leckten in die Senken der Felder, die Bäume standen still und ausladend da. Ich war in Painswick gewesen, um Steuern zu zahlen, war schnell durch das lange feuchte Gras gerannt und außer Atem nach dem erledigten Botengang, an den Beinen hingen lauter Grassamen. Ich sah blauen Rauch über unserem Schornstein, flache Schwaden hingen in der reglosen Luft, und als ich bergab rannte, durchzuckte mich bei jedem Stein, auf den ich trat, die Heimkehrfreude.

Wir hackten Feuerholz für den Abend und trugen es hinein; trockene Buchenscheite, so spröde wie Kandis. Der Bäcker kam vorbei mit einem Korb voll Brot, den er lässig an einem Riemen über der Schulter trug. Acht Vierpfundleibe mit schwarz verbrannter Kruste wurden zur Tür hereingereicht. Ein paar knusprige duftende Krustenbröckchen lagen noch in seinem leeren Korb, und die holten wir mit angeleckten Fingerspitzen heraus und lutschten sie ab. Es dunkelte jetzt, der Bäcker rief Gute Nacht und stieg pfeifend die Böschung hinauf. Oben auf der Straße wartete sein schwarzes Pferd, die Laternen am Karren glommen in rußtrübem Rot.

Drinnen backte meine Mutter Pfannkuchen, das Gesicht gerötet von der Feuerhitze. Es roch nach frischer Zitrone und gesalzener Butter, man hörte das Öl in der Pfanne zischen. Die Küche war düster, Schatten zuckten, es war noch kein Licht angezündet. Die Flammen tanzten empor und fielen zurück, belebten ferne Ecken und ließen sie wieder versinken, loderten auf in jedem Stück Messing, das es ringsum gab.

»Such doch mal die Streichhölzer, mein Junge«, sagte Mutter. »Ich hab keine Ahnung, wo die verschwunden sind.«

Wir zündeten die Kerzen an und stellten sie auf, jede an ihren festen Platz: zwei auf den Kaminsims, eine auf das Klavier und eine auf den Teller am Fenster. Jede ließ ihre Lichtkugel schweben, ein fragiles Leuchten, das sich blähte oder auf den knisternden Docht herabschrumpfte und jedem Luftzug folgte. Freilich waren die Flammen zu dürftig, um gegen den roten Feuerschein des Herdes zu bestehen, und unsere Gesichter offenbarten sie weniger durch ihr Licht als die Bereiche, die sie im Dunkel ließen.

Als Nächstes füllten wir die große gusseiserne Lampe, zündeten sie an und stellten sie auf den Tisch. Wenn sich der Docht erwärmt hatte und ordentlich zog, drehten wir ihn ganz hoch. Nun erwachte die Flamme im Glaszylinder zum Leben und erhob ihre spitze Blüte, begann zu singen und zu beben, strahlte zunehmend heller und warf einen Lichtkreis an die Decke. Dennoch blieb die Küche größtenteils im Dunkeln, über die Wände wucherten üppige Schatten.

Nun war die Zeit für meine Geigenübungen gekommen. Genüsslich zupfte ich an den Saiten. Mutter war immer noch mit dem Backen und Einrollen der Pfannkuchen beschäftigt; meine Brüder senkten den Kopf und seufzten. Ich platzierte mein Notenblatt auf dem Kaminsims und schrammelte los mit einem Russischen Tanz, worauf sich der Geruch von Zitrone und Fett mit süßen Harzdüften mischte und kleine Staubwölkchen von meinem Bogen flogen. Hin und wieder traf ich den richtigen Ton, und dann warf Mutter mir einen Blick zu. Einen besorgten und zugleich anfeuernden Blick, während sie meinem ausholenden Arm auswich. Schon etwas füllig geworden, stand sie da in Pantoffeln, eine Hand an der Wange, die andere am Stiel der im Takt wippenden Pfanne, das Haar fiel ihr über die Ohren herab, und ihr Mund war halb geöffnet, um notfalls der Melodie auf die Sprünge zu helfen – eine müde, alte Frau, doch ihre Augen waren die eines jungen Mädchens, und für diese Augen spielte ich.

»Grandios!«, rief sie. »Erstklassig! Beifall! Jetzt spiel uns noch was anderes, mein Junge.«

Also sägte ich drauflos und brachte »Wilhelm Tell«; dabei hüpften jedes Mal die Teller, und Mutter sprang fröhlich auf dem Kaminvorleger umher, und sogar Tony schaukelte ein wenig in seinem Stuhl.

Mittlerweile hatte Jack einige Stiefel vom Tisch geräumt und mit seinen unergründlichen Hausaufgaben begonnen. Tony schwatzte in seiner Ecke mit der Katze und spielte mit ein paar Stoffteilen. Hinter vorgezogenen Vorhängen richteten wir uns so auf den Abend ein, mit den Pfannkuchen konnte es nicht mehr lange dauern. Als das Wasser im Kessel kochte und der Toast fertig war, ließen wir uns am Tisch nieder. Wir grabschten, machten Winkelzüge, reichten weiter und schnappten weg und füllten uns die Schnäbel wie Pelikane.

Mutter aß immer im Stehen, mit den Fingern riss sie Kruste vom Brotlaib und nährte sich wie nebenbei, wachsam wie ein Funker auf hoher See. Denn ihre Aufmerksamkeit galt in erster Linie dem Herd, dessen Feuer niemals ausgehen durfte. Wenn es zu erlöschen drohte, wurde sie hysterisch, jammerte und rang die Hände, goss Öl hinein und hackte in heller Aufregung Stühle zu Kleinholz, nur um die Flamme am Leben zu halten. In der Tat erlosch sie selten ganz, obwohl sie sehr oft mickerte. Doch Mutter päppelte ihr Feuer mit Geschick, legte jeden Abend Scheite auf und blies dann morgens heftig auf das Feuerholz. Der Zustand unseres Herdfeuers wurde für uns so wichtig, wie er es einst für eine Horde Urmenschen gewesen sein muss. Schwächelte es und sank herab, waren wir bestürzt; loderte es, war die Welt in Ordnung; doch wenn es – Gott behüte – völlig erlosch, dann packte uns ein urzeitliches Frösteln. Dann kam es uns vor, als wäre die Sonne am Himmel erloschen, ewiger Winter eingekehrt, als sammelten sich draußen schon die Wölfe der Wildnis, und alle Hoffnung wäre dahin …

Doch heute Abend prasselte und knackte das Feuer, und Mutter hatte alles unter Kontrolle. Sie herrschte über den Herd und das ganze Drum und Dran mit rastlosen, sicheren Griffen. Mit einer Hand aß sie, die andere legte Holz nach, harkte die Asche, setzte einen Kessel auf, rührte im Topf und hängte noch ein paar Hemden über das Kamingitter. Sobald wir Jungs mit dem Essen fertig waren, schoben wir alles Geschirr beiseite, stapelten es provisorisch am anderen Ende des Tisches und ließen uns um die Lampe nieder. Ihr warmes, lebendiges Licht war wie eine feurige Lache. Ich schlug mein Heft auf und begann zu zeichnen. Jack war mit seinen Schulheften und Rechenaufgaben beschäftigt. Tony spielte mit ein paar Garnrollen, die er langsam über den Tisch schob.

Alles war still, nur das leise Murmeln von Tony war zu hören, der seine Garnrollengeschichte erzählte.

»… Sie kommen also hier aus diesem großen Loch, ne,

und der große Mann sagt pfui, und er sagt, die machen wir tot, ne, und die Piraten lauern ja hier oben und haben diese große Kanone und bumm!, schießen sie damit den großen Mann um, heiiii! Und der fällt und rollt zurück ins Loch, und ich sag, wir haben sie, und lauf den Berg hoch, ne, und jetzt kommt dieses Schiff und ich spring an Bord rumms bäng und ich sage, jetzt bin ich der Kapitän, ne, und die sagen pfui, und ich nehm meine Axt zack zack und die fallen alle plumps ins Meer und ich segel mit dem Schiff hier rum und dort hin und da rauf und dort her und hier runter und hier rauf und dort rum und hier runter ...«

Nun kamen die Mädchen nach Hause in ihren gegürteten Regenmänteln, das Gesicht gerötet vom Heimweg durchs Dunkel. Wir schauten von unseren Spielen auf und fragten: »Habt ihr uns was mitgebracht?« Dorothy gab uns ein bisschen Lakritze. Dann aßen sie alle am anderen Tischende zu Abend, während wir Jungs weitermachten an unserem Ende. Als das Abendessen vorüber und der Tisch abgeräumt war, rückten wir unter der abendlichen Lampe zusammen, Zeit der Behaglichkeit, Zeit ohne Grenzen ... Marjorie putzte einen neuen Hut auf, Dorothy schrieb einen Liebesbrief, Phyllis nahm sich eine Reihe Gabeln und Löffel vor, hauchte sie an – *hhh!* – und fing an, sie ohne Eile zu polieren. Harold, der spät nach Hause gekommen war, reinigte in einer Ecke sein Fahrrad. Mutter schnitt irgendwas aus der Zeitung aus.

Wir redeten sporadisch, mit leiser Stimme, kaum Notiz nehmend, ob jemand antwortete.

»Ich hab heute eine Gewindespindel für ein Schraubgetriebe gedreht«, sagte Harold.

»Eine was?«

»Gewindespindel, hat er gesagt.«

Eine Weile knarrten nur die Stühle, während wir uns das durch den Kopf gehen ließen ...

»Charlie Revell hat einen nagelneuen Anzug. Den hat er sich maßschneidern lassen ...«

»Er ist schon ein wenig eingebildet.«

»Charlie Revell ...!«

Pause.

»Schau mal, Doth, die Schnipsel hier hab ich ganz billig gekriegt. Die werd ich jetzt oben ringsum annähen.«

»Mmmmm. Schön. Ts, ts. Na gut ...«

»Heut früh kam Dr. Green in den Laden. In einer Kordhose. Zum Schreien! ...«

»Guck mal, Ma, guck! Ich hab eine Kirche gemalt, die brennt. Marge, Doth! Hey, guckt doch mal ...«

»Wenn x gleich x ist, dann ist y gleich z – seid doch mal still! –, wenn x gleich y ist ...«

»O Madeline, willst du die meine sein, ich nehm dich mit übers Meer, di-da ...«

»Mädels, schaut mal, was ich für mein Sammelalbum ausgeschnitten hab – einen Beefeater! Ist der nicht zum Schreien?«

»Charlie Revell war heut frech zu seinem Dad. Er hat Trottel zu ihm gesagt. Er ...«

»Du kennst doch diesen Burschen aus der Molkerei, Marge – den sie Klebstiefel nennen? Also, der hat mich gefragt, ob ich mit ihm ins Kino gehn würde. Ich hab geantwortet, er soll machen, dass er nach Hause kommt.«

»Nein, im Ernst ...?«

»Und ob. Und dass ich mit einem Butterstampfer nicht ins Kino gehe. Hättest mal sein Gesicht sehen sollen ...«

»Harry Lazbury stinkt nach Hühnerdreck. Ich musste mein Pult wegrücken.«

»Hört, hört! Hier ist aber eine zimperlich!«

»Also, bis Sonntag werd ich nie fertig …«

»Ich hab ein herrliches Bild für meine Tierseite gefunden – ein alter Seehund! Schaut mal, Mädels, wie der guckt!«

»Und dann fuhr ich hier rum und dann dort runter, und er sagte, pfui, und ich mach sofort zack, zack …«

»Hmm, jetzt eine leckere Cremeschnitte …«

»Charlie Revell hat sich eine Ohrenspülung machen lassen …«

»Weißt du noch, Doth, als wir ins Kino wollten und es hieß, man darf kein Kind auf'm Arm mit reinnehmen, und wie wir den kleinen Tony dann die Treppe raufzerrten? Da war er noch nicht mal zwei …«

Marge ließ ein seidenweiches, leises Lachen hören bei dieser Erinnerung und warf einen liebevollen Blick auf Tony. Das Feuer brannte hell mit einem flaschengrünen Schein. Die Stimmen wurden leise und pelzig. Fern im Tal bellte ein Hofhund, ich konnte dem Klang nach ausmachen, wo er sich befand und auch, wie spät es nun war. Nach dem Warnsignal des Hundes und einigen Eulenrufen spürte ich, wie das abendliche Tal sich leerte, sich streckte unter den Nebelschleiern der Gestirne und Gewässer und mit vorrückender Stunde zunehmend einsam wurde.

Die warme Küche, wo nur noch leise gemurmelt wurde, lag in einem rosigen Schummer. Mein Stift auf der Seite begann abzuirren, der Blick trübte sich immer wieder. Ich fand, ich sollte mich mal auf dem Sofa ausstrecken, nur ein Weilchen, nur ganz kurz. Das gedämpfte Geschnatter der Mädchen ging weiter; ich hatte Mühe, ihm zu folgen. »Pschscht! ... Nicht jetzt ... Wenn die Jungs im Bett sind ... Du wirst Augen machen, wenn du das hörst ... Nachher ...«

Die Bretter an der Decke flossen ineinander wie Wasser. Worte brachen mittendrin ab und schwebten davon. Akkorde einer sanften Musik brandeten an, Wärme flutete mich in trägen Wogen, ich ertrank in der Flaute eines Daunenmeeres, trudelte behaglich abwärts ...

Hin und wieder wurde ich sanft geweckt durch ein Geräusch, das der Schlaf unnatürlich verstärkte: das Herabfallen eines Kohlestücks, ein Niesen der Katze oder ein gedämpfter Ausruf. »O nein! Nie hätte man ihr das zugetraut ... Aber sie hat's getan ...« »Was denn? ... Was getan? ... Sag, sag's mir doch ...« Doch hilflos sank ich zurück in den Schlaf, hinab in die endlos tiefe See, die blinden Wogen machten mich stumm und schwer, die Worte der Mädchen schwebten hoch über mir. Viel tiefer trieb ich nun, noch ferner fort; ein dichter schwerer Tang legte sich über mich ...

»Komm jetzt, Loll. Zeit fürs Bett. Die Jungs sind schon längst oben.« Die flüsternden Mädchen standen über mich gebeugt; die Küche war wieder da, sie stand auf dem Kopf. »Komm zu dir, Lämmchen ... Er ist völlig weg. Versuchen wir mal, ihn hochzutragen.«

Halb wach, halb getragen, ging es die Treppe hinauf. Ich war trunken von Träumen, in Fetzen hingen sie an mir. Taumelnd schleppten die Mädchen mich um die Biegung des Treppenabsatzes, und dann roch es auch schon verlockend nach Bett.

Im Schlafzimmer war es kalt, hier gab es keinen Ofen. Jack lag mit offenem Mund im Bett und schlief. Bibbernd stand ich da, schwankte leicht, während die Mädchen mich auszogen und bei jedem Knopf kicherten. Sie ließen mir mein Hemd und die Wollsocken und steckten mich unter die Decke.

Die Kerze verschwand die Treppe hinab, Dielen knarrten, die Küchentür fiel zu. Dunkelheit. Allmählich zeichneten sich die Umrisse ab. Das Fenster war ein silbernes Viereck. Meine Betthälfte war kalt – Jack warm wie ein Vogel. Eine Weile lang lag ich zusammengekauert und mit klappernden Zähnen, hauchte mir in die Hände, erwärmte mich allmählich an ihm.

»Lass deine Knie drüben«, sagte Jack und drehte sich um. Er war wach. »Los, denk dir eine Zahl aus!«

»Elfhundertzwei«, seufzte ich wie in Trance.

»Mal zwei?«, zischelte er mir ins Ohr.

Mal zwei … Zweitausendvierhundert und wie viel? Komm nicht drauf. Irgendwas halt … Ein Hund bellte und verstummte wieder. Unten in der Küche murmelten sie noch. Jack tauchte recht schnell wieder ab, nachdem er sein Pulver verschossen hatte, und begann neben mir zu schnorcheln. Nach und nach streckte ich meine steifen Glieder aus und verschränkte die Finger. Mir war, als wäre ich nun hellwach. Ich dachte, jetzt zähle ich mal bis eine Million. »Eins, zwei …«, sagte ich, und das war's auch schon.

Das Rumoren der Großmütter

Unser Haus war ein typisches Cotswoldshaus aus dem 17. Jahrhundert, und zwar ein recht hübsches. Es war aus Naturstein erbaut, hatte goldbraune Außenflächen mit handgemeißelten Fensterfassungen, moosbewachsene Dachziegel, und seine Wände waren so dick, dass zu jeder Jahreszeit und bei jedem Wetter im Innern eine feuchte Kühle herrschte. Überall im Dachgeschoss und in den Korridoren gab es zugemauerte Türen, die zu öffnen es uns in den Fingern juckte – Türen, die gewiss in irgendwelche hallenden Räume führten, die uns nun für immer verschlossen blieben. Einst war es ein kleines ländliches Herrenhaus gewesen, später dann eine Bierschenke; doch bis wir hier ankamen, war es noch weiter herabgewirtschaftet und nun zu einem schlichten, für drei Parteien unterteilten Wohnhaus geworden. Es hatte die Form eines T, und wir wohnten im senkrechten Balken. Den Querbalken – der halb im Hang steckte wie die rostige Hülse einer abgefeuerten Granate – teilten sich zwei alte Frauen, deren Wohnungen übereinanderlagen.

Granny Trill und Granny Wallon waren steinalt und schon immer verfeindet. Eine lebte vom Ärger der anderen, und ihr ewiger Zwist erinnerte mich an Mäuse in den Wänden und hat mich in meinen Kinderjahren viel beschäftigt. Beide waren krumm wie eine Sichel, und mit den fahlen, geröteten Augen und dem struppigen Haar erschienen sie mir wie das Urbild einer Hexe. Tatsächlich hatten sie viel gemeinsam. In all den

Jahren, in denen sie in so enger Nachbarschaft wohnten, redeten sie kein Wort miteinander. Stattdessen verständigten sie sich
per Stiefelabsatz und Besenstiel – indem sie auf den Fußboden
stampften oder an die Decke klopften. Von einander sprachen
sie nur als »Die-da-unten« und »Die-da-oben, das Biest«, denn
jede war für die andere Luft, eine Mitbewohnerin, die keinen
Namen wert war.

Die-da-unten lebte wie wir im Erdgeschoss und war wohl
die kleinere von beiden, in ihren Bewegungen leicht wie eine
Feder, eine weißhaarige Spitzmaus, die mümmelnd durch ihren
Garten kam, sich an unserem Küchenfenster festhielt und mit
schriller Stimme den neuesten Klatsch verbreitete. Oder sie saß
Brotkanten lutschend in der Sonne; ein ebenso geheimnisvol-
les wie selbstgenügsames Wesen. Sie hatte zwei Namen, die sie
je nach Tageslaune wechselte. Granny Wallon war der bessere
und stammte, so hieß es, von einer vornehmen Verwandtschaft
aus vergangenen Zeiten. Diese forsche, lebhafte Gestalt war Ge-
rüchten zufolge von edlem Geblüt; sie selbst sprach nie davon.
Man wusste, dass sie eine beachtliche Kinderschar großgezogen
hatte, und auch, dass sie sehr arm war. Sie lebte von Kohl, Brot
und Kartoffeln – aber sie stellte auch ausgezeichnete Weine her.

Granny Wallons Weine waren im Dorf berühmt, und sie
verbrachte einen großen Teil des Jahres mit ihrer Zubereitung.
Das erste Geheimnis war das Sammeln der Ingredienzen. Anfang April zog sie gewöhnlich mit ihren Körben los und pflückte von Feldern und Sträuchern, und bis zum Ende des Sommers
war sie bei schönem Wetter täglich irgendwo draußen im Tal
anzutreffen. Am Abend sah man sie ihre welkende Blumen-
fracht heimwärts schleppen, bis jeder Winkel des Hauses mit
eimerweise Primeln, Löwenzahn und Holunderblüten voll-

gestopft war. Letztere trockneten auf dem Küchenboden und bildeten einen streng riechenden Teppich, einen krümeligen Raureif aus graugrünen Blüten, die schnell zu sommerlichem Staub verblichen. Später dann siedeten die Holundertrauben mit ihren winzigen Beeren in blauroten Bottichen, hinzu kamen Gänseblumen und Sumpfkraut, selbst ganze Zweige vom Heckenrosenstrauch warf sie mit hinein.

Die Ernte verschiedener Jahreszeiten gärte dort in Granny Wallons Küche, ganze Sommer wurden zum Kochen gebracht, rings auf dem Steinboden häuften sich die schlaffen Blütenköpfe und bargen ihre eingetrockneten Säfte – da war der würzige Honig der Primeln, dann der kupfrig riechende Löwenzahn, der Mohn mit seinem bitteren Puderduft, der graugrüne Holunder mit seinem Katzengeruch. Die Blütenlesen vieler Tage und von einem Dutzend Weiden, Gepflücktes von Wegrändern und Hecken – sie hat es heimgetragen in ihre gekachelte Küche und fein sortiert, Feuer gemacht und ihre Töpfe gefüllt, hat Zucker und Hefe hinzugefügt. Tag um Tag köchelte im Kessel der zuckrige Sud, kreisten Blüten im brodelnden Wasser, während in der Luft aromatische Dämpfe wallten und die Blumensuppe sich als warmer Tau an den Wänden niederschlug, der Wein die tropfenden Wände herunterrann.

Und nicht nur Blüten kamen in dieses Gebräu; auch Pastinaken verwendete die alte Frau, Kartoffeln und Schlehen, Johannisäpfel, Quitten, eigentlich alles, was sie in die Finger bekam. Als wäre sie nicht ganz bei Sinnen, machte Granny Wallon Wein aus allem und jedem; zweifellos hätte sie mit genügend Zucker und Hefe auch aus einer Schachtel alter Streichhölzer einen Trank gebraut.

Hast bei der Herstellung war ihr ebenso fremd wie das

Horten der Weine; sie geleitete sie mit Bedacht durch ihre natürlichen Phasen. Nach dem Kochen durften sie sich setzen und in den kühlen Bottichen arbeiten. Etliche Monate lang schöpfte sie mit Hilfe kleiner Toaststückchen die hefigen Feststoffe ab. Dann füllte sie die Weine einen nach dem andern in Flaschen ab, etikettierte sie und stellte sie ein Jahr lang beiseite.

Und wenn dann schließlich einer fertig war, kam der Tag des Verteilens. Die schrille Stimme, ein Klopfen am Fenster, und wir sahen die alte Frau, die mit scheuem Grinsen einen großen weißen Krug in der Hand schwenkte.

»Holla, Missus! Probieren Sie mal den hier. Ist der erste von meinem letztjährigen Primelwein.«

Durchs Küchenfenster füllte sie dann unsere Becher und sah uns gespannt beim Trinken zu. Der Wein im Becher war still und golden, so klar wie ein blasser Frühlingsmorgen. Er duftete nach den reifen Gräsern ferner Felder, er schmeckte so leicht wie Luft. Es schien so harmlos, wir kippten ihn fröhlich hinunter, sogar die Jüngsten süffelten mit. Dann ergriff ein seltsames Schaukeln den Kopf; wie Fieber stiegen von den Füßen her Fluten empor, die Küchenwände begannen zu wanken und verschoben sich, und plötzlich hatten wir uns schrecklich lieb.

Sehr bald hingen wir alle dicht gedrängt im offenen Fenster, schwenkten unsere Becher und wollten mehr, während unsere Mutter mit selig leuchtenden Augen lallte:

»Gott segne Sie, Granny. Aus nichts als Primeln und Passilaken! Müssen Sie mir mal das Rezept von verraten, meine Liebe.«

Und Granny Wallon leerte den Krug in unsere Becher, schüttelte die letzten Tropfen auf die Blumen und ging dann kichernd über den Gartenpfad davon, während wir uns am Fenster in den Armen lagen.

Während Granny Wallon also mit kleinen Freuden ihre alten Tage wärmte, gab es bei ihrer Nachbarin, Granny Trill, nichts dergleichen. Denn Die-da-oben lebte genügsam wie ein Sperling, ihre Lebensweise war so schlicht wie die einer Raupe. Sie konnte stundenlang in ihrem Sessel sitzen, ohne sich zu rühren, ein dunkler Schleier schien dann über ihren Augen zu liegen, die spröden Glieder waren wie im Frost erstarrt; allein die stete leichte Bewegung ihres Kiefers verriet, dass sie noch lebte. Es war eines der ersten Dinge, die ich an Granny Trill bemerkte: dass sie immerfort zu kauen schien, den ganzen Tag lang wie ein grübelnder Wiederkäuer mit dem zahnlosen Kiefer mahlte. Ich nahm an, dies sei vielleicht ein Kniff älterer Leute, mit dem sie den Genuss verlängerten, um ihn besser auszukosten. Ich stellte mir vor, dass sie etwa am Freitagabend einen Vierpfundlaib Brot geliefert bekam, ihn in ihre geräumigen Backentaschen schob und dann in aller Ruhe die ganze Woche lang durchkaute. Aber in Wirklichkeit aß sie nie Brot, auch keine Butter, kein Fleisch und kein Gemüse, sondern ernährte sich allein von Tee und Keksen und von dem Porridge, den ihr der Squire schickte.

Granny Trill hatte ein eigenwilliges Zeitgefühl, das einer uralten Gewohnheit zu folgen schien. Zum Beispiel aß sie ihr Frühstück um vier Uhr morgens, um zehn zu Mittag, trank um halb drei ihren Tee und lag um fünf schon wieder im Bett. Daran hielt sie sich sommers wie winters, höchstwahrscheinlich ein Überbleibsel aus Kindertagen, als sie mit ihrem Vater im Wald gelebt hatte. Mir kam es absurd vor, es setzte die Grundlagen geregelter Abläufe außer Kraft. Doch Granny Trill richtete sich nach dem lieben Gott oder nach den Vögeln – sie besaß sogar eine Uhr, die sie aber lediglich wegen des Tickens behielt, die Zeiger waren schon vor Jahren abgefallen.

Im Gegensatz zu dem Höhlenmenschendasein, das Granny Wallon ja gewissermaßen im unteren Geschoss führte, stand Granny Trills Haustür immer offen, und ihre Wohnstube hieß uns täglich freundlich willkommen. Sie hätte uns auch schwerlich ausweichen können, denn sie war unserer leichtfüßigen Gnade ausgeliefert. Ihr Heim lag direkt gegenüber unserer Gartenpforte, neben der Haustür standen eingetopfte Geranien. Ihr winziges Zimmer ging auf den Hang hinaus und war so einsehbar wie ein Vogelnest vom Vorjahr. Drinnen roch es nach frischer Wäsche, nach dem Tee, den sie in ihren Dosen hatte, auch ein süßlicher Alteleutegeruch hing in der Luft.

»Bist du zu Hause, Granny Trill? Bist du da?«

Natürlich – wo sollte sie denn sonst sein? Von drinnen hörten wir sie ächzen und seufzen.

»Na sicher. Seid ihr das schon wieder, ihr Zecken?«

»Wir kommen dich besuchen, Granny!«

»Gebt auf die Geranien acht, sonst könnt ihr was erleben!«

Zu dritt drängten wir uns zur Tür hinein. Granny Trill saß auf der Fensterbank und kämmte ihr dünnes weißes Haar.

»Was machst du denn da, Granny?«

»Ich sitz hier nur. Sitz hier und kämm mir mein Haar.«

Der Raum war blau verschleiert vom Holzrauch. In aller Ruhe strichen wir an seinen Schätzen vorbei, öffneten Schachteln, steckten Garnrollen in Teekannen, ließen Teller über den Boden rollen. Die alte Frau saß da und sah milde zu uns herüber, ohne groß Notiz zu nehmen, während ihr dürrer gelber Arm auf und nieder ging und der Kamm mit seinen schwarzen

Zähnen durchs Haar glitt, als rechte er die letzte Asche eines erloschenen Feuers zusammen.

»Kriegst du 'ne Glatze, Granny?«

»Ein paar Haare hab ich schon noch.«

»Sie fallen dir aus.«

»Ach was.«

»Schau doch mal, was aus dem Kamm fällt.«

»Das ist gesund. Da gibt es Platz für die neuen.«

Wir dachten uns nicht viel dabei; wir wollten einfach nur plaudern, uns wäre jedes Thema recht gewesen. Plötzlich aber fuhr die alte Frau vom Fensterbrett hoch und stampfte mit den Füßen auf den Boden.

»Die-da-unten! Ich hab mehr als sie! Die ist kahl wie eine Kartoffel! Gottlose alte Schabracke, ich werd es noch erleben, dass sie stirbt. Lang wird sie's nicht mehr machen, merkt euch meine Worte!«

Als der Anfall vorbei war, nahm sie wieder Platz am Fenster und wand ihr Haar zu einem zarten Knoten. Schön waren diese Gesten ihrer welken Hände, jede Bewegung oft geübt; ihre Finger flogen und drehten und steckten Nadeln fest, sie taten all das blind und brauchten keinen Spiegel. Das Ergebnis war ein Gebilde von straffer Vollkommenheit, ein kleiner glänzender Ball aus Schnee.

»Lasst die Finger von meinen Schubladen! Das sind Frauensachen!«

Die Frisur war nun fertig, und sie machte es sich bequem, setzte die Nickelbrille mit den gesprungenen Gläsern auf, nahm den Almanach vom Haken an der Wand und begann daraus vorzulesen. Sie las mit lauter und feierlicher Stimme, als hätte sie die Bibel vor sich.

»»Meldung einer tragischen Katastrophe auf See unweit der Antipodeninseln.‹ Das ist für Juni; diese armen Geschöpfe, mit ihren Familien und alles. ›Eine Gruppe von Wissenschaftlern wird sich in eine Erdspalte hinablassen, mit Todesopfern ist zu rechnen …‹ Ach je, nun denn, wenn sie unbedingt überall herumstöbern müssen! ›In einer Industriestadt des Westens wird man schockiert die Leiche eines Mordopfers finden.‹ Na bitte, was hab ich euch gesagt! Ich hab es gewusst, dass es so weit kommen würde, ich hab es erwartet.« Sie begann Seiten zu überblättern, überflog die Monate, nicht ohne auf die Prophezeiungen, die ihr auffielen, hinzuweisen. »»Parlamentskrise‹ … ›Haus durch Kugelblitz zerstört‹ … ›Aufstände‹ … ›Überraschung im Königshaus‹ … ›Massaker in der Türkei‹ … ›Hungersnot‹ … ›Krieg‹ … ›König von leichtem Schwächeanfall gezeichnet‹ …« Diese Liste von Katastrophen schien ihr eine innere Ruhe zu verschaffen und ihren Ordnungssinn zu bestätigen. Den Seiten des *Old Moore* konnte sie entnehmen, was Schlimmes bevorstand. Sie las es ohne jede Bestürzung, denn diese Schreckensmeldungen waren für sie weder Drohung noch Prophezeiung, sondern lediglich Wiederholungen, sie wirkten tröstlich, ebenso grauenvoll wie vertraut, denn sie bestanden aus all dem, was die langen Jahre ihres Lebens ausgemacht hatte, all das Verderben, das sie Bissen für Bissen geduldig gekaut und geschluckt hatte, doch sie hatte es überlebt.

»Na gut«, sagte sie bedächtig, während sie das Heft beiseitelegte. »Der prophezeit ja ein paar fürchterliche Dinge. Scheint ein schlimmes Jahr zu werden. Und er sagt, am Dienstag kriegen wir Hagel …«

Wir Jungs nahmen uns den Almanach vor und blätterten ihn durch, erpicht auf die wirklich unheilvollen Bilder. Wir sahen Zeichnungen, wo der Himmel von Blitzen gespalten wurde, Kirchtürme kippten, Menschenmassen ertranken, Männer im Gehrock warnend den Zeigefinger hoben, Kronen auf Särgen ruhten. All das war krude gezeichnet, hatte allerdings eine unmittelbare, kraftvolle Lebendigkeit wie Kritzeleien an einer Zellenwand. Uns gefielen sie ebenso sehr wie Granny Trill, wir nahmen sie als Zeichen einer Apokalypse, die uns selbst nichts anhaben konnte. In ihnen erblickten wir die ganze Welt da draußen, gespalten, von Krämpfen befallen und verdammt. Natürlich hatte all das nichts mit unserem Dorf zu tun; und wir kamen uns vor wie Götter, mitfühlend und grausam zugleich, wenn wir in diesen blutrünstigen Visionen schwelgten.

Für Granny Trill war der Almanach ein Appetitanreger; sie begab sich nun an ihren Esstisch. Sie tunkte Kekse in eine Tasse kalten Tee, schob das eingeweichte Gebäck in den Mund und begann dann so energisch mit dem Zahnfleisch zu mahlen, dass man hätte meinen können, sie wolle Knochen zermalmen. Wie üblich trug sie ein schwarzes Kleid, und der weiße alte Kopf, der oben herausschaute, wirkte wie eine Flamme auf einer verrußten Lampe. Sie hatte eine edle Stirn, die geröteten Augen funkelten, ihre Nase stieß abwärts wie ein ausgestreckter Finger; nur die untere Gesichtshälfte wirkte völlig aus der Form geraten, fast gummiartig – aber sie tat schließlich auch die ganze Arbeit.

»Bist du schon hundert, Granny?«

»Nah dran, nah dran.«

»Hast du einen Dad?«

»Ach, du liebe Güte, nein; er ist schon lange tot. Ein Baum hat ihn erschlagen, drüben in Ashcomb.«

Diese Geschichte hatte sie uns schon oft erzählt, und nun

erzählte sie sie von Neuem. Ihr Vater war Holzfäller gewesen, stark wie ein Bär – er konnte einen Stellwagen samt Pferd vom Boden heben. Mit ihm lebte sie in den Wäldern, seit sie als Fünfjährige ihre Mutter verloren hatte. Gewöhnlich schliefen sie in einem Zelt oder einer Art Wigwam aus Föhrenzweigen, und während ihr Vater Bäume fällte, flocht das kleine Mädchen Körbe, die sie im Dorf verkaufte. Zehn Jahre lang lebten sie so zusammen und waren glücklich und zufrieden. Sie wuchs heran zu einem hübschen jungen Ding – »Den Männern hab ich offenbar die Sprache verschlagen« –, doch ihr Vater passte auf sie auf und versteckte sie unter einem Stapel Säcke, wenn die Holzkäufer kamen.

Dann fiel eines Tages – sie war damals fünfzehn – ein Baum auf ihren Vater. Sie hörte ihn schreien, rannte durchs Unterholz und fand ihn; ein Ast hatte ihn durchbohrt und am Boden festgespießt. Er lag mit dem Gesicht nach unten und konnte sie nicht sehen. »Mit mir geht's zu Ende, Alice«, sagte er. Sie grub mit bloßen Händen eine Kuhle an seiner Seite, legte sich neben ihn und hielt ihn fest, bis er starb. Es dauerte vierundzwanzig Stunden, sie rührte sich nicht vom Fleck, und er gab kein Wort mehr von sich.

Als schließlich ein paar Fuhrmänner sie entdeckten, lag sie immer noch neben dem Toten. Sie sah zu, wie sie den Baum von ihm rollten und seine Glieder geradestreckten, dann rannte sie davon und versteckte sich im Wald. Sie verkroch sich eine Woche lang in der Nähe einiger Fuchsbaue, ohne zu essen oder zu trinken. Dann schickte der Squire einen Suchtrupp los, und als man sie fand, wehrte sie sich wie eine Furie. Doch sie schafften es, sie hinunter zum Herrenhaus zu schleppen, wo man sie erst in die Badewanne und dann ins Bett steckte. »Da hab ich zum ersten Mal gebadet«, sagte Granny. »Es brauchte sechs Mann, um mich einzuseifen.« Aber man beruhigte sie und kümmerte sich um sie, man ließ sie Arbeiten im Haus erledigen, und später wurde sie dann mit George Trill verheiratet, dem Gärtner. »Der war auch ein guter Mann – bei ihm bin ich sesshaft geworden. Damals war ich ungefähr sechzehn. Er war meinem Dad sehr ähnlich, nur ein gutes Stück langsamer – und natürlich viel älter als ich.«

Als sie mit ihrer Geschichte fertig war, ruhte ihr Kinn in der Tasse, und auf ihren Zügen lag eine zerstreute Fröhlichkeit. Um die Augenfalten sah man deutlich die winzigen Venen, nur dünn lag die Kopfhaut über dem Schädel. Und das sollte die hübsche junge Alice gewesen sein, der die Fuhrmänner durch den Wald nachgejagt waren? Eine Sechzehnjährige, die von Männern gebadet und geheiratet wurde? So alt wie meine Schwester Dorothy?

»Den Baum dort hat mein Dad gepflanzt«, sagte sie geistesabwesend und deutete durch das alte, gesprungene Fenster.

Die mächtige Buche füllte mindestens den halben Himmel und warf ihren Schatten über das ganze Haus. Ihre Wurzeln krallten sich in den Abhang wie eine Riesenhand, die den Hügel festhielt. Der Stamm wand sich voller Kraft, warf Schleier aus grünem Staub um sich her, ragte turmhoch in die Lüfte und war, in zahllose schattige Bahnen verästelt, zu einer Stadt für Eulen und Eichkatzen geworden. Ich hatte immer gedacht, so ein Baum sei so alt wie die Welt, und hätte mir nie träumen lassen, dass ein Mensch an seiner Entstehung beteiligt sein könnte. Und doch hatte Granny Trills Dad diesen Baum gepflanzt, hatte mit seinem Finger den Samen ins Erdreich gesteckt. Wie alt musste er gewesen sein, um ein solches Zeichen zu setzen?

Man nehme Grannys Alter, zähle seins dazu, und man war am Anfang der Welt angelangt.

»Da war er natürlich noch ein junger Mann«, sagte Granny. »Er hat ihn gepflanzt, bevor er geheiratet hat.« Sie blinzelte zur Baumspitze hinauf, saß da und nickte bedächtig, während ein grünlicher Schattenstreifen, den sein Laub warf, ihr sanft über das Gesicht strich.

»Hab jetzt was zu erledigen!«, sagte sie plötzlich und erhob sich von ihrem knarrenden Stuhl. Sie ließ uns allein, raffte ihre Röcke und trabte leichten Schrittes davon in Richtung des Waldes. Wir sahen, wie sie sich ins Unterholz hockte, mit glänzenden Augen wie ein kleines schwarzes Rebhuhn. Ihr hohes Alter mochte sie nötigen, in einem Haus zu leben, doch um sich zu erleichtern, ging sie immer noch in den Wald.

Granny Trill und Granny Wallon waren traditionelle Greisinnen eines Schlages, wie es ihn heute nicht mehr gibt, die letzten mit jener großmütterlichen Würde, denen das Alter zur Zier gereichte. Die Großmütter jener Ära kleideten sich für diese Rolle in jener eigentümlichen, doch bezaubernden Uniform, die uns heute operettenhaft anmutet. Wenn sie das Haus verließen und Besorgungen machten, richteten sich unsere zwei betagten Nachbarinnen jedes Mal penibel her. Sie trugen hohe Schnürstiefel und lange Musselinkleider, Perlenhalsketten und Schultertücher mit Candlewick-Stickerei, dazu mit tiefschwarzen Pailletten dekorierte Kapotthüte, die mit langen wehenden Bändern festgebunden wurden. Sie sahen aus wie mit Jett gesprenkelte Stare und stolzierten in klimpernder Düsternis dahin.

Mich faszinierte es, wenn die beiden Alten sich so streng kleideten. Wenn ich einst König wäre (so malte ich mir aus), würde ich eine Großmütterparade anführen, mit ihnen exerzieren, sie auf und ab marschieren lassen – Reihe um Reihe hinkender Stiefel, nickender Kapotthüte, wehender Schals und grimmig kauender Gesichter. Überall in den Städten und Dörfern würde man sie einsammeln und ganze Wagenladungen zu meinem Palast bringen. Nichts weiter als die Laune eines Monarchen, natürlich, so was Ähnliches wie Kakaopulver essen und Gelee trinken, doch auf jeden Fall viel spektakulärer als die üblicherweise stapfenden Gardisten.

Obwohl sie sich so formell herausputzten, hatten die zwei alten Frauen nie ferne Ziele – hin und wieder gingen sie zur Predigt in die Kirche und einmal in der Woche zum Einkauf im Dorfladen. Granny Wallon holte sich Zucker und Hefe; Granny Trill für zwei Pence Schnupftabak.

Das Tabakschnupfen war Granny Trills einziges Laster, und ihm frönte sie hemmungslos. Ein feiner brauner Staub lag auf all ihren Kleidern, und sie hatte Nasenlöcher wie Dachsbaue. Den Tabak bewahrte sie in einer kleinen runden Blechdose auf, die glattgewetzt war wie ein Kiesel. In einem fort klopfte sie mit dem Finger leicht dagegen, ließ sie aufschnappen und nahm einen Fingernagelvoll, machte *Ah!*, schnickte die restlichen Stäubchen vom Finger und wischte sich die Augen, und in der Luft hing eine zarte trockene Wolke, als hätte jemand einen Bovist zertreten.

Die Schnupftabakdose fanden wir Jungs ebenso abstoßend wie anziehend, ihren Deckel öffneten wir voll Ehrfurcht. Streng roch dieser Stoff der Unterwelt, ein erdfarbener Staub des Zerfalls, wie aus pulverisiertem Fleisch und zermahlenen alten Knochen, aus abgeschabtem Rost und dem Schutt von Gräbern gemacht. Überaus scharf und stechend, ein schrecklicher

Staub, der aus seiner Dose aufwirbelte und die Luft beseelte mit einer prickelnden Wolke, wie ein geheimnisvoller Hauch aus der Hexenküche. Wir griffen heimlich zu und probierten eine Prise, doch es war kein Genuss. Aber ebenso wenig konnten wir die Finger davon lassen.

»Seid ihr Burschen wieder an der Schnupfdose? Euch zieh ich das Fell über die Ohren!«

Schuldbewusst schauten wir auf und sahen ihr gackerndes Gesicht, also gönnten wir uns eine dicke Prise, die wir unter uns teilten. Tränen schossen uns in die Augen, wir wälzten uns am Boden, der Kopf zuckte in Niesanfällen. Die alte Frau sah uns belustigt zu; das Haus bebte unter unseren Krämpfen.

»Ich glaub, das wird euch eine Lehre sein, ihr diebischen Elstern. Gebt her, ich zeig euch, wie es geht.«

Sie nahm die Dose zur Hand und klopfte leicht auf den Deckel, dann bediente sie elegant ihre Nase. Mit einem verzückten Schauer schloss sie die Augen. Es schien, als schwebte sie davon.

Eines Vormittags war unsere Mutter beim Apfelschälen, und wir Jungs machten uns über die Schalen her. In grünen Kringeln lagen sie auf dem Tisch und verströmten ihr frisches säuerliches Aroma. Bedächtig kauten wir uns durch die saftigen Bänder, mit mahlenden Kiefern.

»Ich bin die alte Granny Trill beim Mittagessen«, sagte Jack und saugte eine Schale in den Mund, ohne die Zähne zu gebrauchen. Das war ein toller Witz, malmend und ächzend äfften wir das zahnlose Mümmeln nach.

»Spottet nicht«, sagte unsere Mutter. »Die arme, arme Seele – den ganzen Tag ist sie allein!«

Wir schielten zu unseren Schwestern in der Hoffnung, dass wenigstens sie es witzig fänden, doch von dort gab es keinerlei Ermunterung. Wie üblich waren sie in irgendeine absurde Arbeit vertieft, bestickten Baumwollhüte mit toten Vögeln oder Ähnliches.

»Das arme einsame Wesen«, fuhr unsere Mutter fort und senkte mitleidig die Stimme. »Eine Sünde ist es und eine Schande!« Und wieder lauter jetzt: »Genau das ist es – ein Frevel! Ihr Mädchen solltet rübergehn und ihr einen Besuch abstatten. Ihr wisst doch, wie vernarrt sie in euch ist.«

Unsere Schwestern hatten mittlerweile ein Alter erreicht, in dem man gern Eindruck schindet. Sie achteten auf ihre Sprache, sie kleideten sich stilvoll – das heißt, soweit sie es hinbekamen mit den Stoffresten und anderen Dingen, die ihnen zufällig in die Hände fielen. Mit einem kurzen Streifen Stoff hier, einem bisschen Tüll dort, einer preiswert erstandenen Feder, einem Nähkissen und dem Mund voller Stecknadeln, viel Maßnehmen, Schnippeln, Debattieren – es war beachtlich, was sie an Kleidung hervorbrachten in Anbetracht des wenigen, das ihnen zu Verfügung stand.

Stets bereit, sich in Szene zu setzen, gingen sie auf Mutters Vorschlag ein. Sie beschlossen, sich mit ihren allerbesten Sachen auszustaffieren, um Granny Trill etwas zu bieten. Die Dachkammern wurden durchstöbert, die Schränke geplündert, schon bald stand alles kopf. Sie zankten und schnappten einander die Beute weg, putzten sich aber in Windeseile überaus geschickt heraus; sie brachten hier einen Abnäher an, ließen dort ein Stück heraus, strafften eine Taille oder schnürten ein Mieder. Binnen Kurzem sahen sie wie Paradiesvögel aus, und so stöckelten sie los, die alte Frau besuchen.

Wie immer hingerissen von ihren grandiosen Flickwerk-künsten, folgte ich ihnen auf dem Fuß. Die schöne Marge ging als Erste voraus und klopfte elegant an Grannys Tür. Inzwischen zogen Doth und Phyl ihre ewig rutschenden Hüfthalter hoch, schoben sich die Stirnbänder aus den Augen, standen da, die Arme in die Hüften gestemmt, und machten leichte Konversation – zwei Debütantinnen im hellen Sonnenschein.

Granny Trill schien ausnahmsweise schlecht zu hören, die Mädchen hatten schon drei Mal geklopft. Also holte Marge mit einem charmanten Schulterzucken und einem ungeduldigen Seufzer aus und gab der Tür einen heftigen Tritt.

»Wer ist da?«, rief es drinnen erschrocken.

»Wir sind es nur«, trillerten die Mädchen.

Sie tanzten zur Tür hinein, rosengleiche Erscheinungen, nahmen Posen ein wie aus *Home Notes*. »Na, wie schauen wir aus, Granny?«, fragte Marjorie. »Das ist jetzt modern! Haben wir uns aus 'nem Modeheft abgeguckt. Ist in Stroud angeblich gerade der letzte Schrei.«

Sie strichen sich über die Federn und stolzierten im Zimmer auf und ab, drehten die Köpfe und erhaschten hier und da einen koketten Blick in die Spiegel, drei langbeinige Flamingos, leuchtend im goldenen Flaum. Für mich waren sie Geschöpfe des Himmels, feengleiche Traumgebilde, die sich mit aller Begeisterung, zu der sie fähig waren, vor der alten Frau darstellten. Doch offensichtlich verlief nicht alles wie geplant. Es herrschte eine frostige Kühle im Zimmer …

Granny sah ihnen eine Weile zu, dann klappte ihr Mund jäh zu; und schlimmer noch, der Kiefer hörte auf zu mahlen. Am Ende klatschte sie so energisch in die Hände, dass man zusammenfuhr.

»Ihr Bagage! Ihr eingebildeten Rotznasen! Raus mit euch, sonst hol ich meinen Besen!«

Die Mädchen traten rasch, doch mit Stil den Rückzug an. Sie waren überrascht, aber keineswegs beleidigt. Ihr Modegeschmack war schließlich über jeden Zweifel erhaben, sie waren auf der Höhe der Zeit. Wie sollte die alte Frau auch Bescheid wissen über Gürtel und Stirnbänder? Im Grunde war sie doch bloß eine Landpomeranze …

Doch später nahm Granny Trill unsere Mutter beiseite und teilte grimmig ihre Bedenken mit.

»Sie sollten besser auf Ihre Mädchen aufpassen, sonst machen die uns eines Tages noch Schande! Umherstolzieren und Tennis spielen und die feinen Herrschaften nachäffen – das endet mit Fleischeslust und Gotteslästerung. Passen Sie gut auf sie auf, Missus! Mir gefällt es nicht, wie die sich aufführen. Einfache Mädchen sollten nie vergessen, wo sie herkommen.«

Mutter, so nehme ich an, stimmte ihr teilweise zu, doch wäre sie nie auf den Gedanken gekommen, sich hier einzumischen.

Noch etliche Jahre lang lebten die beiden alten Frauen so weiter, kreisten in inniger Feindschaft umeinander wie kalte Zwillingssterne, zusammengehörend und doch getrennt, und hielten einander im Gleichgewicht. Beide hatten sie ein stattliches Alter erreicht, ähnelten sich auch in Lebensweise und Gewohnheiten, teilten die Vorstellung von einer feudalen Gesellschaftsordnung und einem rächenden, schrecklichen Gott. Die Gemeinsamkeiten überwogen das Trennende, und dennoch konnten sie einander nicht ausstehen.

Deshalb wussten sie es stets so einzurichten, dass sie sich

nirgends begegneten. Den Hang hinauf nutzten sie unterschiedliche Pfade. Sie gingen an verschiedenen Tagen einkaufen und achteten darauf, dass sie beim Kirchenbesuch nicht zusammentrafen. Jede erleichterte sich an einem anderen Ort. Trotzdem wusste die eine stets, was die andere gerade tat, und missbilligte es energisch. Granny Wallon war mit ihren Bottichen voller Blüten zugange, kochte und mischte ihre Weine, sie kroch im Garten zwischen ihren Kohlköpfen umher oder klopfte an unser Fenster, schwatzte, klagte oder sang. Granny Trill stand unbeirrt in aller Frühe auf, kämmte ihr fahles Haar, hockte sich in den Wald, kaute, schnupfte, löffelte ihren Porridge und las ihren Almanach. Dennoch gab es zwischen ihnen ein gegenseitiges Gewahrsein, das allein auf Ohr und Nase gründete. Wenn Granny Wallons Weine kochten, bekam Granny Trill Krämpfe; wenn Granny Trill ihren Schnupftabak nahm, schnürte es Granny Wallon die Kehle zu – und jede sorgte dafür, dass es der anderen nicht entging. Deshalb lauschten sie den ganzen Tag, schnüffelten und spähten, sie klopften auf den Boden und an die Decke, wanderten vernehmlich hüstelnd durch ihre Wohnung, schikanierten einander unerbittlich. Es war ein geruhsames, bittersüßes Leben, das in jahrelanger Gewohnheit zur Vollkommenheit gefunden hatte. Mir kamen die beiden vor wie zwei unsterbliche alte Hexen aus einer uralten Mythologie; sie gehörten seit eh und je zum Inventar, und eine Welt ohne sie konnte ich mir nicht vorstellen.

Bis Granny Trill eines Tages beim Herabsteigen aus dem Wald stolperte und sich die Hüfte brach. Von da an erhob sie sich nie wieder aus ihrem Bett. Geduldig lag sie da in ihrer gelben Kattunjacke, das dünne Haar so sorgfältig gekämmt wie als junges Mädchen. Ihr Schicksal nahm sie klaglos hin, als hätte eine höhere Autorität – Squire, Vater oder Gott – es ihr auferlegt.

»Ich hab gewusst, dass es so kommen würde«, erzählte sie unserer Mutter. »Seit der Erscheinung letzte Woche. Die hab ich hier am Fußende vom Bett sitzen sehn. Eine Gestalt in Weiß; mehr weiß ich nicht ...«

Am nächsten Morgen klopfte es schon früh energisch an unser Fenster. Draußen ging Granny Wallons Kopf unruhig auf und ab.

»Habt ihr ihn gehört, Missus?«, fragte sie mit einem vielsagenden Blick. »Seit Mitternacht hat er hier geschrien.« Der Totenvogel war Granny Wallons Liebling und persönlicher Kurier, und sie trat aufgeregt von einem Bein aufs andere, als sie weitersprach. »Drei oder vier Mal hat er gerufen. Droben in den Eiben. Sie wird's nicht mehr lange machen, merkt euch meine Worte.«

Und tatsächlich starb Granny Trill noch am gleichen Tag; ihre Knochen waren zu alt, da war nichts mehr zu heilen. Wie eine blasse, zarte Seifenblase hatte es sie ein wenig höher und weiter getragen als ihre Altersgenossinnen, und sie war lange genug dahingetrieben, dass wir sie noch hatten erblicken können. Eine Weile war sie durch unser Blickfeld geschwebt; bis sie plötzlich platzte und für immer verschwand und nichts zurückblieb als ein verblassendes Bild und eine zarte kleine Schnupftabakswolke.

Bei ihrem Begräbnis war die kleine Kirche voll besetzt, denn jeder hatte die alte Frau gekannt. Man trug ihren Sarg am Waldrand entlang und zog ihn dann auf einem Wagen durchs Dorf. Granny Wallon, ganz in Schwarz unter Kaskaden von Jettpailletten, folgte mit einigem Abstand; während des Gottesdienstes hielt sie sich im hinteren Teil der Kirche, und jedermann bewunderte sie.

Alles ging gut, bis man den Sarg ins Grab hinabließ – da gab es plötzlich einen peinlichen Aufruhr. Granny Wallon bahnte sich mit verrutschtem Kapotthut und wehenden Bändern einen Weg nach vorn zum Grab.

»Lüge!«, kreischte sie und zeigte hinab auf den Sarg. »Die Schabracke war jünger als ich! Fünfundneunzig, behauptet sie! – Die war nicht älter als neunzig, und ich geh auf die zweiundneunzig! Eine Schande, dass ihr sie mit so einer dreisten Lüge vor den Schöpfer treten lasst! Holt die alte Hexe wieder raus! Macht das Schild ab! Eine Verhöhnung der lebendigen Kirche ist das! ...«

Man schaffte sie fort, sie wehrte sich und schrie, trat um sich mit ihren eisenbeschlagenen Stiefeln. Ihr Geschrei wurde leiser und schon bald übertönt vom Geräusch der Totengräberspaten. Die Erde fiel hinab auf den Sarg, und damit war auch die Aufschrift für alle Zeiten besiegelt. Kein Mensch kannte ihr wahres Alter, denn es gab keinen, der alt genug gewesen wäre.

Granny Wallon triumphierte, sie hatte ihre Rivalin begraben; nun gab es nichts mehr für sie zu tun. Von da an welkte sie zusehends, wurde von Tag zu Tag weniger, blieb im Haus und ließ sich nicht mehr blicken. Manchmal hörten wir nachts ein mysteriöses Klopfen, Geräusche, mit denen man sonst Leute weckt oder herbeizitiert. Tagsüber jedoch war alles still, keiner spazierte mehr im Garten umher oder kam herbeigehinkt, um an unser Fenster zu klopfen. Die Feuer unter den Blütenweinkesseln in der Küche fielen in sich zusammen und erloschen schließlich, ganz wie das Feuer ihrer Manie.

Rund zwei Wochen später ging Granny Wallon im Schlaf

von uns, ohne Anzeichen einer Krankheit. Man fand sie auf ihrem Bett, mit Kapotthut und Schal, in der Hand den Besen, mit dem sie immer die Zimmerdecke traktiert hatte. Ihre toten Augen starrten hinauf, als lauschte sie auf etwas. In der Tat gab es nichts mehr, was sie am Leben gehalten hätte; keinen Anlass zum Sticheln, keinen Grund zum Grollen. Die-da-unten war mit Der-da-oben vereint, und schon im Leben waren sie sich näher gewesen, als manch einer vermutet hätte.

Das Sterben im Dorf

Bald nach dem Ersten Weltkrieg kam es im Dorf zu einer Gewalttat, die uns in ein Gewebe des Schweigens verstrickte und uns eine Weile fast vollständig von der Außenwelt abschnitt. Ich war damals zu jung, um mich darüber zu wundern, doch ich kannte die Beteiligten und erfuhr schon früh die ganze Geschichte. Auch wenn kaum je darüber gesprochen wurde – und nie mit Fremden –, so waren die Fakten jener Nacht uns allen bekannt, und im allgemeinen Einverständnis hatte man die Sache tief begraben und alle Spuren ringsum geglättet. Es war so roh und grausam gewesen und so unversehens geschehen, dass man es mit einem Ausbruch häuslicher Gewalt vergleichen könnte, den man aus Scham und Stolz und zum Schutz der Betroffenen zu verheimlichen sucht.

Das Verbrechen hatte sich ein paar Tage vor Weihnachten ereignet, in einer Nacht, als hoher Schnee lag und alle Beteiligten auf dem Weg nach Hause waren; zu einer Zeit, in der die Familien alljährlich ihre Abgewanderten heimriefen zum Gänsebraten. Die Nacht war so schneidend kalt, wie es in den Cotswolds nur werden kann, und der Wind kam geradewegs aus der Arktis. Wir Kinder lagen mit angezogenen Knien im Bett und versuchten sie durch Anhauchen zu wärmen; die Frauen legten ihre Füße dicht ans Feuer, während die Männer und die jungen Burschen im Pub saßen und heißen Cider tranken, beim Cribbage die Karten abhoben und zusahen, wie ihre nassen Stiefel dampften.

Doch es wurden nicht viele Karten ausgeteilt oder gespielt an diesem Abend – denn unvermittelt kam eine Erscheinung dazwischen. Die Tür ging auf, eine Schneebö fegte herein, und ein hochgewachsener Mann betrat mit ausholendem Schritt das Wirtshaus. Den Trinkern erschien er ebenso fremd wie vertraut. Sein scharf geschnittenes Gesicht war sonnengebräunt, er sprach mit näselnder Stimme, und weil er überzeugt war, hier willkommen zu sein, redete er jeden mit Vornamen an, während die Männer den Blick senkten und stumm nickten. Er schlug mit der Hand auf den Tresen, orderte eine Lokalrunde und begann zu erzählen.

Bis auf die jungen Leute konnten sich alle an diesen Mann erinnern; nun beäugten sie die Veränderung, die mit ihm vorgegangen war. Vor Jahren hatte man ihn, einen blassen und knochigen Burschen — auf Anordnung der Obrigkeit und begleitet von den Gebeten der Kirche — in eine der Kolonien verfrachtet, wie so manch armen Burschen vor ihm. Normalerweise hörte man nie wieder von diesen jungen Männern, und sie waren bald vergessen. Nun war also einer wie ein vergoldeter Geist zurückgekehrt, als erfolgreicher, prächtig gekleideter Mann stand er vor den Daheimgebliebenen und stichelte mit seiner Prahlerei und seinem Geld.

Sein Schiff hatte an diesem Morgen in Bristol angelegt, so erzählte er, ein Fleischfrachter aus Auckland. Die Kutsche, die er sich genommen hatte, war im Schnee stecken geblieben, das letzte Stück seiner Reise hatte er deshalb zu Fuß zurücklegen müssen. Er war unterwegs zum Haus seiner

121

Eltern, die er zum Weihnachtsfest überraschen wollte; es lag noch eine Meile talaufwärts, eine Meile im Schnee – und da konnte er doch jetzt nicht einfach an dem altvertrauten Pub vorbeigehen, oder?

Breitbeinig stand er da, mit dem Rücken zum Tresen, präsentierte sich den versammelten Dörflern. Bis auf seine durchdringende Stimme war es still im Pub, und die Trinker beobachteten ihn genau. Er habe es in der Ferne zu etwas gebracht, sagte er, als Viehzüchter einen Haufen Geld gemacht. Es sei ja auch nicht schwierig, wenn man ein wenig Schneid hatte und nicht allzu schwer von Begriff war wie manch einer ... Die alten Männer hörten wortlos zu, die jungen Männer schauten, und in ihren Augen glomm der rote Widerschein der Öllampen ...

Er spendierte eine weitere Lokalrunde, und die Männer tranken. Er sprach von der Welt, ihren Weiten und ihren Reichtümern. Er schulmeisterte die Alten wegen ihres vertanen Lebens, die Jungen wegen ihrer dumpfen Genügsamkeit. Sie schufteten für den Squire und die Pächter und erhielten erbärmliche zwölf Shilling die Woche. Sie lebten von Kartoffeln und waren noch dankbar dafür, sie hatten nichts im Sparstrumpf, bekamen ihr Leben lang nichts anderes als ihre Scholle und die Nachbarn zu Gesicht – und fuhren höchstens am Samstagabend mal rüber nach Stroud. Ob sie sich denn eine Vorstellung davon machen könnten, was er alles erlebt hatte? Was er erreicht und angehäuft hatte? Sein sonnengebräuntes Gesicht glühte vom Whiskey. Er breitete ein Bündel Pfundnoten auf dem Tresen aus und fischte eine große goldene Uhr aus seiner Tasche. Und das ist noch gar nichts, sagte er, das ist bloß ein kleiner Teil. Sie müssten mal seine große Farm in Neuseeland sehen – Pferde und Kutschen, jeden Tag gab es Fleisch, und zu keinem musste er »Sir« sagen.

Die Alten schwiegen weiterhin, tranken aber, was er spendierte, und gaben hin und wieder ein Kichern von sich. Die Jungen starrten ihn aus dem Halbdunkel heraus an, blickten gebannt auf die baumelnde Uhr. Und als er immer betrunkener wurde, warfen sie einander Blicke zu und verdrückten sich dann einer nach dem anderen …

Das Wetter draußen hatte sich plötzlich verschlechtert; jetzt tobte ein eisiger Schneesturm. Mit klirrender Kälte senkte sich die Nacht herab, und das Dorf rollte sich unter der Bettdecke ein. Als der Pub schloss und die Lichter löschte, war der Neuseeländer der Letzte, der ihn verließ. Eine Laterne lehnte er ab, denn schließlich sei er ja hier aufgewachsen, sagte er. Seine Rechnung beglich er in Gold, knöpfte dann seinen Mantel zu, rief laut Gute Nacht und stapfte im Schneewind die Gasse hinauf. Gewärmt vom Whisky, stieg er singend den Hügel hinauf; nach Hause war es nicht mehr weit. Es gab Leute, die im Bett lagen und sein letztes Lied hörten, wie er anschrie gegen den Sturm.

Als er beim steinernen Kreuz anlangte, erwarteten ihn die jungen Burschen; sie standen dicht beieinander, hatten im Wind die Köpfe eingezogen.

»Na, Vincent?«, riefen sie; er blieb stehen und hörte auf zu singen.

Sie schlugen abwechselnd auf ihn ein, bis er auf die Knie fiel, sie schlugen zu, bis er blutend im Schnee lag. Sie schlugen und traten ihn aus schierer Willkür, als er stöhnend mit dem Gesicht im Schnee lag. Dann rissen sie ihm den Mantel herunter, leerten seine Taschen, warfen ihn über eine Mauer und machten sich davon. Er war jetzt bewusstlos, von den Schlägen und dem Alkohol; die ganze Nacht wehte der Sturm über ihn hinweg. Er regte sich nicht mehr und blieb dort liegen, und am Morgen entdeckte man den erfrorenen Toten.

Natürlich kam die Polizei, sie fand aber nichts heraus. Ihren Ermittlungen begegnete man mit stummen Blicken. Aber die Geschichte ging rasch von Mund zu Mund, sie wurde bewusst gestreut und jedem erzählt, jung wie alt, damit wir alles genau wussten und für uns behielten. Die Polizei zog schließlich wieder ab, der Fall blieb ungelöst; doch weder sie noch wir vergaßen es ...

Etwa zehn Jahre später lag eine alte Frau im Sterben, und zum Ende hin gab sie im Delirium einiges von sich. Wovon sie redete, kam auch anderen zu Ohren: Sie schien besessen von einer Uhr. »Die Uhr«, murmelte sie immer wieder, »die finden noch die Uhr. Sagt dem Jungen, er soll sie verstecken.« Neben ihrem Bett erschien dann plötzlich ein Fremder im dunklen Anzug mit einem Notizbuch in der Hand. Während sie vor sich hin brabbelte und sich von der einen Seite auf die andere warf, saß er und wartete, lauschend den Kopf zu ihr hin geneigt. Er war ein geduldiger Mann, keiner kannte ihn, und er machte nicht viel Aufhebens, sondern blieb einfach den ganzen Tag mit aufgeschlagenem Notizbuch neben ihrem Bett sitzen, den Stift gezückt, die offenen Seiten glichen lauschenden Ohren.

Schließlich hatte die alte Frau einen wachen Moment und sah den Fremden am Bett sitzen. »Wer ist das?«, fragte sie ihre Tochter, die im Zimmer stand. Das Mädchen beugte sich zu ihr. »Ist schon in Ordnung, Mutter«, sagte die Tochter mit Nachdruck. »Das ist ein Herr von der Polizei. Er will uns nichts anhaben. Er möchte nur etwas über die Uhr erfahren.«

Die alte Frau sah den Fremden mit einem durchdringenden Blick an und gab nun kein Wort mehr von sich; sie ließ sich einfach ins Kissen zurücksinken, schloss Mund und Augen, faltete die Hände und starb. Damit war die Gefahr gebannt, dass sie in einem Moment der Umnachtung ihren Söhnen Unheil hätte bringen können, wie auch der Fremde im dunklen Anzug erkannte. Er stand auf, steckte sein Notizbuch ein und ging leise aus dem Zimmer. Dieser alte, wirre und sterbende Geist der Frau war die letzte Chance gewesen. Danach gab es keine Spuren mehr, und der Fall wurde nie aufgeklärt.

Die jungen Männer freilich, die sich zu jenem winterlichen Überfall zusammengetan hatten, lebten weiterhin unter uns. Ich bin ihnen oft im Dorf begegnet: Es waren schlichte Burschen, überaus fleißig und freundlich – ehrbare Familienväter. Sie wurden weder als Ausgestoßene behandelt, noch schienen sie mit einem besonderen Makel zu leben. Sie gehörten zum Dorf, und das Dorf kümmerte sich um sie. Mittlerweile sind sie ohnehin längst alle tot.

Gram und Wahn wurden weniger vertraulich behandelt, sie spielten sich ja auch vor unseren Augen ab und wurden mit gesenkter Stimme kommentiert, doch nie drang etwas davon über die Dorfgrenzen hinaus. Da gab es den Fall von Miss Flynn, der Selbstmörderin von Ashcomb – eine allein lebende, exzentrische Schönheit, deren stummes, leidvolles, entseeltes Bild mir noch heute vor Augen steht.

Miss Flynn wohnte auf der anderen Talseite in einem Haus, das zum Severn hin lag und dessen Buntglasfenster bei Sonnenuntergang immer in Flammen standen. Sie war groß, abgezehrt und bleich wie Distelwolle, eine Schönheit mit Lockenmähne wie aus einem Präraffaelitenbild, und sie hatte eine kleine Äolsharfe, die in den Ästen ihres Apfelbaumes hing und

Melodien spielte, wenn sie im Wind hin und her schwang. Auf Spaziergängen mit unserer Mutter kamen wir oft dort vorbei und hielten jedes Mal nach ihr Ausschau. Sobald sie Fremde nahen sah, machte sie einen Satz – entweder in den Keller oder den Leuten in die Arme. Mutter gab stets ausweichende Antworten, wenn wir etwas über Miss Flynn wissen wollten, und sagte: »Eine arme Seele – es gibt wirklich Schlimmere.«

Miss Flynn mochte uns Jungs, sie schenkte uns Äpfel und strich uns mit ihren langen gelben Fingern durchs Haar. Wir mochten sie auch, obschon sie uns nicht ganz geheuer erschien – ihr sprunghaftes Wesen, ihr Haar, ihre Äolsharfe, ihre seltsame Art zu reden. Auch ihre Schönheit machte großen Eindruck auf uns, weit und breit gab es keine wie sie; ihr marmorbleiches, längliches Gesicht schien so kühl wie das eines Friedhofsengels.

Ich weiß noch, wie wir das letzte Mal an ihrem Haus vorbeikamen und wie immer nach ihr Ausschau hielten. Sie saß am Fenster, ihr grübelndes Gesicht war vom bunten Glas in vielerlei Farben getaucht. »Juhu, Miss Flynn!«, rief unsere Mutter fröhlich. »Sind Sie zu Hause? Wie geht es Ihnen, meine Liebe?«

Miss Flynn war mit einem Satz an der Haustür, starrte auf ihre Hände hinab und dann auf uns.

»Solch kecke Jungen«, hörte ich sie sagen. »Sind Morgan wie aus dem Gesicht geschnitten.« Sie hob ein Knie, zeigte ihren großen Zeh und sagte: »Mir geht's nicht gut, Mrs ähm ...«

Sie kam unsicher auf uns zu, zwirbelte mit den Fingern ihr Haar und sah so blass aus wie der Mond bei Tag. Unsere Mutter schnalzte mitfühlend mit der Zunge und sagte, der Westwind sei immer schlecht für die Nerven.

Miss Flynn umarmte Tony mit einer Leidenschaft, die

nicht sehr echt wirkte, und spähte angestrengt über unsere Köpfe hinweg in die Ferne.

»Mir geht's nicht gut, Mrs ähm ..., ich weiß mir kaum noch zu helfen. Es ist wieder meine Mutter, wissen Sie. Ich versuch ja immer, ihren kranken Geist zu verscheuchen. Sie lässt mir nachts keine Ruhe.«

Schon bald trieb uns Mutter weiter, hurtig den Weg hinab, obwohl wir nur ungern gingen. »Die arme, arme Seele«, seufzte sie leise vor sich hin, »und dabei hat sie Verwandte im Landadel ...«

Ein paar Tage später saßen wir morgens in der Küche und warteten auf Fred Bates, der uns immer die Milch lieferte. Es muss ein Sonntag gewesen sein, denn das Frühstück war uns verdorben; an einem Wochentag hätte das keine Rolle gespielt. Alle murrten; der Porridge war angebrannt, und wir waren noch nicht mal zu unserem Tee gekommen. Als Fred schließlich auftauchte, hatte er anderthalb Stunden Verspätung und sah uns mit trübem Blick an.

»Fred Bates, wo hast du denn gesteckt?«, wollten unsere Schwestern wissen; noch nie hatte er sich verspätet. Er war ein dürrer Bursche um die fünfzehn, sein struppiger Kopf erinnerte an eine Flaschenbürste. Doch an diesem Morgen schmiegte sich die Katze nicht an seine Beine, und er gab den Mädchen keine Antwort. Er schöpfte uns einfach unseren üblichen Krug voll, wobei er immerzu schniefte und murmelte: »Gottverdammmich.«

»Was ist denn los, Fred?«, fragte Dorothy.

»Hat's euch noch keiner gesagt?«, fragte er. Seine Stimme klang dumpf, verblüfft und auch ein wenig stolz, was die Mädchen aufhorchen ließ. Sie zogen ihn ins Haus herein, schenkten ihm eine Tasse Tee ein und zwangen ihn, sich doch mal hinzusetzen. Dann stellten sich alle rings um ihn auf und machten große Augen. Ich merkte, dass sie einen Knüller witterten.

Zuerst blies Fred nur heftig auf seinen heißen Tee und murmelte: »Wer hätt denn an *so was* gedacht?« Doch die Mädchen bearbeiteten ihn geduldig und listig, und schließlich bekamen sie die Geschichte aus ihm heraus …

Er war in aller Frühe vom Melken gekommen; es war bei Tagesanbruch, als er an Jones' Teich vorbeikam. Er blieb kurz stehen, um einen Stein nach einer Ratte zu werfen – wenn er sie erwischte, gab es zwei Pence für den Schwanz. Da sah er plötzlich, dass dort unten etwas zwischen den Seerosen trieb. Weiß ausgebreitet lag es im Wasser. Erst dachte er, es sei ein toter Schwan oder dergleichen, vielleicht eine von Jones' Ziegen. Doch als er näher heranging, erkannte er das bleiche Gesicht der ertrunkenen Miss Flynn, das zu ihm heraufstarrte. Ihr langes Haar war offen – deshalb hatte er zuerst an einen Schwan gedacht –, und sie war splitternackt. Ihre Augen waren weit aufgerissen, und sie starrte aus dem Wasser wie jemand, der durch ein Fenster blickt. Es hatte ihm einen solchen Schreck eingejagt, dass er seinen Eimer fallen ließ, und die Milch lief in den Teich. Er stand ein Weilchen da und sagte sich: »Das ist Miss Flynn!« Außer ihm war niemand zu sehen. Dann war er nach Hause auf seine Farm gerannt und hatte es dort erzählt, und sie waren gekommen und hatten sie mit einem Heurechen an Land gezogen. Er war nicht länger am Teich geblieben, mehr wollte er gar nicht sehen, und schließlich hatte er ja seine Milch auszuliefern.

Fred blieb noch eine Weile sitzen und schlürfte schweigend seinen Tee, und wir starrten ihn voller Verwunderung an. Wir alle kannten Fred Bates, wir kannten ihn gut, und unsere Mädchen sagten oft, er sei dämlich; doch vor gerade mal zwei

Stunden hatte er nicht weit von hier die ertrunkene Miss Flynn gesehen, splitternackt. Es schien, als ginge jetzt eine besondere Intensität von ihm aus, jeder von uns hätte ihn wohl gern einmal angefasst und davon probiert; die aufgeregten Mädchen versuchten ihn aufzuhalten und wollten seine Geschichte ein zweites Mal hören. Doch er trank seinen Tee aus, zog energisch die Nase hoch, sagte, er habe noch seine Runde bei den Milchkunden zu machen, und ging.

Die Neuigkeit verbreitete sich rasch im ganzen Dorf; an den Gartentüren standen Frauen beieinander.

»Haben Sie's schon gehört?«

»Nein, was denn?«

»Die arme Miss Flynn ... Hat sich unten im Teich ertränkt.«

»Das ist nicht Ihr Ernst!«

»Doch. Fred Bates hat sie gefunden.«

»Ja – er hat gerade in unsrer Küche Tee getrunken.«

»Ich kann es nicht glauben. Hab sie vorige Woche noch gesehen.«

»Gewiss; und ich erst gestern. Ich sagte: ›Guten Morgen, Miss Flynn‹, und sie sagte: ›Guten Morgen, Mrs Ayres‹ – Sie wissen schon, wie sie es immer tat.«

»Aber sie war doch vor Kurzem noch in der Stadt, am Freitag war es! Ich hab sie im Kolonialwarenladen gesehen.«

»Ach, das bedauernswerte Geschöpf – was hat sie wohl dazu gebracht?«

»Sie hatte so ein wunderschönes Gesicht.«

»Sie war immer gut zu unsern Jungen. War die Freundlichkeit in Person! Wenn man bedenkt, dass sie dort im Wasser lag ...«

»Es heißt ja, sie hatte diesen Fimmel ...«

»Sie meinen, wegen dieser Kerle?«

»Nein, da war noch was ...«

»Was denn?«

»Schsch!«

»Nun, das ist natürlich nicht so bekannt ...«

Miss Flynn war ertrunken. Die Frauen sahen, dass ich zuhörte. Ich stahl mich davon und rannte die Straße hinab. Ich hatte einen trockenen Mund vor lauter Aufregung, und mir graute es; ich wollte jetzt einfach den Teich sehen. Etliche Leute, darunter meine Schwestern, standen dort und gafften aufs Wasser. Der Teich war seicht und grün und leer; im Schilf sah man etwas verschüttete Milch. Ich versteckte mich zwischen den Binsen, hoffte, dass mich keiner sah, und starrte auf diesen schaumigen Fleck. Dies war der Teich, in dem Miss Flynn ihr Leben gelassen hatte. Allerdings unter seltsamen Umständen, und es war kein Unfall gewesen. Sie war nackt dort hingelaufen, allein in der Nacht, und war hineingeschlüpft wie in ein Bett; sie hatte sich hingelegt, mit dem Wasser zugedeckt und war ganz still im Schilf ertrunken. Ich starrte auf die Stängel der Seerosen, die im Teichgrund wurzelten, auf die schwammigen Wasserpflanzen in ihrer Umgebung. Dort hatte sie gelegen, einen Fuß tief im grünen Wasser, still und allein die ganze Nacht, durchs Wasser hinaufblickend wie durch ein Fenster; so hatte sie gewartet, bis Fred des Weges kam. Eins meiner Knie fing an zu zittern; es war nicht schwer, sie sich dort unten vorzustellen, ihr offenes, im Wasser treibendes Haar, die weißen Augen weit geöffnet, so wie Fred Bates sie gefunden hatte. Ich sah sie deutlich, leicht vergrößert, und ich hörte wieder ihre farblose, abwesende Stimme: »Mir geht's nicht gut, Mrs ähm ... Es ist der Geist meiner Mutter. Sie lässt mir nachts keine Ruhe ...«

Der Teich war leer. Man hatte sie auf einer Hürde nach Hause getragen, und die Frauen hatten sich um ihren Leichnam gekümmert. Solange ich zurückdenken kann, war und blieb Miss Flynn für mich die Ertrunkene in diesem Teich.

Was Fred Bates anging, so war er einen Tag lang überall hoch willkommen, wo er auch hinkam. Immer wieder musste er seine Geschichte erzählen und trank ungezählte Tassen Tee. Doch jäh wendete sich das Blatt, rasch folgte ein noch schlimmeres Ereignis. Gleich am nächsten Tag wurde er bei einem Besuch in Stroud Zeuge, wie ein Mann von einem Fuhrwerk zermalmt wurde.

»Zweimal in zwei Tagen«, sagten die Dörfler. »Als Nächstes wird er dem Teufel persönlich begegnen!«

Daraufhin ging man Fred Bates aus dem Weg. Wenn wir ihn kommen sahen, wechselten wir auf die andere Straßenseite. Keiner sprach mehr mit ihm oder schaute ihm in die Augen, und man ließ ihn keine Milch mehr ausliefern. Stattdessen wurde er in einen Steinbruch geschickt, wo er allein arbeiten musste, und es dauerte Jahre, bis sein Ruf wiederhergestellt war.

Jener Mord und der Tod im Wasser liegen nun schon sehr lange zurück, doch für mich haben sie nicht an Bedeutung verloren – der herbe Geschmack des Todes und das Grauen der Gewalt, die Verzweiflung, mit der sich die Schönheit dem Wasser ergab, der blinde Zorn jener Bluttat im Schnee. All dies geschah zu einer Zeit, als das Dorf mit seinen Ereignissen die Welt war, die ich kannte. Wie eine tief hinabreichende Höhle war der Ort immer noch verbunden mit einer befremdlichen Vergangenheit, in düsteren Winkeln dräuten noch Geister und Gesetze aus den fernen Zeiten der Vorväter. Diese Höhle, unser Lebensraum, reichte mit ihren Kammern weit zurück bis hin zu unseren schemenhaften Anfängen; sie war – bis jetzt – nicht aufgeräumt und weder unter elektrischem Licht blank gewienert noch von einer sittenstrengen Kirche eingemeindet oder mit Kinoplakaten tapeziert.

Wir konnten das Erbe gerade noch erahnen, das wir hier übernahmen – die Kraft und den Glauben der Generationen, die seit der Steinzeit in diesem Tal gelebt hatten. Diese fortwährende Verbindung ist dann schließlich doch gekappt worden, die tieferliegenden Höhlensegmente sind für immer versiegelt. Doch ich war gerade am Ende dieses Zeitalters zur Welt gekommen und bekam noch einen Hauch von diesen Dingen mit, die so alt waren wie die Gletscher. Geister wohnten in den Steinen, den Bäumen und den Mauern, auf jedem Feld und Hügel waren etliche zu Hause. Die älteren Leute wussten noch davon und hatten ganz bestimmte Namen dafür, und überall im Tal gab es gewisse Orte – eine Baumgruppe, ein Eckchen im Wald – mit uralten, nur halblaut genannten Eigennamen, die zweifelsohne in vorchristliche Zeiten zurückreichten. In ihren Plaudereien haben die alten Frauen noch diese Namen benutzt, die man heute nirgends mehr hört. Auch dem Tod stand man offen und furchtlos gegenüber, und eine Gewalttat akzeptierte man als eine Art Ritual, gegen das niemand Klage erhob und das andererseits auch niemand entschuldigte.

In unserem Dorf mit seinen grauen Steinhäusern fand kein Mensch derlei Geschichten merkwürdig, schon gar nicht im Winter. Wenn ich zu Hause bei meinen Schwestern saß oder bei einem zahnlosen alten Weib und mir in allen Einzelheiten Geschichten von glücklosen Selbstmorden anhörte, von Männern, die im Schnee aufeinander losgingen, von verhexten Witwen, denen Stiere den Bauch aufschlitzten, von kinderfressenden Sauen und so fort – dann schaute ich zum Fenster hinaus und sah, wie der Regen an den Mauern hinabrann und die schwarzen Bäume sich im Wind bogen, und ich erkannte all diese Vorkommnisse als natürliche Beben unserer Landschaft. Sie jagten mir einen Schrecken ein, doch wirklich überrascht haben sie mich nie.

Weil ich noch sehr jung war, bedeutete Geburt mir nichts; mich fesselte das andere Extrem, der Tod. Der Tod war interessant, und er begegnete mir oft; während meiner Kindheit war er stets gegenwärtig. War gerade jemand gestorben, so machte niemand den Versuch, dies zu verbergen. Alte Frauen kamen und erzählten mit glänzenden Augen die Neuigkeit; der Verstorbene wurde gepriesen und zu Grabe getragen; in unserer Küche rekapitulierten Mutter und die Mädchen im Chor seine letzten Stunden. »Das arme alte Ding. Hat bis zuletzt gekämpft. Sie hatte einfach keine Kraft mehr.« Sie waren nah am Wasser gebaut, schnieften mit tief geröteten Gesichtern – aber sie hätten ebenso gut über den Tod eines Hundes trauern können.

Für die Hochbetagten war der Winter natürlich die schlimmste Zeit. Dann rollten sie sich ein wie Schnecken, auf die man Salz gestreut hat. Eines Sonntags besuchten wir das alte Ehepaar Davies, das bei seinem Laden wohnte. Es war ein nasser Januar, die Kälte ging durch Mark und Bein, und man hatte an den letzten drei Samstagen bereits drei alte Leutchen zu Grabe getragen. Auch Mr und Mrs Davies waren schon in hohem Alter, aber sie hatten einen eisernen Lebenswillen; ich weiß noch, wie sie einander mit dem abschätzenden Blick eines Kartenspielers zu beäugen pflegten. An diesem Morgen sprachen die Frauen über die Beerdigungen, und wir Jungs ließen uns unterdessen am Herd nieder. Mrs Davies war guter Dinge, sie zählte die trauernden Überlebenden auf und begutachtete bei jedem einzelnen den Gesundheitszustand. Sie wiegte ihren weißhaarigen Kopf, warf ihrem Gatten einen Blick zu und sagte, sie frage sich, wer wohl als Nächster an der Reihe sein werde.

Der Alte hörte sich das an, legte ein paar Holzscheite nach und klopfte dann die Pfeife an seinen Gamaschen aus.

»Verriegel lieber die Fenster, Frau«, sagte er. »Sieht so aus, als holte sich der alte Gevatter die Leut gern am Wochenend.«

Worauf er nieste, ein wenig hustete und dann in ein zufriedenes Schweigen versank. Seine Frau warf ihm einen kurzen, aufmerksamen Blick zu und wandte sich dann mit einem Seufzer unserer Mutter zu.

»Früher musste man rennen, wenn man mit ihm Schritt halten wollte«, sagte sie. »Heut kommt man gut mit ihm aus. Er ist nicht mehr wie früher. Die Jahre haben ihn bedächtig gemacht.«

Ihr Mann gab nur ein kurzes gackerndes Lachen von sich und starrte auf das Kamingitter, als hätte er noch ein paar Karten im Ärmel …

Ein oder zwei Wochen später kam er morgens nicht mehr aus dem Bett. Es ging ihm schlecht, und es hieß, er sieche dahin. Wir stiegen den Hang hinauf zum Haus der beiden Alten, wollten uns erkundigen, wie es ihm ging. Mrs Davies, die mit ihrem neuen gelben Schultertuch einen munteren Eindruck machte, bat uns herein in ihre schmale Küche – eine winzige verräucherte Höhle, wo man die zerbrechlichen Schätze sah, die sich im Laufe des Lebens angesammelt hatten. Hierzu gehörten ein paar Einzelstücke aus Porzellan, eine Engeluhr, eine Büste der Königin Victoria, ein paar lädierte Teekannen und Tabakspfeifen, ein beschriebenes Stück Papier, das neben dem Herd an einem Bindfaden hing, sowie ein Stich, der eine Reihe Rotröcke in Schlachtformation darstellte.

Mrs Davies stand mit ihrem krummen Rücken am Herd und rührte in einem Topf Mehlsuppe. Sie bat uns Platz zu nehmen, rührte noch einmal sehr energisch um und ließ sich dann in einen Korbsessel sinken.

»Es geht ihm gar nicht gut«, sagte sie, mit einem Kopfnicken zum oberen Stockwerk hin, »aber das ist ja auch kein Wunder. Seit Jahren hat er's schon an der Lunge ... die hat Löcher wie ein Badeschwamm. Er weiß nichts davon, aber wir rechnen nicht damit, dass er wieder gesund wird.«

Sie gab uns Jungs ein paar getrocknete Erbsen zum Kauen und machte es sich bequem, um mit unserer Mutter zu plaudern.

»Es war so, Mrs Lee. Am Freitag ist er krank geworden. Da hab ich nach meiner Tochter Madge geschickt. Wir haben zwei Ärzte geholt, Dr. Wills und Dr. Packer, aber die kriegten Streit wegen der Operation. Dr. Wills, müssen Sie wissen, hält nicht viel vom Operieren, also hat er eine Behandlung vorgeschlagen. Dr. Packer wollte nichts davon wissen und bestand darauf, Albert müsse unters Messer. Aber Albert wollte nicht. Er meinte, er sehe nicht ein, wieso man an ihm rumschnippeln sollte. ›Gebt mir ein Stück heißen Speck und lasst mir meine Ruhe‹, hat er gesagt. Da bin ich ganz seiner Meinung. Es stimmt schon, wissen Sie – wer einmal unterm Messer war, ist nicht mehr der Alte.«

»Lassen Sie mich mal die Mehlsuppe fertig rühren«, sagte Mutter und stand auf. »Sie muten sich zu viel zu.«

Mrs Davies reichte ihr mit einer matten Geste den Kochlöffel und zupfte an ihrem Schultertuch.

»Wissen Sie, Mrs Lee, erst gestern Abend hab ich hier gesessen und all die Leute gezählt, die schon von uns gegangen sind, und vom Bauer Lusty bis hinauf zum Denkmal bin ich auf fast einhundert gekommen.« Sie faltete andächtig die Hände und sah zur Decke hinauf. »Gib mir die Kraft, es aufzunehmen mit der Welt und allem, was kommen mag ...«

Später durften wir die Treppe hinaufsteigen und den alten Mann am Bett besuchen. Dass es nicht gut um Mr Davies stand, war eindeutig. Er lag in dem kleinen, eiskalten Schlafzimmer, sein Atem ging röchelnd und schwer, und die dürren braunen Finger klammerten sich wie Haken aus Kupferdraht an die Bettdecke. Sein Gesicht sah aus wie ein in gelbes Papier gewickelter Schädel mit zwei eingestanzten, glänzenden Löchern. Man hatte ihm das Haar gebürstet, und nun stand es vom Kopf ab wie gefrorenes Gras auf einem Stein.

»Wir wollten Sie besuchen, die Jungen und ich!«, rief Mutter, doch Mr Davies gab keine Antwort; er starrte nur immerzu auf etwas, das in der Ferne schimmerte und unserem Blick entging. Es folgte ein sehr langes Schweigen, es roch nach Kölnischwasser und nach dem Staub unterm Bett, nach feuchten Wänden und dem apfelsüßen Fieber. Dann gab der alte Mann einen Seufzer von sich und schrumpfte noch mehr zusammen, wie ein heller feuchter Punkt auf dem Kissen. Er fuhr sich mit der Zunge über die Lippen, warf einen kurzen Blick auf seine Frau und gab einen keuchendes Hüsteln von sich, das schon beinah wie ein Kichern klang.

»Wenn ich nicht mehr bin, Frau«, sagte er, »dann sorg dafür, dass ich ordentlich hergerichtet werde. Meine Sachen wickelst du in ein rotseidenes Taschentuch ...«

Manchmal hatte es den Anschein, als wollten die nasskalten Wintertage kein Ende nehmen, und nicht selten brachte sich dann jemand um. Mädchen sprangen in Brunnen, junge Männer schlitzten sich die Pulsadern auf, alte Jungfern sperrten sich ein und verhungerten. Es lag etwas Verschwenderisches in diesen Gesten, eine mürrische Verachtung für das Leben, und wer sich hierzu entschloss, wurde nie getadelt, sondern man sprach von ihm in einem besonderen Ton, als hätte ihn seine Tat über die Lebenden erhoben, als hätte er das irdische Jammertal erfolgreich überwunden. Allerdings waren solche Ausbrüche oft ansteckend und konnten zu einer Welle von Selbstmorden führen; tatsächlich hatte sich in einem besonders düsteren Winter sogar der Coroner umgebracht.

Doch wenn man Melancholie und Lungenkrankheiten überlebte, konnte man in diesem Tal durchaus alt werden. Joseph und Hannah Brown zum Beispiel schienen unverwüstlich. So lange ich zurückdenken konnte, hatten sie zusammen in ihrem Haus neben der Gemeindeweise gelebt. Fünfzig Jahre wohnten sie schon dort, so hieß es; mir kam das wie eine Ewigkeit vor. Sie hatten zahlreiche Kinder großgezogen und dann in die Welt hinaus entlassen; seitdem wohnten sie allein hier, und an die lärmenden Kleinen von einst erinnerten heute nur noch ein paar eselsohrige Briefe und Fotos.

Die beiden Alten gingen ineinander auf wie ein Liebespaar, sie waren zufrieden mit sich und lebten autark. Weder ließ einer den andern allein, noch verließen sie gemeinsam das Dorf; sie waren so innig vereint wie zwei Kastanien in einer Schale. Tagsüber stieg bläulicher Rauch aus ihrem Schornstein, abends leuchtete es rot in den Fenstern; und jedes Mal, wenn wir vorüberkamen, sagte uns dies Haus: »Hier wohnen die Browns«, als wäre es Teil der Natur.

Obschon schlohweiß und welk, waren sie hinreichend aktiv, freilich verrichteten ihr sie ihr Tagewerk ohne Hast. Die alte Frau kochte, fütterte die Hühner und hängte die Wäsche an den Büschen zum Trocknen auf; der alte Mann holte das Feuerholz und zerkleinerte es mit einer Hippe. Hin und wieder gärtnerte er ein wenig oder saß einfach auf seinem Platz draußen vor der Tür, schaute hinaus ins Tal oder schlief. In der Sommerzeit kochten sie Obst ein, und wenn der Winter kam, aßen sie es. Sie taten nicht mehr, als zum Leben nötig war, doch sie taten es liebevoll und geschickt – und saßen anschließend zusammen in der Küche, wo die Uhr vor sich hin tickte, und erfreuten sich ihrer Jahrzehnte der Stille. Wer immer sie besuchen kam, ob alt oder jung, Mensch oder Tier, wurde herzlich empfangen. Mir kamen sie vor wie zwei bräunliche Insekten, die sich langsam, aber gewandt bewegten; spärliche Vorräte, karge Kost und viel Ruhe. Sprachen sie miteinander, taten sie es in kurzen Zwitscherlauten, sparsam wie Vogelgesang; nie erhoben sie die Stimme. Waren sie in ihrer winzigen Küche zugange, so geschah dies völlig reibungslos; ohne groß hinzuschauen, glitten sie auf ihren abgewetzten, vertrauten Bahnen dahin, ohne dass je einer den andern behindert hätte. Mit ihren liebevollen, rosigen Gesichtern glichen sie einander wie zwei Kirschen, in Jahrzehnten inniger Gemeinschaft waren sie sich sowohl im Aussehen wie auch in der Sprechweise immer ähnlicher geworden.

Es schien, als würden die alten Browns für immer und ewig zum Dorf gehören, als wäre das Wunder ihres langen Lebens Alltagsfolge ihrer unverwüstlichen Liebe — wenn man eine solche Ausgewogenheit denn Liebe nennen wollte. Dann plötzlich wurden beide innerhalb zweier Tage von einer jähen Schwäche ergriffen. Es war, als ob zwei synchron aufgezogene Federwerkantriebe genau zur gleichen Zeit abgelaufen wären.

So legendär war ihre funktionierende Wechselbeziehung, dass zunächst keiner etwas von ihrer Notlage bemerkte. Nachdem man sie aber eine Woche lang nicht gesehen hatte, hielten es ein paar Nachbarn für angebracht, bei ihnen vorbeizuschauen. Man fand Hannah auf dem Küchenboden, wo sie ihren Mann mit einem Löffel fütterte. Er lag in einer Ecke, halb mit einer Bodenmatte zugedeckt, und beide waren sie zu geschwächt, um aufrecht zu stehen. Sie erzählte, sie habe einfach einen Teller voll Kartoffelschalen kleingehackt, weil sie zu geschwächt war, den Ofen zu schüren. Eigentlich sei alles in Ordnung bei ihnen, nur die klamme Kälte habe ihnen zugesetzt; sie kämen zurecht, man solle kein Aufheben machen.

Nun, man verständigte das zuständige Amt, die Damen von der Wohlfahrt wurden tätig, und man beschloss, dass die beiden nicht länger in ihrem Haus bleiben konnten. Sie waren zu gebrechlich, um einander zu helfen, und ihre Kinder lebten zu weit entfernt und waren zu beschäftigt. Es blieb nur eins, und dies wäre zu ihrem Besten: Man musste sie ins Arbeitshaus bringen.

Die beiden Alten waren erschrocken und verängstigt, sie lagen da und hielten sich verzweifelt an den Händen. *Arbeitshaus* – ein Wort, das immer Schande bedeutete, ein düsterer Schatten, der zum Ende des Lebens hin dräute und insbesondere bei alten Leuten gefürchtet war (auch wenn es neuerdings *Spital* genannt wurde), mehr noch als Verschuldung oder Gefängnis, Bettelstab oder gar der Makel geistiger Umnachtung.

Hannah und Joseph dankten den Damen von der Wohlfahrt, baten jedoch darum, zu Hause bleiben zu dürfen, man möge sie sich selbst überlassen, denn sie wollten nicht zur Last fallen und einfach nur zusammenbleiben. Dieser Bitte konnte das Arbeitshaus nicht entsprechen, sondern sie nur in bester Absicht trennen. War es da nicht besser, sich zu verstecken, in einem Straßengraben zu sterben oder in der altvertrauten Küche zu verhungern, umgeben von den Dingen, die man im Laufe des Lebens angesammelt hatte – der blankgescheuerte leere Tisch, die Teller und Schüsseln, der kalte Feuerrost, die weiße, stehengebliebene Küchenuhr …?

»Man wird sich gut um euch kümmern«, sagten die Jungfern, »und ihr dürft euch zwei Mal in der Woche besuchen.« Die freundlichen Stimmen klangen geschäftig, bestachen durch ihre Autorität, und die beiden Alten waren nicht gewappnet, dagegen aufzubegehren. Und so wurden sie noch am selben Nachmittag, bleich und stumm, ins Arbeitshaus gebracht. Hannah Brown kam in ein Bett in der Frauenabteilung, Joseph zu den Männern. Nach fünfzig gemeinsamen Jahren waren sie zum ersten Mal getrennt. Sie sahen sich nicht wieder, denn nach einer Woche waren beide tot.

Ihr Tod ging mir nach wie keiner sonst, und auch die freundliche, mörderische Autorität, die ihn angeordnet hatte. Kaum waren sie getrennt, schieden sie dahin – sie starben wie im gegenseitigen Einvernehmen. Ihr Haus stand verlassen am Rande der Gemeindeweide, seine Tür für immer verschlossen. Das Mauerwerk wurde sehr rasch kalt und abweisend, nachdem ihm so jäh das Innenleben entzogen war. Nach einem Jahr stürzte es ein, zuerst das Dach, dann die Wände, und bald war es nur mehr ein Steinhaufen zwischen wucherndem Dornengebüsch. So vehement und frappierend war sein Niedergang, dass es den Anschein erweckte, als hätten die beiden Alten es eigenhändig zerstört.

Und bald war von Joe und Hannah Brown und ihrer le-

benslangen Gemeinschaft nichts mehr übrig als ein paar gras-
überwachsene Mauerreste, ein verwilderter Garten, ein paar rostige Kochtöpfe und eine Hundsrose.

Mutter

Meine Mutter kam zu Beginn der 1880er-Jahre unweit von Gloucester in einem Dorf namens Quedgeley zur Welt. Mütterlicherseits entstammte sie einer alteingesessenen Familie von Cotswold-Farmern. Sie hatten ihren Grundbesitz durch eine Reihe von Katastrophen verloren, an denen Alkohol, Naivität, Spielsucht und Diebstahl mehr oder weniger gleich großen Anteil hatten. Durch ihren Vater John Light, den Kutscher auf Berkeley, bestand eine geheimnisvolle Verbindung zu dem Schloss, dunkel, intim und halb vergessen, niemand wusste genau, in welcher Weise, doch offensichtlich ging es um irgendeine Blutsverwandtschaft. Tatsächlich hieß es, ein Gefolgsmann namens Lightly habe den Mord an Edward II. initiiert – so zumindest behauptete es der örtliche Lehrer. Mutter akzeptierte die Theorie beschämt und geschmeichelt zugleich – und mich hat sie zeitlebens verwirrt.

Doch wie auch immer es um den Rang ihrer totgeschwiegenen Vorfahren bestellt gewesen sein mochte, Mutter kam als Tochter armer Leute zur Welt, als einziges Mädchen in einer großen Familie voller Jungen, eine Verantwortung, der sie auf ihre chaotische Art nachkam. Den Mangel an Schwestern und Töchtern hat Mutter immer bedauert, Brüder und Söhne waren ihr lebenslanges Schicksal.

Sie war ein kluges, verträumtes Kind, so scheint es, mit einem wissbegierigen, hellwachen Verstand, hatte aber auch einen

Hang zum Feinen, der nie so recht zum Hintergrund ihrer Familie passen wollte. Trotzdem war sie der ganze Stolz des Dorfschullehrers, der alles tat, um sie zu beschützen und in ihrer Entwicklung zu fördern. In einer Zeit, als die Schule auf dem Land kaum mehr war als ein Zwischenspiel mit dem Rohrstock, in dem Jungen den Lehrstoff ebenso hinnahmen wie die Striemen auf der Haut und Mädchen eigentlich nicht zählten, konnte Mr Jolly, der Lehrer in Quedgeley, diesem ungewöhnlich ernsthaften Kind mit seinen endlosen Fragen nicht widerstehen. Er war ein älterer Mann, der schon mehreren Generationen von Bauernlümmeln ein fundamentales Grundwissen eingebläut hatte. Doch in Annie Light erkannte er eine intelligente Ausnahme, die er hegte und pflegte.

»Mr Jolly war sehr gebildet«, erzählte uns Mutter. »Und welche Mühe er sich mit einem Dummchen wie mir gab!« Sie kicherte. »Nach dem Unterricht blieb er noch und gab mir Nachhilfe im Rechnen – mit Zahlen kam ich nämlich noch nie zurecht. Ich sehe ihn heute noch vor mir, wie er vorne auf und ab stolziert und an seinem kleinen weißen Backenbart zupft. ›Annie‹, sagte er immer, ›du hast eine wunderbare Handschrift. Du schreibst die besten Aufsätze der ganzen Klasse. Aber rechnen kannst du nicht die Bohne ...‹ Und das stimmt, ich konnte es nicht, Zahlen machten mich einfach konfus. Aber er war die Geduld in Person; er brachte mich tatsächlich zum Lernen und lieh mir all seine wundervollen Bücher. Er hätte furchtbar gern eine Lehrerin aus mir gemacht, wisst ihr. Aber davon wollte Vater natürlich nichts wissen ...«

Als sie etwa dreizehn war, wurde ihre Mutter so krank, dass die Kleine die Schule aufgeben musste. Es gab fünf jüngere Brüder und ihren Vater, um die sie sich kümmern musste, und sonst niemanden, der einspringen konnte. So legte sie ihre Bücher und ihre bescheidenen Ambitionen beiseite, wie man es ganz selbstverständlich von ihr erwartete. Der Lehrer tobte und beschimpfte ihren Vater als Ignoranten, konnte es aber nicht verhindern. »Der arme Mr Jolly«, sagte Mutter liebevoll. »Er gab einfach nicht auf. Er kam bei uns zu Hause vorbei, wenn ich beim Wäschewaschen war, und hielt mir Vorträge über Oliver Cromwell. Meistens aber saß er nur traurig da und jammerte, was für eine Sünde und was für eine Schande, bis Vater aufsprang und anfing zu fluchen ...«

Wahrscheinlich gab es niemanden, der weniger dafür taugte, fünf raubeinige Brüder aufzuziehen, als dieses zerstreute, kaum den Kinderschuhen entwachsene Geschöpf. Aber Annie tat zumindest, was sie konnte. Unterdessen wuchs sie zu einem jungen Mädchen mit zerzaustem Haar heran, das hopplahopp die Hausarbeit erledigte und beim Gemüseputzen geistesabwesend seinen Träumereien nachhing. Es folgte mehr den Flausen in seinem Kopf als häuslichen Vorschriften; Mr Jolly und seine Bücher hatten Annie verdorben. In ihrer spärlichen Freizeit steckte sie ihr Haar auf, zwängte sich in enggeschnürte Kleider und setzte sich entweder ans Fenster oder ging in den Feldern spazieren, wo sie Gedichte auswendig lernte oder zarte Landschaften zeichnete, die an Schneegestöber erinnerten.

Die anderen Mädchen im Dorf fanden Mutter irgendwie komisch, fühlten sich aber auf seltsame Art zu ihr hingezogen. Ihre Fantasie, ihre verrückten Späße, ihr Einfallsreichtum, ihre Ironie und ihre elegante Art faszinierten sie wohl, verwirrten sie aber gleichermaßen. Sicher wird es zu Reibereien gekommen sein, Eifersüchteleien, Kränkungen und Tränen. Doch es gab eine Clique von jungen Mädchen in Quedgeley, in der Mutter eine Anstifterrolle spielte. Sie liehen sich gegenseitig Bücher, veranstalteten Ausflüge und brachten die Jungs mit ihrer losen Zunge aus der Fassung. »Beatie Thomas, Vi Phillips – was hatten wir für einen Spaß zusammen! Was haben wir für verrückte Sachen angestellt! Wir waren wirklich schlimm!«

Als ihre Brüder groß genug waren, um auf sich selbst aufzupassen, verdingte sich Mutter als Hausmädchen. Sie hatte ihren besten Strohhut aufgesetzt und eine mit Kordel verschnürte Schachtel unter dem Arm, als sie sich, siebzehn und überaus hübsch, einerseits wehmütig, andererseits aufgeregt, allein auf den Weg zu den großen Häusern machte, die damals die meisten Mädchen ihres Standes aufnahmen. Als Küchenmädchen, Hausmädchen, Kindermädchen und Dienstmädchen sah sie in den großen Herrenhäusern im Westen Englands all den Luxus und Prunk, den sie nie wieder vergessen konnte und der ihr in mancherlei Hinsicht perfekt entsprach.

Diese Welt sollte sie wie die Liebe oder das Theater ihr Leben lang nicht mehr loslassen. Die Folge war, dass auch wir nicht mehr davon loskamen. »In den vornehmen Häusern würde man den Kopf schütteln«, pflegte sie zu sagen. »Feine Leute machen das *so*.« Wenn sie auf die oberen Zehntausend zu sprechen kam, wurde ihr Tonfall ehrfürchtig, elegant und sehnsüchtig. Sie hatten Maßstäbe gesetzt, deren unvorstellbare Vollkommenheit für uns unerreichbar blieb, und die daraus resultierende Hoffnungslosigkeit erfüllte uns mit Trauer.

Es kam vor, beispielsweise wenn wir vor einem besonders kärglichen Mahl saßen, dass Mutter sich in ihren Erinnerungen verlor. Dann funkelte plötzlich etwas in ihrem träumerischen Blick auf, und ihr Körper nahm eine besondere Haltung an.

Leichthin verteilte sie ein paar Teller auf dem Tisch und spreizte vornehm die Finger ab ...

»Zum Abendessen sind alle Plätze stilvoll gedeckt; persönliche Essig- und Ölfläschchen für jeden Gast ...« Grimmig warteten wir auf unseren Grünkohl mit Speck: Jetzt gab es kein Halten mehr. »Silber und Tischwäsche haben ihre feste Ordnung, neue Teller für jeden Gang ...« Unsere alten verbogenen Gabeln wurden in null Komma nichts über den ganzen Tisch hinweg in Reih und Glied gebracht. »Der Butler brachte die Suppe (sie ahmte die schöpfende Kelle nach) und servierte zuerst den Damen. Als Nächstes folgte Flussforelle oder frischer Lachs, mit einer Garnitur aus frischen Kräutern und Sauce (ihre Hände verstreuten unsichtbares Grün). Dann Waldschnepfe oder Perlhuhn – o ja, und ein Braten. Auf dem Buffet stand ein kalter Schinken, falls jemand Lust darauf hatte. Nur die Herren natürlich. Die Damen stocherten ja ohnehin nur in ihrem Essen herum.« »Warum denn?« »Oh, das gehörte sich damals so. Dann schickte die Köchin ein paar Veilchenküchlein, Walnüsse und mit einem Schuss Brandy angereichertes Kompott. Dazu natürlich Wein, zu jedem Gang ein anderer, und für alle verschiedene Gläser ...« Fassungslos hörten wir mit knurrendem Magen zu, knirschten mit den Zähnen und schluckten Luft. Unterdessen hatte Mutter unsere Suppe vergessen, der Topf kochte über und löschte die Herdflamme.

Doch es gab andere Geschichten vom Leben in großen Häusern, die wir weniger schockierend fanden. Einblicke in Bälle und deren glänzende Gäste, die Kronleuchter strahlend vor Licht. (»Am nächsten Morgen trugen wir ein ganzes Fass voller Kerzenstummel hinaus.«) Und dann Miss Emilys Hochzeit. (»Bildschön war sie – wir durften einen Blick von der oberen

Treppe auf sie werfen. Ein Mann kam extra aus Paris, nur um sie zu frisieren. Ihr Kleid war mit tausend Perlen bestickt. Die Violinisten in schwarzen Fracks drängten sich auf der Galerie. Die Herren trugen alle Uniform. Und dann die Tänze – Polka, Two-Step, Schottischer – lieber Himmel, ich war ganz hingerissen! Wir standen alle auf dem obersten Treppenabsatz und lauschten. Damals war ich sehr frech, ich weiß. Ich schnappte mir einen der Küchenjungen und sagte: ›Komm mit, Tom‹, und dann tanzten wir oben durch den Flur. Am Ende entdeckte uns der Butler und gab uns eins hinter die Löffel. Er war ein schrecklicher Mensch, dieser Mr Bee …«)

Was für lange, arbeitsreiche Tage die Mädchen damals hatten: Im Morgengrauen standen sie auf, noch ganz verschlafen, und schürten zwanzig bis dreißig Feuer in den Kaminen, sie fegten, schrubbten, wischten Staub und polierten die Möbel, wieder und wieder, es hatte nie ein Ende. Sie spülten ganze Pyramiden von Gläsern und putzten das Silber, sie rannten treppauf und treppab, und immer erklangen die lästigen, wütenden Glöckchen genau in dem Moment, wenn man gerade einen Augenblick ausruhen wollte.

Der Lohn betrug fünf Pfund pro Jahr für Vierzehnstundentage und eine kleine Dachstube, in der man schlief wie ein Toter, und dann gab es noch die Hierarchie in den Dienstbotenräumen mit einem Kastensystem, das schlimmer als in Indien war.

Trotzdem herrschte ein lustiges Treiben in dieser gemütlich warmen Unterwelt mit vielen, ausgiebigen Mahlzeiten, die man in vertrauter Runde zusammen einnahm, mit Schmorbraten und Portwein für alle. Unter der Herrschaft eines despotischen oder vom Gin milde gestimmten Butlers und einer strengen oder gutmütig-fülligen Köchin bildeten die jungen Mädchen und Burschen vom Land und die übrigen Lakaien eine quirlige Mischung. Es gab Verfolgungsjagden in den Fluren, frisch gestärkte Liebe in der Wäscherei, atemberaubende Küsse hinter grün gepolsterten Türen – solche Fluchten und Verabredungen füllten die kurzen Phasen, wenn die unzähligen Messingglöckchen im Haus einmal schwiegen.

Wie Mutter wohl in all das hineingepasst hat? Und diese feinfingrigen Salonherrscherinnen, prüden Hausdamen, drakonischen Köchinnen, aufgebrachten Nannies, die ihr Aufgaben übertrugen – was mögen sie von ihr gedacht haben? Ein Schusselchen, stets zu Streichen aufgelegt, voller genialer Einfälle, halb Kindskopf, halb Wunderkind, ganz anders als ihresgleichen, hat sie ihre Vorgesetzten sicher oft zur Verzweiflung getrieben. Aber sie war beliebt in diesen Häusern, fast so etwas wie ein Maskottchen oder Clown, und sie war schön, wunderschön damals. Ihr selbst war es vielleicht gar nicht bewusst, aber ihre Beschreibungen offenbarten es, während sie selbst erstaunt war, dass man sie überhaupt zur Kenntnis nahm.

An zwei ihrer Geschichten, die dieses Staunen widerspiegeln, kann ich mich gut erinnern. Beide sind nur kleine Begebenheiten, doch immer wenn sie uns davon erzählte, erschienen sie so frisch und neu, dass wir ihrer nie überdrüssig wurden. Ich muss sie viele Male gehört haben, bis in Mutters späte Jahre hinein, und jedes Mal errötete sie ein wenig und strahlte förmlich. Dann senkte sie verwundert den Blick und rief sich jene beiden zauberhaften Begegnungen in Erinnerung zurück, die das Hausmädchen Annie Light einen Augenblick lang auf einen mit Myrthen verzierten Thron erhoben.

Der erste Zwischenfall ereignete sich am Ende des neunzehnten Jahrhunderts, als Mutter in Gaviston Court lebte. »Es war ein altes Haus, wisst ihr, weitläufig und dunkel, in mancher Hinsicht auch ein bisschen primitiv. Doch sie gaben oft Gesellschaften – nicht nur für den Landadel, sondern für alle möglichen Gäste, sogar Schwarze. Der Herr hatte die ganze Welt bereist, er war ein sehr vornehmer Mann. Man wusste nie so ganz, womit man rechnen musste, das machte uns jungen Dingern gelegentlich zu schaffen.

In einer Winternacht gab er eine große Gesellschaft, und das Haus platzte aus allen Nähten. Es war viel zu kalt, um das Klosett draußen zu benutzen, doch es gab noch ein anderes, am Ende des Flurs. Für Dienstboten war es natürlich verboten, aber ich dachte, ach was, ich riskier es. Tja, ich hatte gerade die Hand auf die Klinke gelegt, als die Klotür sich plötzlich auftat. Und vor mir stand ein indischer Fürst, lebensgroß, mitsamt Turban und juwelengeschmücktem Bart. Mir blieb fast das Herz stehen, wisst ihr – ich war ja noch so jung –, am liebsten wäre ich im Boden versunken. Ich machte einen Hofknicks und sagte: ›Verzeihung, Hoheit‹ – ich war wie gelähmt, versteht ihr. Doch er lächelte nur, faltete die Hände vor der Brust, verbeugte sich tief und sagte: ›Bitte, treten Sie ein, Madame.‹ Und so reckte ich das Kinn, ging rein und setzte mich hin. Einfach so. Ich kam mir vor wie eine Königin …«

Die zweite Begebenheit beschrieb Mutter immer so, als hätte sie eigentlich nie stattgefunden – mit dieser besonderen, morgendlich verträumten Stimme, die sie vom gewöhnlichen Alltag abhob. »Damals arbeitete ich in einem großen roten Haus in einem Ort namens Farnhamsurrey. An den freien Sonntagen ging ich meistens nach Aldershot, um meine Freundin Amy Frost zu besuchen – das war Amy Hawkins aus Churchdown, ihr kennt sie ja, also, bevor sie heiratete. Nun, an diesem Sonntag putzte ich mich heraus, wie gewöhnlich, und ich glaube, ich war ganz ansehnlich. Ich trug meine Schnürstiefel, eine gestreifte Bluse mit dem anliegenden Halsreif, einen neuen Hut und Spitzenhandschuhe. Da ich viel zu früh in Aldershot war, schlenderte ich noch ein bisschen durch die Straßen. In der Nacht hatte es geregnet, die Straßen glänzten, und ich stand ganz allein auf dem Pflaster. Plötzlich bog unvermutet ein Soldatenregiment in Galauniform um die Ecke. Ich stand da wie angewurzelt, allein vor all diesen Männern; ich wusste gar nicht, wo ich hinschauen sollte. Allen voran ein Offizier mit einem wundervollen Backenbart. Er hob seinen Säbel und rief: ›Augen – rechts!‹ Und dann, ihr glaubt es nicht, erklang ein Trommelwirbel, pfiffen die Dudelsäcke, und all diese wundervollen jungen Männer nahmen Haltung an und schauten mir direkt in die Augen, während sie an mir vorbeimarschierten. Es verschlug mir glatt die Sprache, als ich so mutterseelenallein in meinem Sonntagsstaat dastand. Das Trommeln und Pfeifen und dieser Salut nur für mich – mir kamen die Tränen, so aufregend war das …«

Später gab unser Großvater seine Arbeit als Kutscher auf und wurde Gastwirt. Er eröffnete ein kleines Gasthaus in Sheepscombe namens The Plough, und als ein oder zwei Jahre später Großmutter starb, kündigte Mutter ihre Stellung als Hausmädchen, um ihm zu helfen. Es war die Zeit von selbstgebranntem Schnaps, Ten Penny Ale, billigem Rum, hausgemachtem Cider, Trunkenbolden und Gewalt. Mutter konnte diesem Leben zwar nicht viel abgewinnen, stürzte sich aber voller Elan in ihre neue Aufgabe. »Damals habe ich gelernt, jemanden vor die Tür zu setzen«, erzählte sie. »Gelegenheit dazu gab es reichlich. Pug

Sollars zum Beispiel, der größte Raufbold von Sheepscombe – der Cider machte ihn immer ganz verrückt. Er hob den Tisch über seinen Kopf und warf ihn durch die Gegend, während die anderen Gäste sich hinter dem Klavier versteckten. ›Annie!‹, kreischten sie, ›um Himmels willen, rette uns!‹ Ich war die Einzige, die mit Pug fertig wurde. Unzählige Male habe ich ihn am Kragen gepackt und hinausgeschleppt. Andere auch – wenn mich einer ärgerte, setzte ich ihn einfach auf die Straße. Dad war zu nachsichtig, deshalb blieb es immer an mir hängen … Heute noch grinsen sie, wenn sie mich sehen.«

The Plough Inn war eine der kleineren Stationen an der alten Poststraße nach Birdlip gewesen, doch zur Zeit meiner Mutter wurde die Strecke kaum noch befahren und galt nicht mehr als Hauptverbindung zu irgendeinem anderen Ort. Ein oder zwei Fuhrleute nutzten sie noch aus alter Gewohnheit, ebenso wie den Gasthof. Mutter setzte ihnen Ale und Schinkenbrote vor und ließ sie in den Ställen übernachten. Ansonsten kamen nur wenige Reisende hier vorbei, und die Straße lag meistens still da. So kam es, dass Mutter an den langen Nachmittagen ihren müßigen Träumereien nachhing. Sie zog ihre besten Kleider an und setzte sich draußen vors Haus, um zu lesen oder Blumen zu zeichnen. Sie war eine einsame junge Frau, geheimnisvoll distanziert, aber sehr hübsch, mit anmutiger Figur. Die meisten jungen Männer im Dorf hatten Angst vor ihrem aufbrausenden Temperament, ihrer unübertroffenen Schlagfertigkeit und ihren unvorhersehbaren Einfällen.

Mutter verbrachte mehrere Jahre in dieser Dorfkneipe, lebte ihr Doppelleben, pendelte zwischen Kneipenschlägereien und Träumereien unter freiem Himmel und wartete, während sie allmählich auf die dreißig zuging. Großvater hingegen verbrachte den größten Teil seiner Zeit im Keller, wo er auf seinem alten Kutschkasten saß und fiedelte. Er sah in der Lizenz für einen Ausschank dasselbe wie Shaw in seiner Definition einer Ehe – also die Kombination aus einem Maximum an Versuchung mit einem Maximum an Gelegenheit. Daher ließ er sich meist erst spätabends blicken, wenn er durch eine Luke im Boden erschien, mit zerknitterten Kleidern, das Gesicht von Tränen überströmt, um »The Warrior's Little Boy« zu singen.

Mutter stand ihm treu zur Seite, hielt ihm die Säufer vom Hals, wurde älter und wartete auf ihre Erlösung. Eines Tages stieß sie im Lokalblättchen auf folgende Anzeige: »Witwer (4 Kinder) sucht Haushälterin.« Inzwischen hatte sie die Nase voll von Pug Sollars und der Fiedelei im Keller. Sie machte sich fein, setzte sich vors Haus und bewarb sich auf die Anzeige. Wenig später kam eine Antwort, ein Treffen wurde vereinbart, und so lernte sie meinen Vater kennen.

Als Mutter in sein winziges Haus in Stroud zog und die Verantwortung für seine vier kleinen Kinder übernahm, war sie dreißig und immer noch sehr hübsch. Vermutlich war sie noch nie jemandem wie ihm begegnet. Dieser recht eitle junge Mann mit seiner ausgesprochenen Eleganz, seinen Manien und Manieren, seiner Musik und seinen Ambitionen, seinem Charme, seiner Beredsamkeit und unbestreitbaren Anziehungskraft überwältigte sie. Sie verliebte sich auf den ersten Blick, und diese Liebe hielt an, solange sie lebte. Mit ihrer Schönheit, Empfindsamkeit und Zärtlichkeit erweckte auch sie Gefühle in meinem Vater. Und so heiratete er sie. Und so ließ er sie später sitzen – mitsamt seinen Kindern und noch ein paar eigenen dazu.

Als er gegangen war, zog sie mit uns ins Dorf und wartete. Wartete dreißig Jahre lang. Ich glaube nicht, dass sie jemals erfuhr, warum er sie verlassen hatte, obgleich der Grund eigentlich auf der Hand lag. Sie war zu ehrlich und zu lebendig für diesen verängstigten Mann; zu weit entfernt von seinen strengen Regeln. Letzten Endes war und blieb sie ein Mädchen vom Lande, unordentlich, hysterisch, mit einem großen Herzen voller Liebe. Ein Wirrkopf, durchtrieben wie eine Elster. Sie baute ihr Nest aus Lumpen und Edelsteinen, war glücklich, wenn die Sonne schien, krächzte laut, wenn Gefahr drohte, mischte sich in alles ein, unersättlich in ihrer Neugier, vergaß die Mahlzeiten oder stopfte sich den ganzen Tag lang voll und sang, wenn der Sonnenuntergang rot war. Sie lebte wie eine Blume auf dem Feld, liebte die Welt und machte keine Pläne, hatte einen raschen, klaren Blick für die Wunder der Natur und hätte um nichts in der Welt ihr Haus in Ordnung halten können. Mein Vater hingegen wünschte sich etwas ganz anderes, etwas, das sie ihm nie hätte geben können – die schützende Ordnung eines untadeligen Kleinbürgerdaseins, die er am Ende auch bekam.

Von den drei oder vier Jahren, die Mutter mit meinem Vater verbrachte, zehrte sie für den Rest ihres Lebens. Ihr damaliges Glück war etwas, das sie behütete wie eine Garantie dafür, dass er eines Tages zu uns zurückkehrte. Beinahe ehrfürchtig sprach sie davon, nicht dass diese Zeit nun vorbei war, sondern dass sie überhaupt möglich gewesen war.

»Damals war er stolz auf mich. Ich konnte ihn zum Lachen bringen. ›Nance, du bist umwerfend‹, sagte er immer. Er saß vor der Haustür und schüttelte sich vor Lachen über die Geschichten, die ich ihm erzählte. Er bewunderte mich, er fand mich schön, er hat mich wirklich geliebt, wisst ihr. ›Komm, Nance‹, sagte er immer. ›Nimm die Nadeln aus dem Haar und lass es offen, lass uns sehen, wie es glänzt.‹ Er liebte mein Haar; goldene Lichter funkelten damals darin, und es fiel mir bis auf den Rücken. Und so setzte ich mich ans Fenster und warf es über die Schultern – es war so schwer, das könnt ihr euch nicht vorstellen –, und er spielte damit und arrangierte es so, dass es die Sonne reflektierte, und dann saß er einfach da und betrachtete es …

Manchmal, wenn ihr Kinder alle im Bett wart, legte er seine Bücher beiseite – ›Komm, Nance‹, sagte er. ›Davon habe ich jetzt genug. Komm, sing uns was vor!‹ Dann gingen wir zum Klavier, ich setzte mich auf seinen Schoß und er legte zum Spielen die Arme um mich. Und ich sang ihm ›Killarney‹ vor, oder ›Only a Rose‹. Das waren damals seine Lieblingslieder.«

Wenn sie uns davon erzählte, war es wie gestern und sie war so hingerissen von ihm wie eh und je. Seine späteren Wutausbrüche waren vergessen, der Angebetete betete sie wieder an. Sie lächelte dann und warf einen Blick auf den von Unkraut überwucherten Pfad, als könnte sie ihn auf der Suche nach neuem Glück heimkehren sehen.

Doch es war endgültig vorbei; er war für immer gegangen, wir waren allein, und basta. Mutter kämpfte, um uns Kleidung und Essen kaufen zu können, und das war schwer genug. Das Geld war knapp, vielleicht reichten die wenigen Pfund, die Vater uns schickte, so gerade eben, aber Mutter kämpfte auch gegen ihre eigenen Spinnereien, ihre Panik und Einfalt, Vergesslichkeit und Verschwendung und die unmerklich ansteigende Flut von Schulden. Ihre Anfälle von unvorhersehbarer Extravaganz setzten sich grandios über unsere Bedürfnisse hinweg. Die Miete betrug wie gesagt nur dreieinhalb Shilling pro Woche, aber oftmals waren wir damit sechs Monate im Verzug. Von montags bis samstags gab es kein Fleisch, und am Sonntag stand plötzlich eine fantastische Gans auf dem Tisch. Den ganzen Winter wurden weder Kohle noch neue Kleider gekauft, aber dann schleppte sie uns alle ins Theater, ließ von Jack ein teures Fotoporträt anfertigen, obwohl er dringend Schuhe gebraucht hätte, oder bestellte neue Schlafzimmermöbel. Eines Tages wurden wir alle für Tausende von Pfund versichert, doch einen Monat später erloschen die Policen bereits wieder. Urplötzlich senkte sich der Frost bitterer Not über das Haus, nur um in einer neuen Orgie des Schuldenmachens wieder wegzuschmelzen. Unsere Nachbarn, die besser mit Geld umgehen konnten, schimpften, und alle Leute nahmen Reißaus, wenn sie uns kommen sahen.

Trotzdem glaubte Mutter an das Glück, vor allem, wenn es um Preisausschreiben in der Zeitung ging. Außerdem war sie überzeugt, dass man mit Pröbchen und Geld überschüttet würde, wenn man die Waren einer bestimmten Firma lobte. Einmal hatte man ihr fünf Shilling für einen solchen Beitrag gezahlt, den sie an eine Kosmetikfirma geschickt hatte. Seitdem bombardierte sie den Markt mit Briefen. Jede Woche mussten mehrere abgeschickt werden. Alle waren überschwänglich formuliert und berichteten von wundersamen Heilungen oder Rettungen, die ganz neue Möglichkeiten eröffneten, egal, ob es sich um Kopfschmerzpülverchen, Limonensaft, Korsetts, Fleischextrakt, Würste, Mittel zur Verschönerung des Dekolletees oder zur Wimpernverlängerung, Seife, Eheanbahnungsinstitute, Politiker, Hühneraugenpflaster oder Könige handelte. Sie erhielt nie wieder auch nur einen Penny für ihre Mühe, doch ihr Stil, ihre Leidenschaft und ihr Glaube waren so überzeugend, dass die Briefe häufig abgedruckt wurden. Im ganzen Haus stapelten sich Zeitungsausschnitte mit Überschriften wie: »Dankbare Leidende«, »Nach Jahren der Qual« oder »Endlich wieder schlafen können« … Sie las sie uns mit einem Anflug von Stolz laut vor, ohne zu merken, dass sie die ursprüngliche Absicht ganz aus dem Blickfeld verloren hatte.

Verlassen, verschuldet, verstört, verunsichert, zum Scheitern verdammt von Ambitionen, aus denen nie etwas wurde, war unsere Mutter trotz allem von einer unverwüstlichen Fröhlichkeit erfüllt, die wie eine heiße Quelle sprudelte. Wie ein Kind konnte sie spontan loslachen oder -weinen, doch genauso konnten ihre Gefühle ohne jede Vorwarnung – oder Erinnerung an Vorangegangenes – ins Gegenteil umschlagen. Ihre Reaktionen kannten keinen Vorbehalt; sie konnte uns eine Ohrfeige verpassen und uns im nächsten Augenblick in die Arme schließen, eine echte Strapaze für die ohnehin ramponierten Nerven ihrer Kinder. Wenn sie einen Topf zerbrach oder sich in den Finger schnitt, stieß sie einen markerschütternden Schrei aus, doch im nächsten Moment war es über dem ständigen Hüpfen, Springen oder Singen schon wieder vergessen. Ich höre sie bis heute in der Küche herumfuhrwerken: schrilles Geschrei, ängstliches Aufjaulen, hin und wieder ein Fluch, ein Ausruf der Verwunderung, ein scharfes Kommando an irgendwas, das stillhalten sollte. Ein herunterfallendes Stück Kohle, und die Haare standen ihr zu Berge. Ein lautes Klopfen an der Tür, und sie fuhr zusammen oder quiekte vor Schreck. Ihre Welt war ein Labyrinth aus kleinen Fallen und Schlingen, die mit entsetztem Gekreische quittiert wurden. Unwillkürlich fuhr man aus lauter Anteilnahme ebenfalls zusammen, obgleich wir mit der Zeit lernten, diese Warnungen zu ignorieren. Letzten Endes waren sie nicht mehr als eine Verbeugung vor all den Teufeln, die ihr auf den Fersen waren.

Wenn sie arbeitete und nicht gerade schrie, hielt Mutter

häufig einen inneren Monolog aufrecht. Oder sie schnappte abwesend die letzte Bemerkung auf und machte einen Knittelvers daraus. »Gib mir ein Stück Kuchen«, bat man sie beispielsweise. »Ein Stück Kuchen? Aber sicher … Du willst ein Stück Kuchen? Dann musst du es suchen. Unter Kräutern, unter Steinen, siehst du es im Grase scheinen? Bist du denn am Ende blind? Streng dich an, mein liebes Kind, trallala …«

Immer wenn sich eine Pause im Klappern mit Töpfen und Pfannen ergab und Mutter in der richtigen Stimmung war, erfand sie aus dem Stegreif Reime über Dorfbewohner, die spitz wie eine dreizinkige Heugabel sein konnten.

Mrs Tahs
Freches Aas!
Alte Scherben, neues Glas

Ein typisches Beispiel für die knappe Geschliffenheit und dichterische Freiheit solcher Verse. Mrs Tahs war unsere Postamtsvorsteherin, eine äußerst liebenswürdige, sympathische Frau, doch für einen Reim hätte meine Mutter jedermann geopfert.

Wie Gran Trill richtete sich auch Mutter nicht nach Uhren; die Unpünktlichkeit war ihr in Fleisch und Blut eingegangen. Besonders nachlässig war sie mit Abfahrtszeiten, und so hat sie in ihrem Leben wohl mehr Busse verpasst als erwischt. In der guten alten Zeit, als nur Pferdewagen nach Stroud kamen, hielt sie die Kutscher oft mehr als eine Stunde auf, und als der Busverkehr seinen Betrieb aufnahm, sah sie keinen Unterschied und machte genauso weiter wie vorher. Erst wenn sie die Hupe hörte und der Bus die Straße von Sheepscombe herunterkam, fing sie an, sich fertig zu machen. Dann stülpte sie den Hut auf den Kopf und schoss mit dem üblichen Zeter und Mordio in der Küche hin und her.

»Wo sind meine Handschuhe? Wo ist meine Handtasche? Verdammt und zugenäht – wo sind meine Schuhe? In diesem Loch findet man ja nie etwas wieder. Nun helft mir doch, ihr Dummköpfe, statt im Weg zu stehen und zu gaffen! Ihr seid schuld, wenn ich ihn verpasse. Da kommt er – Laurie, lauf hin und halt ihn fest. Sag, dass ich gleich da bin ...«

Und so raste ich die Böschung hinauf, gerade noch rechtzeitig, wie üblich, während der vollbesetzte Bus schnaufend anhielt.

» ... Sie ist gleich da, sagt sie. Muss bloß ihre Schuhe finden. Es dauert keine Minute, sagt sie ...«

Welche Tortur! Ich stand mit hochrotem Kopf da, der Fahrer drückte auf die Hupe, und alle Passagiere beugten sich aus dem Fenster und schüttelten aufgebracht ihre Schirme.

»Mutter Lee mal wieder. Kann wie üblich ihre Schuhe nicht finden. Sag ihr, sie soll einen Zahn zulegen ...«

Und dann erklang zuckersüß und fröhlich Mutters beschwichtigende Stimme von unten.

»Hu-huuu, ich komme schon! Ich hatte bloß die Handschuhe verlegt. Eine Sekunde, meine Lieben, ich bin schon da.«

Keuchend und lächelnd, mit verrutschtem Hut und flatterndem Schal, Körbe und Taschen umklammernd, kam sie endlich durch die Brennnesseln gestolpert und kletterte ächzend auf ihren Sitz ...

Wenn es weder Fuhrwerk noch Omnibus gab, ging meine Mutter die vier Meilen zu Fuß und schleppte sich dann mit ihren Körben voller Einkäufe wieder nach Hause, wobei sie unterwegs schon mal das eine oder andere Teepäckchen verlor.

Als sie davon genug hatte, lieh sie sich Dorothys Fahrrad aus, obwohl sie das Ding nie komplett beherrschte. Sie war froh, wenn es rollte; anhalten und losfahren verwirrten sie bloß. Die Dorfleute halfen ihr, indem sie neben ihr herrannten und sie anschoben, und wenn sie bremsen wollte, fuhr sie geradewegs in eine Hecke. Mit den Geschäften in Stroud, wo sie regelmäßig einkaufte, hatte sie ein spezielles Abkommen getroffen. Dazu bedurfte es eines guten Gehörs und des richtigen Timings, und obendrein war es ein herrliches Spektakel. Wenn sie im Leerlauf den Hang hinabfuhr, direkt auf den Haupteingang des Ladens zu, stieß sie einen ihrer gellenden Schreie aus, woraufhin ein speziell damit beauftragter Assistent durch den Verkaufsraum zu einem Seiteneingang stürzte, um sie mit ausgebreiteten Armen aufzufangen. Allerdings musste er jung und geschickt sein, denn wenn er sie verfehlte, landete sie auf der Polizeiwache.

Unsere Mutter war ein Tollpatsch, so überspannt und romantisch, dass niemand sie richtig ernst nahm. Dabei verfügte sie über einen erlesenen Geschmack, Feingefühl und Heiterkeit, und die erhielt sie sich unerschütterlich und ungebrochen bis zu ihrem Tod, obwohl sie von allerlei Schicksalsschlägen gebeutelt wurde. Weiß der Himmel, woher diese Gaben kamen oder wie es ihr gelang, sie sich zu bewahren. Aber sie liebte die Welt und sah sie immer wieder neu mit einer Hoffnung, die nie erlosch. Sie war Künstlerin, Lichtspenderin, ein Original, ohne sich dessen je bewusst zu sein …

Meine früheste Erinnerung an Mutter ist die einer schönen Frau, stark, großzügig, mit einer natürlichen Kultiviertheit, die unter ihrem nervösen Geplapper stets spürbar blieb. Innerhalb weniger Jahre sah man ihr die Belastung und Erschöpfung an, und ihre gesunde Fülle schwand in Zeiten von Geldschwierigkeiten und Entbehrungen rasch dahin. An diese zweite Phase erinnere ich mich am besten, denn sie dauerte am längsten. Ich sehe sie vor mir, wie sie sich in der Küche zu schaffen macht, ein Stück Zwieback in eine Tasse Tee tunkt, mit lose aufgestecktem Haar, aus dem die Nadeln herausrutschen, in formlos um sich geschlungenen Gewändern, immer auf der Suche nach dem nächsten Silberstreif am Himmel, Ah und Oh schreiend, wie sie über Tonks spricht oder Tennyson rezitiert und verlangt, dass ich begreife, wovon sie spricht.

Mit ihrem Hang zu übertriebener Prachtentfaltung, ihren ungemachten Betten, Bergen von angefangenen Sammelalben, ihren Tabus, Zimperlichkeiten und abergläubischen Überzeugungen, ihrer bewundernswerten Würde, ihrem Mitgefühl für die Verfolgten, ihrer Ehrfurcht vor der Oberschicht und ihren detaillierten Kenntnissen der Familienstammbäume aller europäischen Königshäuser war sie ein wirres Knäuel widersprüchlichster Veranlagungen, ein Dienstmädchen, das für Samt und Seide geschaffen war. Trotzdem stocherte sie unsere rüpelhafte Fantasie stetig und unmerklich mit Funken des Schönen an. Gewiss, sie stellte unsere Geduld und unsere Nerven auf eine harte Probe, förderte jedoch durch die unbewusste Offenbarung ihrer Ideale ein Bild von Mensch und Natur in uns, das so unprätentiös und schlicht daherkam, dass wir es damals kaum bemerkten, gleichzeitig aber auch so wahrhaftig war, dass wir es nie vergaßen.

Nichts von dem, was ich heute sehe, hat diesen strahlenden Glanz – der Wechsel der Jahreszeiten, ein diamantfunkelnder Vogel in einem Busch, das Innere einer Orchidee, Regen am Abend, eine Distel, ein Gemälde, ein Gedicht –, und dennoch muss ich bei solchen Anblicken unwillkürlich an sie denken. Sie hat mich gelegentlich zur Weißglut gebracht. Aber eins ist mir heute klar: Von Kindheit an habe ich gelernt, die Welt mit ihrem fröhlichen Blick zu betrachten.

Erst als ich fortging, habe ich zum ersten Mal in einem Haus gewohnt, in dem es saubere, mit Teppichen ausgelegte Räume gab, wo man die Zimmerecken sehen konnte und die Fensterbänke leer waren und wo man sich auf einen Küchenstuhl setzen konnte, ohne ihn zuerst umdrehen und von Krümeln befreien zu müssen. Unsere Mutter war eine zwanghafte Sammlerin, die einen Großteil ihrer Zeit damit verbrachte, die Lücken ihres Lebens mit einem Sammelsurium zufälliger Objekte zu füllen. Sie hob alles auf, was ihr in die Hände fiel, warf nie etwas weg, jeder Lumpen, jeder Knopf wurde sorgfältig gehortet, als könnte sein Verlust uns alle in Gefahr bringen. Zwanzig Jahrgänge von Zeitungen, vergilbt wie Leichentücher, symbolisierten die tote Vergangenheit, an die sie sich klammerte, die Jahre, die sie für meinen Vater gerettet hatte, vielleicht etwas, das sie ihm hatte zeigen wollen … Aber auch andere verrückte Dinge füllten unser Haus: Sprungfedern, Stiefelleistenhölzer, zerbrochene Fensterscheiben, Korsettstangen, Bilderrahmen, Kaminböcke, Zylinderhüte, Schachfiguren, Federn und Nippesfiguren ohne Kopf. Die meisten stammten aus unbekannten Quellen und blieben bei uns, als hätte eine Flut sie angespült. Doch eine Sache gab es, die meine Mutter bewusst sammelte und für die sie einen fachmännischen Blick hatte.

Altes Porzellan war für meine Mutter wie Glücksspiel, Alkohol und verbotene Liebe, alles auf einmal, sinnliches Vergnügen und Befriedigung eines Geschmacks, für den sie geschaffen war, den sie sich aber niemals hätte leisten können. Sie fuhr meilenweit, um ein altes Stück zu ergattern, obwohl sie gar kein Geld dafür hatte. Sie stöberte in Geschäften oder besuchte Auktionen, angetrieben von leidenschaftlichem Verlangen, und tatsächlich gelang es ihr gelegentlich durch unverhofftes Glück, jemandem ein kostbares Stück abzuschwatzen oder ihn so einzuwickeln, dass er es ihr preiswert überließ.

Ich erinnere mich an eine große Auktion in Bisley. Mutter tat kein Auge zu in Erwartung all der Schätze, die dort angeboten wurden.

»Es ist ein herrliches altes Herrenhaus«, sagte sie immer wieder. »Die Delacourts, wisst ihr. Sie waren sehr kultiviert – *sie* zumindest war es. Es wäre ein Verbrechen, wenn ich nicht hinführe, um es mir anzusehen.«

Als der große Tag gekommen war, stand Mutter im Morgengrauen auf und zog ihre Auktionskleider an. Wir bekamen ein kärgliches kaltes Frühstück vorgesetzt – sie war zu nervös, um Porridge zu kochen –, und dann drückte sie sich zur Tür hinaus.

»Ich will mir die Sachen nur ansehen. Natürlich werde ich nichts kaufen. Aber einen Blick auf ihr Spode-Geschirr zu erhaschen …«

Schuldbewusst sah sie in unsere abgestumpften Augen und trabte durch den Regen davon.

Am späten Nachmittag, als wir gerade Tee trinken wollten, hörten wir sie von der Böschung aus rufen.

»Jungs! Marge – Doth! Ich bin wieder da! Kommt und seht euch das an!«

Mit Lehm bespritzt, geröteten Wangen und ein kleines bisschen durchtrieben, kam sie durchs Gartentor gehumpelt.

»Oh, das hättet ihr erleben müssen! So viel Porzellan und Glas! So etwas habe ich noch nie gesehen. Händler, alles war voller Händler – aber ich hab's ihnen allen gezeigt. Schaut mal, ist das nicht wunderschön? Ich musste es einfach haben … und es hat nur ein paar Pennies gekostet.«

Aus ihrer Tasche fischte sie eine Porzellantasse mit Untertasse, hauchfein, exquisit und unbezahlbar – allerdings hatte die Tasse keinen Henkel mehr und die Untertasse war in zwei Teile zerbrochen.

»Natürlich könnte ich sie kitten«, sagte Mutter und hielt sie zum Himmel empor. Das Licht auf ihrem Gesicht war genauso zart und fein wie die eierschalendünnen Stücke in ihrer Hand.

In diesem Augenblick kamen zwei Träger mit einer riesigen Packkiste auf den Schultern schwankend den Pfad herab.

»Stellen Sie sie hierhin«, sagte Mutter, und sie hoben sie herunter, nahmen ihr Trinkgeld in Empfang und schoben dann stöhnend ab.

»Ach du je«, kicherte sie. »Die hätte ich fast vergessen … sie gehörte dazu. Ich musste sie nehmen, es war ein Gesamtangebot. Aber ich bin überzeugt, dass wir alles gebrauchen können.«

Wir öffneten die Kiste mit einem kräftigen Schlag des Hackebeils und drängten uns näher, um den Inhalt zu inspizieren. Ein Schwimmerhahn, mehrere Treppenstangen, ein Federbusch, ein Spaten ohne Griff, ein paar zerbrochene Tonpfeifen, eine Schachtel voller Schafszähne und ein gerahmtes Foto von Leamington Baths …

Auf diese und andere Weise kamen wir zu einigen wunderschönen Porzellanstücken, und manche waren sogar heil. Ich erinnere mich an eine rosa Sèvres-Uhr, die mit Engeln verziert war, ein goldgerändertes Crown-Derby-Service oder einige zarte Figürchen, möglicherweise aus Meißen, die aussahen, als wären sie aus strahlendem Schaum gemacht. Es war nie ganz klar, wie Mutter an all das Zeug gekommen war, aber sie streichelte und polierte jedes Stück, versonnen lächelnd. Sie probierte verschiedene Beleuchtungen aus oder blieb mit dem Besen in der Hand stehen, seufzte tief und erschauerte vor Freude. Für sie wohnte ihnen allen ein Zauber inne, manche hatten einen Sprung oder waren beschädigt, doch jedes erzählte von einer geheimen Welt, die sie intuitiv erfasste und die ihr doch verschlossen blieb. Keinen dieser Schätze konnte sie lange behalten; sie hatte gerade Zeit genug, sie in Büchern nachzuschlagen, ihre Form und Geschichte in sich aufzunehmen, bevor Gewissensbisse und Not sie nach Cheltenham trieben, um sie den Händlern wieder zurückzugeben. Manchmal, aber nur selten, machte sie ein oder zwei Shilling Gewinn, was ihr schlechtes Gewissen ein wenig beruhigte. Aber gewöhnlich jammerte sie: »Ach herrje, war ich blöd! Ich hätte das Doppelte verlangen können ...«

Mutters Vater hatte ein Händchen für Pferde gehabt, sie hatte eins für Blumen. Sie konnte sie überall hinsetzen, egal zu welcher Zeit; für sie schienen sie immer besonders lang zu blühen. Sie behandelte sie derb, fast schludrig, hatte jedoch ein derartiges Gespür für die Bedürfnisse ihrer Sprösslinge, dass sie sich ihr zuwendeten wie einer zweiten Sonne. Sie riss eine vertrocknete Wurzel aus einem Feld oder einer Hecke, steckte sie im Garten in die Erde, richtete sie ein bisschen auf, und schon blühte sie. Man hatte den Eindruck, dass sie aus einem Stock oder Stuhlbein Rosen hätte züchten können, so unglaublich war dieses Talent.

Unser in Terrassen abfallender Garten, den sie eigenwillig und planlos bearbeitete, war ein leibhaftiges Abbild unserer

Mutter. Nie griff sie in das Wachstum ein, sondern hegte und pflegte, was von selbst gedieh. Ohne Unterschied ermunterte sie alles darin zum Wachsen, wie die Sonne bei gutem Wetter. Sie erzwang nichts, legte keine Beete an, freute sich über alles, was sich selbst aussäte, ließ jedem seinen Willen und rückte nur ganz wenigen Unkräutern zu Leibe. Infolgedessen war unser Garten ein blühender Urwald, in dem kein Zoll verschwendet wurde. Flieder schoss in die Höhe, Goldregen hing herab, weiße Rosen erstickten den Apfelbaum, rote Johannisbeeren (mit ihrem scharfen Fuchsaroma) hatten sich entlang eines Pfades verbreitet. Es war ein solches Durcheinander von Blüten, dass die Bienen entzückt und die Vögel verwirrt waren. Kartoffeln und Kohl wurden wahllos zwischen Fingerhut, Gänseblümchen oder Nelken gepflanzt. Häufig eroberte eine Spezies den gesamten Garten – in einem Jahr Vergissmeinnicht, im nächsten Stockrosen, dann ein Teppich von Klatschmohn. Was es auch war, wir ließen es wachsen. Und Mutter bewegte sich durch diese Wildnis, blieb stehen, um den Kopf einer seltenen Blüte zu streicheln, nachsichtig, würdevoll, liebenswürdig und neugierig wie eine Königin in einem Waisenhaus.

Unsere Küche war die Verlängerung des verschwenderischen Gartens, denn sie platzte grundsätzlich vor Blumen aus allen Nähten. In diesem grünschattigen, von Blüten und Blättern bewachsenen Bereich warf die Sonne nur ein dämmriges Licht durch die mit Pflanzen verstellten Fenster, sodass ich mir oft wie eine Ameise in einem Dschungel vorkam, überwältigt von seinem üppigen Wachstum. Alles, was Mutters schweifendem Blick auffiel, wurde eingesammelt und ins Haus geschleppt. Flaschen, Teekannen, Schalen und Gläser, alles, was alt oder schön war, füllte sie mit Rosen, Buchenzweigen, Petersilie, Nieswurz, Knoblauch, Getreidehalmen oder Rhabarber. Außerdem bepflanzte sie alles, was auch nur im Entferntesten dazu geeignet war: Kochtöpfe, Teedosen, Aschenbecher. Tatsächlich zog sie einmal besonders prächtige Geranien in einem gusseisernen Wasserfilter. Wir Jungs hatten ihn im Wald gefunden, wo ihn jemand weggeworfen hatte – aber nur sie wusste, was man am besten damit anstellte.

Obgleich es nur einen Mann in Mutters Leben gegeben hatte – wenn man das überhaupt so sagen kann –, dachte sie oft mit Wehmut an ihre früheren Verehrer zurück und erzählte gern, wie sie sich vergeblich um sie bemüht hatten. Der Briefträger, den sie wegen seiner Perücke hatte abblitzen lassen, der Metzger, dessen Herz blutete, so sehr hatte sie ihn verspottet, der lästige Rinderhirte, den sie in den Bach von Sheepscombe gestoßen hatte, um ihn zur Räson zu bringen – offenbar gab es jede Menge Männer in den Tälern ringsum, deren Gefühle sie verletzt hatte. Manchmal, wenn wir draußen unterwegs waren oder im strömenden Regen von Stroud nach Hause eilten, kam uns ein dicker Bauer mit Backenbart oder der Baumeister in seinem klirrenden Einspänner entgegen. Dann drehte Mutter sich um, sah ihm nach und schüttelte den Regen von ihrem Hut. »Diesen Mann hätte ich heiraten können, wisst ihr«, murmelte sie, »wenn ich es damals richtig angestellt hätte …«

Mutters romantische Erinnerungen waren möglicherweise nicht ganz zuverlässig, denn es gab sie in den verschiedensten Versionen. Sie erzählte viele Geschichten, über sich und die anderen, aber die von dem Schmied und der Bonbonmacherin war sicher wahr …

Es war einmal ein liebeskranker Schmied, so begann sie, der in C. lebte. Seit Jahren liebte er eine unverheiratete Frau aus dem Dorf, war aber schüchtern, wie so viele Schmiede. Die Frau hielt sich mehr schlecht als recht über Wasser, indem sie selbstgemachte Sahnebonbons verkaufte. Sie war einsam und sehnte sich nach einem Ehemann, war aber viel zu sittsam und zu stolz, um sich auf die Suche nach einem zu machen. Im Lauf der Jahre wuchs die Verzweiflung der Frau genauso wie die stumme Leidenschaft des Schmieds.

Eines Tages stahl sich die unverheiratete Frau in die Kirche und kniete nieder. »O Herr!«, betete sie, »bitte erbarme dich meiner und schicke mir einen Mann, den ich heiraten kann!«

Zufälligerweise war der Schmied an jenem Tag im Glockenturm damit beschäftigt, die alte Kirchenuhr zu reparieren. Jedes inbrünstige Wort ihrer Bitte drang klar und deutlich bis zu ihm hinauf. Als er sie »Bitte schicke mir einen Mann« beten hörte, wäre er vor lauter Aufregung um ein Haar vom Dach gefallen. Doch er nahm sich zusammen und rief mit der dröhnenden Stimme Jehovas: »Wäre dir ein Schmied recht?«

»Einer ist besser als keiner, o Herr!«, rief die Frau voller Dankbarkeit.

Daraufhin rannte der Schmied nach Hause, zog seinen Sonntagsstaat an und passte die Frau auf dem Rückweg von der Kirche ab. Er machte ihr einen Antrag, sie feierten Hochzeit und kochten ihre Sahnebonbons fortan in seiner Esse.

Wenn ich versuche, mir die Präsenz meiner Mutter in Erinnerung zu rufen, gerät vieles durcheinander. Doch über all die Jahre hinweg blieben die Muster ihrer Verwirrtheit immer gleich. Ihre Blumen und Lieder, ihre unerschütterliche Treue, die Versuche, Ordnung zu schaffen, und die Rückfälle in die alte Schludrigkeit, ihre zunehmende Verrücktheit, ihre Suche nach Licht, die beinahe täglichen Tränen um ihre tote Tochter, ihre Freudensprünge und Überschwänglichkeiten, das Geschrei, die Liebe zu dem Mann, die hysterischen Wutanfälle, die Gerechtigkeit jedem ihrer Kinder gegenüber – all das trieb meine Mutter an und saß auf ihrer Schulter wie eine Reihe von Tauben und Raben. Ebenso erinnere ich mich daran, wie sie gelegentlich aufblühte und dann insgeheim und für sich allein wunderschön war. Und an die Sommernächte – wir Jungs lagen schon im Bett –, wenn das Grün der Eiben die stille Küche erfüllte und Mutter ihr Seidenkleid anzog, ihren spärlichen Schmuck anlegte und sich hinsetzte, um Klavier zu spielen.

Sie spielte nicht gut, ihre rauen Finger stolperten und suchten zittrig die Noten. Und doch trug sie die Musik mit zaghaft stockender Anmut und halb erstickten Gefühlsaufwallungen, die durch die Küchenfenster schwebten wie Signale aus einem verschlossenen Käfig. Einsam in ihrer Seide und Heimlichkeit saß sie da, entlockte den vergilbten Tasten mit geschlossenen Augen Arpeggien und ging durch die verstaubten, goldfunkelnden Akkorde ganz in diesem intimen Moment auf. In der so geschaffenen Stunde voller Zärtlichkeit, das war klar, hätte der Mann zu ihr zurückkehren müssen.

Ich lag wach in meinem dämmrigen Zimmer und horchte auf den Klang des Klaviers da unten, ein abgerissener Akkord, eine betonte Pause und dann ein augenzwinkernder Bachstelzenlauf. Ausgelassen und doch melancholisch, schroff und doch wehmütig schwoll der Klang zu einem schrillen Crescendo an, bis er sich überschlug und sanft wie Wasser um meine Ohren plätscherte. Sie spielte ein paar Walzer und natürlich »Killarney«; gelegentlich hörte ich sie sogar singen – mit kühler, verlorener Stimme, die sich unsicher erhob, ihrem eigenen

Spiegelbild entgegen. Es waren friedliche Klänge, schon halb vom Schlaf überdeckt, doch auf verstörende, beinahe beschämende Art anrührend. Ich wäre dann immer am liebsten zu ihr gelaufen und hätte sie beim Spielen umarmt. Aber irgendwie habe ich es nie fertiggebracht.

Mit den Jahren begehrte Mutter weniger auf. Sie hatte die Ruhe verdient und ertrug sie dankbar. Doch während wir Kinder groß wurden und nacheinander auszogen, verschärften sich ihre Eigenheiten, und die Blumentöpfe und Zeitungsstapel, das Durcheinander und die Sammelalben breiteten sich nach und nach im ganzen Haus aus. Sie las jetzt mehr und ging so gut wie gar nicht mehr zu Bett, sondern schlief nur noch im Sessel sitzend. Ihre Tage und Nächte gingen ineinander über und wurden nicht länger durch die Bedürfnisse der Kinder unterbrochen. Sie schlief eine Stunde, stand dann auf, um den Boden zu wischen, oder ging mitten in der Nacht los, um Holz zu sammeln. Wie Granny Trill achtete sie nun gar nicht mehr auf die Zeit und machte alles so, wie es ihr gerade einfiel. Doch selbst dann brannte immer ein Feuer im Herd, und sie war bereit, uns willkommen zu heißen, wenn wir sie besuchten …

Ich weiß noch, wie ich einmal mitten im Krieg morgens gegen zwei Uhr bei ihr ankam. Da saß sie in ihrem Sessel und las mit Hilfe ihres Vergrößerungsglases ein Buch. »Ach, mein Junge«, sagte sie – sie hatte nichts von meinem Besuch gewusst –, »komm mal her und sieh dir das an …« Wir begutachteten das Buch, dann ging ich zu Bett und schlief erschöpft ein. Kurz vor dem kalten Morgengrauen weckte mich meine Mutter, indem sie die Treppe heraufkam. »Hier ist dein Abendessen, mein Junge«, sagte sie und stellte ein gewaltiges Tablett auf das

Bett. Schlaftrunken rieb ich mir die Augen: Gemüsesuppe, eine riesige Portion Eintopf und zum Nachtisch Pudding. Der Junge war nach Hause gekommen und musste etwas essen. Sie hatte die halbe Nacht damit verbracht, diese Mahlzeit zu kochen. Dann setzte sie sich auf meine Bettkante und sorgte dafür, dass ich alles aufaß. Offenbar hatte sie keine Ahnung, dass es schon fast Morgen war.

Nachdem die Kinder das Haus verlassen hatten, lebte meine Mutter so, wie sie wollte, in der Gewissheit, alles gegeben zu haben, was sie konnte. Sie war glücklich, wenn wir kamen, zufrieden, wenn sie wieder allein war, sie schlief, kümmerte sich um den Garten, schnitt Bilder aus der Zeitung aus, schrieb uns Briefe über die Vögel, fuhr mit dem Bus, besuchte Freunde, las Ruskin oder Bücher über das Leben von Heiligen. Langsam, behaglich verschmolz sie mit der Umgebung, wurde eins mit dem grünen Hang, stocherte kurzsichtig in den blühenden Sträuchern herum und war genauso struppig und fröhlich wie sie. Heiter und wild waren diese letzten Jahre, frei von Konflikten, Zweifeln oder Sorgen, während sie unmerklich zu einer spröden Schlichtheit zurückfand, so wie ein Moosröschen wieder zu einer wilden Heckenrose wird.

Dann starb völlig unerwartet unser abwesender Vater bei einem Verkehrsunfall in einem Vorort von Morden. Und mit seinem Tod, der auch das Ende ihrer Hoffnung war, gab Mutter ihr Leben auf. Ihre lange Trennung hatte ein Ende gefunden, und die Kälte dieses Abschieds tötete schließlich auch sie. Sie hatte die Kinder seiner beiden Familien aufgezogen, getreulich, allein, und fünfunddreißig Jahre auf seine Anerkennung gewartet. Und die ganze Zeit hatte sie sich an eine fixe Idee geklammert: dass er eines Tages alt, gebrochen und hilfebedürftig zu ihr zurückkommen würde. Mit seinem Tod kam ihr diese Verheißung abhanden und damit auch ihr Verstand. Die milde Ergebenheit, die sie in letzter Zeit entwickelt hatte, verließ sie nun endgültig. Sie wurde zerbrechlich, einfältig und kehrte zurück in ihre Jugend, ihre Mädchenzeit, in der sie ihn noch nicht gekannt hatte. Sie erwähnte ihn nie wieder, fing aber an, sich mit Schatten und traurigen Erscheinungen zu unterhalten, und eines Tages starb sie.

Wir begruben sie im Dorf, am Rande des alten Buchenhains, nicht weit von ihrer vierjährigen Tochter.

Winter und Sommer

Natürlich erschienen mir die Jahreszeiten meiner Kindheit so heftig, so intensiv und eigentümlich, dass ich sie seitdem als Sinnbild der Vollkommenheit vor Augen habe, sobald die Sprache darauf kommt. Sie hatten uns fest im Griff; die Wechsel waren beinahe so drastisch, als würde man die Nationalität wechseln, und wenn ich heute an das Tal zurückdenke, ist es nie nur ein Ort, den ich vor mir sehe, sondern Das-Dorf-im-Winter und Das-Dorf-im-Sommer, beide für sich. In der Stadt ist es zunehmend leichter geworden, ihre jeweiligen Extreme zu ignorieren, doch damals bestimmten Winter und Sommer unsere Aktivitäten, drangen in die Häuser ein, beherrschten das Denken und unsere Spiele und regelten unser Leben.

Der Winter war keineswegs typischer für unser Dorf als der Sommer. Er war auch nicht einfach das Gegenteil von Sommer, sondern etwas von Grund auf anderes. Und ir-

gendwie erinnerte man sich nie an die Reise dorthin, sondern kam an, und der Winter war da. Eines Tages hatten sich aus heiterem Himmel alle Einzelheiten verändert, und man musste das Dorf ganz neu entdecken. Die Nase war taub, das Luftholen schmerzte, und auf der Fensterscheibe bildeten sich Eisblumen. Das Haus war von einem leuchtenden grünen Polarlicht erfüllt, während draußen – in der unsichtbaren Welt – eine seltsam durchdringende Stille herrschte, unterbrochen nur von metallischem Knirschen oder dem zarten Beben der Zweige und Drähte.

An einem solchen Morgen war die Küche voller Dampfwolken, die aus Kesseln und Töpfen quollen. Die Pumpe hinter dem Haus war mal wieder eingefroren und klirrte wie zerbrochenes Geschirr, deshalb schlugen die Mädchen Eiszapfen vom Giebel des Hauses, und wir tranken Tee aus gekochtem Eis.

»Es ist schlimm«, sagte Mutter. »Die armen, armen Vögel.« Und dann schlug sie kräftig mit den Armen.

Die Mädchen und sie mummelten sich ein mit allem, was sie hatten, Mänteln, Schals und Handschuhen; die eine schlotterte vor Kälte, der anderen tropfte die Nase, und die arme kleine Phyllis schaukelte auf ihrem Stuhl hin und her und hielt ihre Frostbeulen fest, als wäre es eine Handvoll Bienen.

Dann hörte man auf dem Gartenpfad ein metallisches Scheppern, und der Milchmann stieß die Tür auf. Die Milch in seinem Eimer war hart gefroren. Er musste mit einem Hammer Stücke davon losschlagen.

175

»Man holt sich den Tod da draußen«, sagte der Milchmann. »Die Krähen ärgern die Schafe. Die Schwäne sind im See eingefroren, und die Meisen fallen tot vom Himmel ...« Er trank Tee, bis seine Brauen wieder aufgetaut waren, gab Dorothy einen Klaps auf das Hinterteil und ging wieder.

»Die armen, armen Vögel«, sagte Mutter noch einmal.

Sie hüpften auf dem Fensterbrett herum und bettelten um Brotkrumen und Fett – Rotkehlchen, Amseln, Spechte und Häher, die ich noch nie alle auf einem Haufen gesehen hatte. Wir fütterten sie eine Weile, staunten darüber, wie zutraulich sie waren, und dann wickelten wir uns unsere langen Wollschals um den Hals.

»Dürfen wir raus, Mutter?«

»Ja, aber passt auf, dass ihr euch nicht erkältet. Und denkt daran, Holz mitzubringen.«

Zuerst suchten wir ein paar alte Kakaodosen, bohrten Löcher hinein und stopften sie mit schwelenden Stofffetzen aus. Wenn man die Hände darumlegte und gelegentlich daraufblies, blieben sie mehrere Stunden heiß. Sie waren wärmer als Handschuhe und rochen auch besser. Auf alle Fälle trugen wir niemals Handschuhe. Dermaßen ausgerüstet und von einem warmen Frühstück gestärkt, traten wir hinaus in die Winterwelt.

Es war ein Reich aus Kristall, funkelnd und reglos. Raureif schmückte die Bäume; es sah aus, als wären sie mit Puderzucker bestäubt. Alles war starr, verschlossen und versiegelt, und wenn wir die Luft einsogen, roch sie nach Nadeln und stach uns in die Nase, bis wir niesen mussten.

Wir lutschten ein paar Eiszapfen, traten gegen die Regentonne – nur um den dumpfen Klang zu hören – und hauchten ein Loch in die Eisblumen am Fenster, dann rannten wir hinauf zur Straße. Dort lungerten wir herum und warteten, dass irgendwas passierte. Ein Hund trottete vorbei wie ein Geist in einer Wolke, umwabert von der Aura seines Atems. Die fernen Felder in der tiefstehenden, schwachen Sonne waren rissig wie Austernschalen.

Bald gesellten sich weitere Freunde zu uns, dick vermummt wie Russen, mit unterschiedlich gefärbten Nasen. Wir standen im Kreis herum, keuchten uns gegenseitig etwas vor und warteten, dass jemand auf eine Idee kam, was wir machen könnten. Die dünnen Jungen waren blau vor Kälte, hatten die Schultern hochgezogen, die Hände in den Taschen vergraben, und fröstelten. Die dicken Jungen waren rosig und schnauften wie Wale. Allen tränten die Augen. Was sollten wir machen? Wir wussten es nicht. Also fingen die Dicken an, auf die Dünnen einzuschlagen; die krümmten sich und riefen: »Leck mich am Arsch!« Dann schlugen die Dünnen auf die Dicken ein, die vor lauter Husten beinahe gestorben wären. Am Ende hüpften wir alle eine Weile von einem Bein aufs andere, schlugen mit den Armen und bliesen in unsere Kakaodosen.

»Und was machen wir jetzt?«

Alle verstummten, um nachzudenken. Ein erbärmlich hagerer Junge sog mit gefletschten Zähnen den Wind ein. »Hü!«, rief er plötzlich, sprang wiehernd in die Luft und zog sich mit der imaginären Gerte eins über. Wie auf Kommando galoppierten wir alle die Straße hinab, buckelnd und schnaubend, zerrten an unsichtbaren Zügeln und droschen auf unsere Hinterteile ein.

Jetzt hatten wir den Wintertag in Gang gesetzt und ritten durch sein funkelndes Reich. Wir durchkämmten das Dorf nach monströsen Auswüchsen des Frosts, auf der Suche nach etwas, das wir gebrauchen konnten. Wir sahen den eingefrorenen Brunnen am Straßenrand, wie eine riesengroße geschwollene Blüte. Die Bachstelzen schwebten darüber, verwundert über seine lautlose Starre, stießen immer wieder zum Trinken nieder und prallten in einer Wolke von Federn dagegen. Wir sahen den Fluss im Tal, schwarz und gläsern, wie ein geteerter Pfad, der sich durch den Wald schlängelte. Wir sahen Bäume, die unter der Last des Eises umgekippt waren, Spuren von Rinderhufen, so groß wie Schlaglöcher im Stein, ruhige Schafherden, die mit schwarzen, wunden Zungen an stacheligen Grashalmen leckten. Die Kirchturmuhr war stehen geblieben und der Wetterhahn eingefroren, sodass Zeit und Wind angehalten waren. In unseren Augen konnte es nichts Aufregenderes geben: das Eingreifen einer fremden Macht, das Nein des Winters zum normalen Gang und den gewohnten Gesetzen des Lebens – düster, ehrfurchtgebietend, willkommen.

»Gehen wir zu Bauer Wells und helfen ihm«, schlug ein dicker Junge vor.

»Ohne mich«, sagte ein dünner.

»Wenn du nicht mitkommst, kannst du was erleben!«

»Blöder Angeber!«

»Ich bin kein Angeber!«

»Bist du wohl!«

So gingen wir zum Hof am Rand des Dorfes, der aus den Resten einer längst verschwundenen Abtei entstanden war. Bauer Wells hatte einen kranken kleinen Sohn, zarter als ein Mädchen. Der Junge winkte uns vom Fenster aus zu, als wir in den Hof stapften; er sollte das Ende des Winters nicht mehr erleben. Der Boden im Hof war braun und hart, mit Raureif bedeckt wie ein frisch gebackener Brotpudding. Aus den Ställen drang das

Klirren der Ketten und das Scheppern der Melkeimer, das tiefe Schnaufen einer Kuh, stolpernde Hufe und stetiges Mampfen.

»Brauchen Sie Hilfe, Mr Wells?«, fragten wir.

Er trug ein Joch mit zwei Eimern, als er durch den Hof kam, und seine Kleider waren wie üblich voller Mist. Mr Wells war klein und kahlköpfig, hatte jedoch lange, schlenkernde Arme, die aussahen, als wären sie von der schweren Arbeit ausgeleiert.

»Na schön, kommt mit«, sagte er. »Aber macht mir keine Dummheiten ...«

Im Innern des Kuhstalls war es verlockend warm, und es roch süß nach Milch, nach atmendem Fell, nach grünen Kuhfladen und Eutern, nach Dampf und Gärung. Wir schleppten Heuballen aus dem Schober heran, eng zusammengepresst wie Tabak, in denen sich saftige Gräser und wilde Blumen gehalten hatten. Ein ganzer Sommer, duftend in unseren Armen.

Ich nahm einen Eimer mit Milch, um das Kalb zu füttern, und öffnete sein Maul wie eine heiße, feuchte Orchidee. Es saugte an meinen Fingern, stieß gurgelnde Laute aus und schlug seine langen Wimpern auf. Die Milch war entrahmt worden, um Butter zu machen, und das Kalb bekam davon einen Eimer pro Tag. Wir tranken sie zu Hause manchmal auch; Mr Wells verkaufte sie für einen Penny den Krug.

Als wir mit Füttern fertig waren, bekamen wir jeder eine Handvoll Äpfel und eine gebackene Kartoffel. Die Äpfel waren so kalt, dass die Zähne schmerzten, wenn man hineinbiss, die Kartoffeln aber waren heiß und gebuttert. Wir machten eine Mahlzeit daraus und zogen wieder ab, zurück ins Dorf, wo wir dem fiesen Walter Kerry über den Weg liefen.

»Soll ich euch was erzählen?«

»Was denn?«

»Sag ich nicht.«

Er pfiff ein bisschen vor sich hin und stocherte sich mit dem Finger in den Ohren. Er gab sein Wissen immer nur häppchenweise preis.

»Also wenn ihr's unbedingt wissen wollt, könnt ich ja ...«

Wir warteten, ein zitterndes Häuflein kleiner Jungs.

»Dem Jones sein Teich hält«, sagte er schließlich. »Ich bin schon den ganzen Morgen drauf geschlittert. Jede Menge Leute sind da, mit Pferden, Karren, Schlittschuhn und allem.«

Wir rasten los, über die gefrorene Straße, mit erhitzten Wangen und ausgestellten Ellbogen.

»Vergesst nich, dass ich es euch erzählt hab. Ich war als Erster da. Und nach mei'm Tee komm ich wieder.«

Wir ließen ihn in der niedrigen, rosafarbenen Sonne stehen, klein wie eine kranke Rose, stachelig, dornig, ein Ding zum Fürchten, dem man nur mit einer Schere nahe kommen durfte.

Wir konnten den Teich hören, als wir den Hügel hinabrannten, ein Geschrei, wie es nur am Wasser entstehen kann, das Knirschen der Schlittschuhe, den Klang des Eises, sein hohles, auf und ab schwellendes Grummeln. Dann sahen wir ihn, schwarz und flach, ein Tablett, auf dem die Schlittschuhfahrer hin und her rollten wie Murmeln. Wir stürzten uns mit wildem Geschrei darauf und stoben in alle Richtungen durcheinander. Diese magische Substanz mit ihren trügerischen Gaben war etwas, das ich nie beherrschen lernte. Sie heftete mir Flügel an die Fersen und schenkte mir die Beweglichkeit eines Götterboten, doch im nächsten Augenblick lag ich auf der Nase. Sie hatte ihre Protegés, allerdings nicht diejenigen, von denen man es gedacht hätte, sondern ausgerechnet die Trampeltiere aus der Schule, die auf einem Bein, das andere in die Luft gestreckt, wie Mauersegler an mir vorbeisausten und affektiert grinsend Pirouetten drehten, ohne ein einziges Mal hinzufallen – im Unterschied zu anderen.

Ich gehörte zu den Fußgängern. Wir bauten über die blank polierte Dunkelheit eine Rutschbahn, so glatt, dass man beim ersten Schritt ins Schlittern kam und das Tal an einem vorbeiglitt wie Öl. Man konnte sich flach hinlegen und versuchen, auf dem Eis zu schwimmen, indem man mit Armen und Beinen strampelte. In dieser Position sah man tief unter sich kleine Blasen wie kalte grüne Sterne, bedrohlich klaffende Risse, verschlungene Reste abgestorbener Wasserlilien und ertrunkene Rohrkolben, aufgebläht wie Raketen.

An einem solchen Winterabend war der gefrorene Teich das Zentrum unseres Vergnügens. Die Zeit war aufgehoben, eine fast sexuelle Erregung hatte uns gepackt, und wir spielten bis zur Erschöpfung. Wir rannten und schlitterten, bis wir in Schweiß gebadet waren und sich der Atem als Tröpfchen auf unseren Schals absetzte. Schilfgräser und Schachtelhalme am Rand des Teichs rochen so durchdringend wie die Finger eines alten Mannes. Die herabhängenden Zweige der Weiden waren im Eis gefangen und leuchteten fliederfarben in der untergehenden Sonne auf. Dann ging der eisige Mond zwischen den rabenschwarzen Bäumen auf, und wir wussten, dass wir das Spielen überzogen hatten.

Wir hatten Mutter versprochen, Holz zu sammeln. Im Winter gehörte das zu unseren täglichen Pflichten. Jack und ich schlenderten mit in den Taschen vergrabenen Händen stumm die Chaussee entlang; jetzt war es Nacht, und wir hatten Angst. Der Buchenhain kam uns vor wie eine Höhle aus Mondschein und Schatten, und wir blieben dicht beieinander.

Die toten Äste auf dem Boden waren leicht zu erkennen, denn sie funkelten im frischen Nachtfrost. Als wir sie aus dem Boden zogen, bedeckt von Erde und Laub, brannten unsere Hände vor Kälte. Der Wald war weiß, still und hart gefroren. Es roch nach Wölfen. Dies war eine Nacht, wie verirrte Jäger der Eiszeit sie erlebt haben mochten, als sie zum ersten Mal Richtung Norden vorstießen. Wir dachten an Höhlen, warme Pelze und Feuer, sammelten unser Brennholz und liefen nach Hause.

Dann hieß es: »Wo-wart-ihr-denn-bloß-so-lange?«, »Achherrje!«, »Macht-nichts« und »Kommt-ans-Feuer-ihr-seid-ja-halb-erfroren!« Was für eine Tortur, bis unsere Hände langsam wieder aufgetaut waren, was für stille Qualen, bis das Blut wieder in Gang kam. Schlimmer als Zahnschmerzen. Ich saß schluchzend da, doch nach und nach ließ der Schmerz nach. Dann gab es heißen Tee, frisch geröstetes Brot, von dem die Butter tropfte, und später kamen unsere Schwestern nach Hause.

»Es war lebensgefährlich in Stroud. Zwei Mal bin ich hingefallen – auf der High Street – und habe mir dabei die Strümpfe zerrissen. Bestimmt konnte man mir bis wer weiß wohin gucken! Es war furchtbar, Ma! Ein Pferd ist ins Schaufenster von Maypole gefallen. Und der alte Mr Fowler kam den Hügel nicht hinab und musste auf dem Hosenboden runterrutschen. Der Frost ist schlimmer als je zuvor! Morgen kann bestimmt keiner vor die Tür.«

Sie saßen beim Tee, und das Auf und Ab ihrer erregten Stimmen hörte gar nicht mehr auf. Wir Jungs waren zufrieden mit der Gewissheit, dass der Winter nun da war, der echte Winter, mit seinen neuen Beschäftigungsmöglichkeiten …

Später, als Weihnachten näher rückte, lag der Schnee so

hoch, dass die Straßen die Höhe der Hecken erreichten. Es gab tonnenweise von dem herrlichen Zeug, verformbar, rein, zu allem Möglichen nutzbar, und es gehörte niemandem. Man konnte Iglus damit bauen oder Tunnel graben, man konnte es essen oder durch die Gegend werfen. Schnee bedeckte die Hügel und schnitt die Dörfer vom Rest der Welt ab, doch damals dachte kein Mensch an Rettungsaktionen, denn es gab Heu in den Scheunen und Mehl in den Vorratskammern, die Frauen backten Brot, das Vieh wurde gefüttert und hatte seinen schützenden Stall – es war schließlich nicht das erste Mal, dass wir eingeschneit waren.

In der Woche vor Weihnachten, als der Schnee seinen Höchststand erreichte, kam der Tag, an dem wir die Runde machten und Weihnachtslieder sangen. Wenn ich an diese Nächte zurückdenke, höre ich heute noch das Knirschen des Schnees und sehe das Licht der Laternen darauf glitzern. Weihnachtslieder zu singen war in meinem Dorf ein Privileg der Jungen; Mädchen hatten nicht viel damit zu tun. Wie das Heumachen, Brombeersammeln, Steinewegräumen und Frohe-Ostern-Wünschen war es einer der Höhepunkte des Jahres für uns.

Instinktiv wussten wir, wann der richtige Zeitpunkt dafür gekommen war. Ein Tag zu früh, und wir wären nicht willkommen gewesen, ein Tag zu spät, und wir hätten nur noch leere Blicke von den Leuten geerntet, die ihre Schätze bereits verteilt hatten. Doch kam der rechte Augenblick, in dem alles zusammenpasste, erkannten wir ihn und waren bereit.

Nachdem wir das Holz in den Backofen gestapelt hatten, wo es für das Feuer am nächsten Morgen trocknen konnte, wickelten wir uns unsere Schals um. Dann zogen wir durch die Straßen und riefen durch die zusammengelegten Hände nach den anderen Jungs, die das Signal kannten und rasch aus den Häusern kamen, um sich uns anzuschließen.

Einer nach dem anderen stolperten sie durch den Schnee, schwangen die Laternen um die Köpfe, riefen und husteten sich die Lunge aus dem Hals.

»Kommt ihr mit zum Weihnachtssingen?«

Wir waren der Kirchenchor, daher war eine Antwort überflüssig. Ein ganzes Jahr lang hatten wir misstönend den Herrn gelobt, und als Belohnung für unsere Dienste durften wir jetzt nicht nur den alljährlichen Ausflug machen, sondern hatten jetzt das Recht, alle großen Häuser aufzusuchen, unsere Lieder zu singen und unseren Tribut in Empfang zu nehmen.

Sie alle abzuklappern war gleichbedeutend mit einem Marsch von fünf Meilen durch unwegsames und größtenteils verschneites Gebiet. Als Erstes planten wir daher immer die Route, eine reine Formsache, da sie sich niemals veränderte. Trotzdem bliesen wir uns in die Hände und debattierten, und anschließend wählten wir unseren Anführer. Diese Wahl war allerdings keineswegs bindend, da wir uns alle Anführerqualitäten zutrauten, sodass derjenige, der in dieser Position gestartet war, normalerweise mit blutiger Nase nach Hause zurückkehrte.

An diesem Abend waren wir zu acht: Sixpence, der Spanner, der in seinem ganzen Leben noch nicht gesungen hatte (in der Kirche bewegte er nur die Lippen), die Brüder Horace und Boney, die regelmäßig Streit anfingen und jedes Mal den Kürzeren zogen, Clergy Green, die spinnerte Quasselstrippe, Walt, der Fiesling, meine beiden Brüder und ich. Als wir die Straße entlanggingen, waren andere Jungs aus anderen Dörfern schon unterwegs, grölten »Kingwenslush« und riefen durchs Schlüsselloch: »Die Klopfer, sie hämmern, die Schellen, sie klingen; für nur einen Penny werden wir singen.« Sie waren keine anerkannten Almosensammler wie wir, die Mitglieder des Chors, aber Konkurrenz gab es überall.

Als Erstes besuchten wir wie immer das Haus des Squire, wo wir nervös die Auffahrt hinaufmarschierten. An Schnüren hängende Marmeladengläser mit brennenden Kerzen erleuchteten uns den Weg und warfen ein schwaches Licht auf die hohen Schneewälle zu beiden Seiten des Weges. Ein Schneesturm tobte, doch wir waren dick eingepackt, mit Wickelgamaschen aus der Armee um den Beinen, Wollmützen auf dem Kopf und mehreren Schals um den Hals.

Während wir über die stillen weißen Rasenflächen auf das Große Haus zugingen, verfielen auch wir in ehrfürchtiges Schweigen. Der gefrorene Teich neben dem Haus war schwarz, der Wasserfall starr und reglos. Wir stellten uns scharrend und trampelnd vor dem großen Portal auf, klopften und meldeten uns an.

Ein Hausmädchen überbrachte die Nachricht von unserer Ankunft in das widerhallende Innere des Hauses. Während wir warteten, räusperten wir uns geräuschvoll. Dann kam das Mädchen wieder, die Tür blieb einen Spalt für uns geöffnet, und man forderte uns auf zu beginnen. Notenblätter brauchten wir nicht, denn wir kannten die Weihnachtslieder auswendig. »Singen wir zuerst ›Wilde Hirten‹«, schlug Jack vor. Der Anfang war schwer, Tonarten, Texte und Tempi gerieten durcheinander, doch dann fingen wir uns. Derjenige, der am lautesten sang, riss die anderen mit, und so nahm das Lied nach und nach eine vage, ja, beschwingte Gestalt an.

Dieses riesige Steinhaus mit seinen efeubewachsenen Mauern blieb uns immer ein Geheimnis. Was verbarg sich hinter den Giebeln, in den Zimmern und Dachstuben, hinter den von Zedern versteckten schmalen Fenstern? Während wir »Wilde Hirten« sangen, verrenkten wir uns den Hals und spähten in die von Lampen beleuchtete Diele, die wir noch nie betreten hatten, bestaunten die Musketen und leeren Stühle, die großen, verstaubten Wandbehänge – bis wir plötzlich den alten Squire selbst entdeckten, der auf der Treppe stand, den Kopf auf die Seite gelegt, und lauschte.

Er rührte sich nicht, bis wir fertig waren, dann kam er langsam und unsicher auf uns zu, ließ mit zittriger Hand zwei Münzen in unsere Büchse fallen und kritzelte seinen Namen in das Buch, das wir mitgebracht hatten. Am Ende wanderte der Blick seiner feuchten, halb blinden Augen über jeden Einzelnen von uns, bevor er sich wortlos abwandte.

Wie von einem Bann befreit, machten wir ein paar gesetzte Schritte und rannten dann um die Wette zum Tor. Erst als wir das Grundstück verlassen hatten, hielten wir an. Da wir es kaum erwarten konnten, zu erfahren, wie groß seine Spende gewesen war, kauerten wir uns vor die Kuhställe, hielten unsere Laternen über das Buch und sahen, dass er »Zwei Shilling« geschrieben hatte. Das war ein guter Anfang. Niemand im Umkreis, der etwas auf sich hielt, würde es wagen, uns weniger zu geben als der Squire.

So zogen wir mit den ersten Münzen in der Büchse weiter durch das Tal und verspotteten uns gegenseitig für unsere Gesangskünste. Mit gestärktem Selbstbewusstsein hielten wir uns vor Augen, welches unsere Qualitäten waren und welche Lieder am besten zu uns passten. Walt war der Ansicht, dass Horace am besten den Mund hielt, weil er schon im Stimmbruch war. Horace stritt das ab, und es kam zu einer beiläufigen Rangelei im Gehen, wobei die beiden Kontrahenten mit ihren Tritten jede Menge Schnee in die Luft wirbelten, doch bald vergaßen sie ihren Streit, und Horace sang weiter mit.

So stapften wir durch das langgezogene Tal, von Haus zu Haus, und besuchten die feinen Leute ebenso wie die gewöhnlicheren Dorfbewohner – Gutsbesitzer, Ärzte, Kaufleute, Amtsträger und andere Vertreter der Öffentlichkeit. Es war eisig, und obendrein blies ein scharfer Wind, doch spürten wir die Kälte gar nicht. Der Schnee flog uns ins Gesicht, in Augen und Mund, durchnässte unsere Gamaschen, geriet ins Innere der Stiefel und tropfte von den Wollmützen, aber das war uns egal. Die Sammelbüchse wurde schwerer und die Liste der Namen in unserem Buch länger und großzügiger, denn jeder versuchte, den anderen zu übertrumpfen.

So stemmten wir uns Meile um Meile gegen den Wind, plumpsten in Schneewehen und orientierten uns an den Lichtern der Häuser. Doch unsere Zuhörer blieben unsichtbar. Wir klopften an eine Tür nach der anderen; wir sangen in Höfen und unter Vordächern, vor Fenstern oder im feuchten trüben Licht einer Diele; wir hörten Stimmen aus verborgenen Zimmern, wir rochen teure Kleider und fremde, dampfende Speisen, wir sahen Hausmädchen, die Schüsseln hineintrugen oder mit leeren Kaffeetassen herauskamen, man schenkte uns Nüsse, Kuchen, Feigen, kandierten Ingwer, Datteln, Hustentropfen und Geld, doch wir sahen unsere Gönner kein einziges Mal. Wir sangen sozusagen gegen die Wand, und abgesehen vom Squire, der sich nur gezeigt hatte, um zu beweisen, dass er noch lebte, erwarteten wir auch nichts anderes.

Je später es wurde, umso mehr Probleme bekamen wir mit Boney. »Noël« beispielsweise hatte eine ansteigende Melodie, die Boney unbedingt mitsingen wollte, und zwar einen Halb-

ton zu tief. Die anderen verboten ihm, sie überhaupt mitzu-
singen, und Boney drohte damit, uns alle zu verprügeln. Doch
nach einer Weile besann er sich, erklärte, dass wir recht hätten,
und verschwand. Er machte einfach kehrt und stapfte durch
den Schnee davon, ohne auf unsere Rufe zu reagieren. Als wir
viel später ziemlich weit oben im Tal waren, sagte einer: »Hört
mal!«, und wir blieben stehen, um zu lauschen. In weiter Ferne,
jenseits der Felder, hörten wir eine schwache Stimme aus dem
Dorf, die »Noël« sang, und zwar krumm und schief. Es war Boney, der sich selbständig gemacht hatte.

Wir gingen auf das letzte Haus ganz oben auf einem Hügel zu, wo ein Bauer namens Josef wohnte. Für ihn hatten wir
uns ein Lied ausgesucht, das von dem anderen Josef handelte
und uns das Gefühl vermittelte, der Nacht eine besondere, erfri-
schend pikante Note hinzuzufügen. Das letzte Stück bis zu seinem Hof war vermutlich das schwierigste von allen. Auf diesen
holprigen, kahlen Feldwegen, die allen Winden offen standen,
wurden Schafe unter den Schneewehen begraben, und Pferdewagen verirrten sich. Dicht hintereinander gedrängt traten wir in
die Fußstapfen des Vordermanns, ein staubfeiner Schnee wehte
in unsere zusammengekniffenen Augen, die Kerzen brannten
niedrig, manche waren sogar schon erloschen, und wenn wir
miteinander reden wollten, mussten wir gegen das Heulen des
Windes anschreien.

Am Ende überquerten wir den gefrorenen Bach – im Sommer drehte sich das Mühlrad noch immer, obwohl die Mühle
schon lange nicht mehr in Betrieb war – und kletterten hinauf zu Josefs Hof. Immer wirkte das Gebäude anheimelnd im
Schutz der Bäume, warm inmitten all des Schnees. Wie jedes
Jahr war es spät, und wie immer war es unser letzter Besuch.

Die verschneite Landschaft war jetzt mit einer feinen Kruste bedeckt, und die alten Bäume glitzerten, als hätte sie jemand mit Lametta geschmückt.

Wir stellten uns rings um das Vordach auf. Die Wolken am Himmel waren aufgerissen und gaben den Blick auf breite Sternenbänder frei, die sich über das Tal und bis nach Wales zogen. Auf seinen weißen Hängen konnte man durch die dunklen Stämme des Waldes noch einige helle Lampen rötlich in den Fenstern schimmern sehen.

Alles war still, man hörte nur die feine, knisternde Stille der Winternacht. Dann fingen wir an zu singen, alle zutiefst bewegt von den Worten und der plötzlichen Sicherheit unserer Stimmen. Rein, klar und atemlos sangen wir:

Da liegt es, das Kindlein auf Heu und auf Stroh;
Maria und Josef betrachten es froh;
die redlichen Hirten knien betend davor,
hoch oben schwebt jubelnd der Engelein Chor.

O beugt wie die Hirten anbetend die Knie,
erhebet die Hände und danket wie sie;
stimmt freudig, ihr Kinder, wer wollt sich nicht freun?,
stimmt freudig zum Jubeln der Engel mit ein!

Und zweitausend Jahre Weihnachten wurden in diesem Moment für uns wahr, das Heu, das Stroh, die redlichen Hirten sahen wir; die Sterne leuchteten, um die Engel durch den Schnee zu geleiten, und auf der anderen Seite des Hofs hörten wir die Tiere im Stall. Man beschenkte uns mit Bratäpfeln und heißen Fleischpasteten, es duftete nach Myrrhe, und in unserer Büchse gab es goldene Geschenke für alle, als wir ins Dorf zurückkehrten.

Sommer, Junisommer, brachte das Grün zurück auf die Erde, die ganze Welt tat sich auf und sprudelte über. Er kam genauso unvermittelt wie der Winter, und man erkannte ihn schon im Bett, beinahe vor dem Aufwachen, am Ruf des Kuckucks, dem Gurren der Tauben, das seit Tagesanbruch hohl durch den Wald klang, und den Meisen, die in den Pfirsichblüten zwitscherten.

An der Decke des Schlafzimmers hatte ich mit geschlossenen Augen einen Flecken Sonnenlicht wahrgenommen, der sich immer mehr ausbreitete. Das war der Widerschein des Sees, der von der rasch aufgehenden Sonne durch die Bäume geworfen wurde. Schlaftrunken sah ich an der Decke über mir sein glitzerndes Spiegelbild, jedes Kräuseln seiner schläfrigen Wellen und die Projektionen von Leben darauf. Pfeile schossen von Zeit zu Zeit darüber hinweg, gefolgt vom fernen Schrei eines Moorhuhns; ich sah feine Lichtwellen um jede einzelne Wurzel der Rohrkolben, alle Details des Sees schienen dort abgebildet. Dann plötzlich zerbrach das Bild in Stücke, zerfiel wie ein schmelzender Spiegel zu zittrigen Goldsplittern, die wild durcheinanderschaukelten. Ich hörte das laute Flattern von Schwingen auf dem Wasser, das zu einem Crescendo anschwoll, während die Schatten der über dem Dach aufsteigenden Schwäne im schweren Morgendunst verschwanden. Ich lauschte ihrem Schreien über dem Haus und sah das funkelnde Chaos über mir, bis es langsam wieder zur Ruhe kam, seine Sterne einsammelte und das stille Abbild des Sees wiederherstellte.

Die Schwäne an der Decke meines Zimmers aufsteigen zu sehen, gehörte zum Wachwerden im Sommer dazu. Ich schlug die Augen auf und sah durch das offene Fenster in einen Morgen voller Kühe und Hähne. Die Buchen, die den See und das Tal säumten, schienen zu einer Königlichen Jagd zu blasen, doch ebenso gut eigneten sie sich zum Hineinklettern, und selbst im Juni konnte man ihre Blätter noch essen, als dichtgefältelten, saftigen Salat.

Draußen wusste man kaum zu sagen, was passiert war, noch konnte man sich an irgendeine andere Zeit erinnern. Nie hatte es Regen, Frost oder Wolken gegeben, immer war es genauso wie jetzt gewesen. Die Hitze der Erde kletterte an den Beinen empor und prallte gegen das Kinn. Der Garten, trunken von Düften und Bienen, stand mit seinen weißen Blüten in Flammen, sodass sie mit ihrer Glut blendeten, wenn man zu lange hinsah.

Die Dorfbewohner nahmen den Sommer hin wie eine Bestrafung. Die Frauen konnten sich nie daran gewöhnen. Eimer voller Wasser wurden über die Pfade gekippt; schimpfend rückte man dem Staub zu Leibe, Decken und Matratzen hingen aus den Fenstern wie Zungen, hechelnde Hunde verkrochen sich unter den Regentonnen. Und wenn jemand vorbeikam und fragte: »Na, ist es euch auch warm genug?«, bekam er nur ein erschöpftes Winseln zur Antwort.

Im Stall des Baumeisters, wo es wenigstens Schatten gab, halfen wir, Browns Pferd zu striegeln. Wir sogen den Duft seines erhitzten Fells ein, rochen das Horn seiner Hufe, das heiße Zaumzeug und den Dung. Wir fütterten es mit Kleie, trocken wie Wüstenwind, bis das Tier und wir auch fast daran erstickten. Eines Tages wollten Mr Brown und seine Familie eine Spazierfahrt unternehmen, also rollten wir den Einspänner auf die Straße, bugsierten das mit Scheuklappen versehene Pferd rückwärts in die Schere und schnallten das klimpernde Geschirr fest. Die Straße lag verlassen und staubig da; im Tal rührte sich nichts. Mr Browns Frau und seine Tochter in ihren besten Kleidern, gefolgt von dem mit Melone ausstaffierten Schwiegersohn, kletterten nacheinander in den hohen Einspänner und nahmen dort mit steifer Förmlichkeit Platz.

»Wo fahren wir hin, Vater?«

»Den Hügel hinauf, frische Luft schnappen.«

»Frische Luft? Das überlebt der Gaul nicht.«

»Haltet den Mund«, sagte Mr Brown, der jetzt schon schweißüberströmt war. »Noch ein Wort, und ihr bleibt hier.«

Er zog an den Zügeln, knallte mit der Peitsche, und das Pferd setzte sich in Bewegung. Die Frauen hielten ihre Hüte fest, als die Kutsche unerwartet loszockelte, und wir sahen ihr nach, bis sie nicht mehr zu erkennen war.

Als sie verschwunden waren, gab es nichts mehr zu beobachten, und das Dorf lag wieder schweigend da. Ein ungepflasterter Feldweg, der von Automobilen noch nichts wusste, schlängelte sich durch das Tal und hinauf zu anderen Dörfern, die ebenfalls den ganzen heißen Tag über verlassen dalagen und auf den Anblick von Fremden warteten.

Wir saßen am Straßenrand und schaufelten mit beiden Händen den Staub im Rinnstein zu kleinen Häufchen. Dann schlängelten wir uns durchs Gras, legten uns auf den Rücken und starrten einfach in den leeren Himmel. Es gab nichts zu tun. Nichts regte sich und nichts geschah, nichts außer dem Sommer. Eine warme Brise streifte unsere Gesichter, die Löwenzahnsamen schwebten vorbei, der scharfe Geruch nach verbrannter Vegetation und heißen Brennnesseln kitzelte uns in der Nase, zusammen mit dem leicht rostigen Aroma der ausgetrockneten Erde. Das Gras stand so hoch wie nur im Juni und war so rasch gewachsen, dass es jetzt eine wirre Masse verschiedener Spezies bildete, aus der einzelne Blüten und wilde Weizenähren herauslugten, wuchernde Wicken schlangen sich hindurch, und über allem brummten tollpatschige Bienen und flatterten dunkelrote Schmetterlinge. Wir lagen auf dem Rücken, kauten auf einem Grashalm; die Ähren bildeten ein Gerüst vor dem Himmel, und der Sommer war alles, was wir hörten. Ein Kuckuck reihte seine Rufe aneinander wie die Glieder einer Kette, sodass man seinen Weg verfolgen konnte, Fliegen summten uns um die Ohren, und die Luft trug das abgerissene Klappern der Mähmaschinen über die Felder.

Dann ging es weiter. Wir kauften Brausepulver im Laden und saugten es durch Lakritzstangen auf. Wenn man es vorsichtig machte, prickelte die Brause nur leicht auf der Zunge, saugte man zu stark, erstickte man fast an dem süßen Zeug. Wenn man aber durch die Lakritzstange in das Tütchen blies, platzte es, und eine Zuckerwolke hüllte uns ein. So schlenderten wir pustend und hustend mit tränenden Augen den Weg entlang. Am Brunnen tranken wir, um den Mund auszuspülen, dann bespritzten wir uns gegenseitig mit Wasser und zauberten Regenbogen in die Luft. In Mr Jones' Teich wimmelte es vor Leben, außerdem war er mit großen weißen Wasserlilien bedeckt – sie ergossen sich aus ihren Blättern wie schmelzendes Kerzenwachs und kühlten im Wasser ab. Mohrhennen stürzten in den Teich, Zwergtaucher trillerten, Insekten ruderten oder glitten über die Oberfläche. Jungfrösche hüpften wie Fliegen umher, Eidechsen saßen japsend im Gras. Der Weg war mit einer festgebackenen Kruste aus Kuhfladen bedeckt, die angenehm roch.

Zwischen den Schilfpflanzen stießen wir auf Sixpence Ro-

binson. »Kommt mit«, sagte er. »Wir machen uns einen Spaß.«
Er wohnte etwas weiter den Weg hinauf, gleich hinter der Schaf-
schwemme in einem Bauernhaus unweit des Sumpfs. Sie waren
zu fünft in der Familie, zwei Mädchen und drei Jungen, und
ihre Namen fingen alle mit S an. Es gab Sis und Sloppy, Stosher
und Sammy, und natürlich unseren guten Freund, Sixpence. Sis
und Sloppy waren beide sehr schön und versteckten sich immer
zwischen den Stachelbeeren vor uns. Wir spielten nur mit den
Brüdern. Sammy war zwar ein Krüppel, aber trotzdem einer der
agilsten Jungen im Dorf.

Ihr Hof war immer ein guter Spielplatz, und wir waren
gern mit ihnen zusammen. (Genau wie wir hatten sie keinen
Vater, doch anders als bei uns war ihrer tot.) So setzten wir uns
jetzt in der scharfen Hitze ihres Plumpsklos auf ein paar Baumstämme und schälten pfeifend die Rinde von unseren Stöcken,
spielten Mundharmonika, bauten einen Damm im Bach und
legten Häfen am kühlen Lehmufer an. Dann nahmen wir alle
Tauben aus dem Taubenschlag und tauchten sie in die Regentonne. Wir hielten sie unter Wasser, bis ihnen Blasen aus dem
Schnabel stiegen, dann warfen wir sie in die Luft. Die Tropfen
sprühten von ihren Schwingen, während sie ums Haus flatterten und dann aus lauter Blödheit in ihre Verschläge zurückkehrten. (Sixpence hatte eine einäugige Taube namens Spike, die
angeblich am längsten unter Wasser bleiben konnte, doch eines
Tages, nachdem das arme Tier alle Rekorde gebrochen hatte,
stürzte es über dem Kohlfeld ab und war tot.)

Als all das vorbei war, zogen wir uns auf die Weide zurück
und spielten Krickett unter den Bäumen. Sammy war trotz seiner Beinschienen überall und nirgends. Hennen und Perlhüh-
ner flüchteten sich auf die Bäume. Sammy stürzte sich hüp-

fend auf uns und schlug den Ball wie ein Verrückter, und wir verteidigten unsere Stäbe mit unserem Leben. Der zersplitterte Schläger, das Kreischen im Schilf, der Geruch des Federviehs und des Wassers, die langen Nachmittage und die steilen Hügel ringsum, und Sloppy, die uns noch immer aus den Stachelbeeren heraus beobachtete – es schien, als könnte hier unten nichts Schlimmes passieren und nichts uns je aus der Ruhe bringen. Dieser Ort gehörte Sammy und Sixpence, der Hof hinter der Schafwäsche, das von jeglicher Kontrolle unberührte Versteck, wo halb ersäufte Tauben fliegen und Krüppel ungehindert toben konnten und wo es in mancher Hinsicht immer Sommer war.

Sommer, das war auch plötzliche Fülle, müßige Stunden und Nichtstun, diamantfunkelnde Dunstschleier und Staub in den Augen. Das Tal lag in seinem frühsommerlichen Schlummer, wir begruben halb verweste Vögel, Mutter machte Mittagsschläfchen, Wespen und Libellen sausten hin und her. Sommer war Heuhaufen und Distelwolle, Schwärme weißer Schmetterlinge, Eier von Feldlerchen, Bienenragwurz und wimmelnde Ameisen, vorbeimarschierende Pimpfe, Hornsignale der Pfadfinder, Schweiß, der an den Beinen herunterlief, über einem Lagerfeuer geröstete Kartoffeln, glasblaue Flammen vor der Sonne, nackt im eiskalten Gebirgsfluss liegen, Pennies erbetteln, um sich Limonade zu kaufen, die nackten Arme der Mädchen und unreife Kirschen, grüne Äpfel und weiche Walnüsse, Kämpfe und Stürze und aufgeschrammte Knie, keuchende Verfolgungsjagden und Fluchten, Picknicks oben in gefährlichen Steinbrüchen, Butter, flüssig wie Öl, Sonnenstiche, Fieber und kühlende Gurkenschale auf der glühenden Stirn. All das, und das Gefühl, so bliebe es nun für immer, diese Tage würden nie enden. Die Pumpe trocknete ein, in der Regentonne krabbelte Ungeziefer, und der Kreideboden war hart wie Mondgestein. Alles, was man sah, leuchtete doppelt so hell wie sonst, die Gerüche waren doppelt so intensiv, die Ferientage doppelt so lang. Und wir wie Ameisen auf der Wiese, die von der Sonne mit doppelter Energie aufgeladen waren, nutzten das Licht bis zum letzten violetten Tropfen, und selbst dann hatten wir noch nicht genug.

Wenn es dunkel wurde und der gewaltige Mond aufging, erwachten wir zu einem zweiten Leben. Dann liefen einige von uns die Straße entlang und ahmten die Rufe wilder Tiere nach, Walt Kerry mit dem schrillen Schrei einer Wildkatze, Boney mit dem Heulen eines Schakals. Wenn wir sie hörten, stahlen wir uns aus dem Haus mit seinen stickigen Zimmern, traten hinaus in die Mondnacht, die so warm war wie der Tag, und stießen zu unserer kalkweißen, mondlichtmaskierten Bande.

Spiele unter dem Mond. Spiele vom Jagen und Fangen. Spiele, wie die Nacht sie verlangte. Am besten war Fuchsjagd – man durfte sich verstecken, wo man wollte, das ganze Tal stand uns zur Verfügung. Zwei Jungs liefen durch den Wald davon und wurden sogleich von den Schatten verschluckt. Wir gaben ihnen fünf Minuten Vorsprung und nahmen die Verfolgung auf. Sie konnten auf dem Kirchhof, in Gehöften, Scheunen, Steinbrüchen, auf den Bergen und in den Wäldern Zuflucht suchen. Sie hatten die ganze Nacht und den ganzen Mond und fünf Meilen Land, um sich zu verstecken …

Auf leisen Sohlen rannten wir unter den schmelzenden Sternen, durch nach Bärlauch duftende Wälder, durch blauglänzende Felder, folgten der Fährte und hielten uns an eine einzige Regel: Frage und Antwortschrei. Immer wieder blieben wir keuchend stehen und nahmen die Spur unserer Beute auf. Runde Köpfe reckten sich in die Höhe, helle Zähne schimmerten im Mondschein. »PFEIF ODER SCHREI – SONST IST DIE JAGD VORBEI!« Ein in die Länge gezogener Singsang. Vom anderen Ende des Hügels, über die weiten Dunstfelder hinweg, kam ein schwacher Fuchslaut zurück. Und schon ging es weiter, durch die hellwache Nacht, an schlaflosen Eulen und Dachsen vorbei, während unsere Beute in eine andere Gemeinde entwischte und es Stunden dauerte, bis wir sie hatten.

Um Mitternacht endlich spürten wir sie auf, ermattet unter einem Heuhaufen. Bis dahin hatten wir sie durch die ganze Welt verfolgt, durch Dschungel, Sümpfe und Tundren, über Pampas, Weizensteppen und Hochebenen voller Sternschnuppen, während die Hasen im silbernen Gras Hochzeit hielten und der riesige heiße Mond über uns emporstieg und in meinem Kopf Gezeitenkräfte der Nacht und des Sommers in Gang setzte, die bis heute wirken.

Krankes Kind

Als Kind prahlte ich mit der seltenen Eigenschaft, zwei Mal getauft worden zu sein. Das zweite Mal fand in einer Kirche statt und war eine rüpelhafte Angelegenheit. Ich war drei, stieß den Pfarrer vor den Kopf und bediente mich großzügig mit Weihwasser. Das erste Mal hingegen war den Umständen entsprechend ernst und ereignete sich kurz nach meiner Geburt. Skeptisch und stumm war ich zur Welt gekommen, ein schwächliches, lebloses Würmchen. Die Hebamme warf nur einen Blick in mein erschöpftes Gesicht und erklärte, dass ich den Tag nicht überleben würde. Alle waren derselben Meinung, auch der Arzt, und so warteten sie einfach, dass ich starb.

Meine Mutter aber, die sich mit meinem Verlust bereits abgefunden hatte, wollte unbedingt, dass ich in den Himmel kam. Sie dachte an die namenlosen kleinen Gräber, verborgen unter den Lorbeerbäumen des Friedhofs, wo kurz nach der Geburt verstorbene Säuglinge hinter dem Rücken des Vikars heimlich zwischen den Marmeladengläsern mit Kerzen beigesetzt worden waren. Sie erklärte, die Gebeine ihres Sohnes würden in geweihter Erde bestattet und nicht zwischen den armen Heidenkindern vermodern. Deshalb rief sie den Hilfspfarrer, der mich von allen Sünden freisprach, mit Wasser aus einer Teetasse taufte und mir drei Namen gab, damit ich sterben konnte.

Diese hastige Taufe erwies sich jedoch als überflüssig. Irgendetwas – wer weiß, was? –, eine uralte, von meinen Vorfahren stammende Zähigkeit vielleicht, half mir, diesen Tag zu überleben. Viele Monate blieb ich schwer krank, reglos, blind gegenüber meiner Umgebung, eine uneinbringliche Forderung des Lebens, von meiner Familie mehr oder weniger abgeschrieben. »Du hast dich weder gerührt noch geschrien«, erzählte meine Mutter später. »Du bist genau so liegen geblieben, wie ich dich hingelegt habe, wie ein kleines Götzenbild, und hast den ganzen Tag an die Decke gestarrt.« In dieser reglosen Ohnmacht war ich nichts weiter als Haut und Knochen gewesen, ein kaum atmender Klumpen Mensch. Ein Jahr lang überstand ich eine Krankheit nach der anderen, so viele, dass man ein ganzes Waisenhaus damit hätte leeren können: Diphtherie, Keuchhusten, Rippenfellentzündung, beidseitige Lungenentzündung und Lungenembolie. Meine Mutter sah alles mit an, konnte aber nichts tun und wartete ohne jede Hoffnung ab. Damals starben kleine Kinder wie die Fliegen; ihre Krankheiten waren noch nicht richtig erforscht. Wie zum Ausgleich waren die Familien entsprechend groß; man ging allgemein davon aus, dass mindestens ein Viertel aller Neugeborenen nicht überleben würde. Mein Vater hatte bereits drei Kinder verloren und rechnete auch bei mir damit.

Doch still und heimlich schlug ich mich durch – dank unbekannter Kräfte, aber auch mit Hängen und Würgen. Der heikelste Moment kam, als ich achtzehn Monate alt war und Mrs Moore, eine Nachbarin, auf mich aufpassen sollte. Meine Mutter brachte gerade meinen Bruder zur Welt – damals wurden wir noch alle zu Hause geboren. Mrs Moore, eine Negerin, war zu Hilfe gerufen worden, um die Kinder zu waschen und ihnen eine Suppe zu kochen. Sie war ein lustiges Geschöpf mit hervorquellenden Augen, das aussah, als wäre es einem Voodoo-Kult entsprungen. Sie erfüllte den Auftrag mit primitiver Lässigkeit. Während sie noch auf uns aufpasste, bekam ich eine zweite Lungenentzündung. Was dann folgte, erzählte man mir später ...

Offenbar war Tony erst zwei Tage alt, als Mutter Lunte roch. Die elfjährige Dorothy war nach oben gekommen, um ihr einen Besuch abzustatten. Sie spielte eine Weile mit dem Baby, knabberte ein paar Kekse und setzte sich dann pfeifend aufs Fensterbrett.

»Wie kommt ihr zurecht?«, fragte Mutter.

»Ganz gut«, meinte Dorothy.

»Seid ihr auch brav?«

»Ja, Ma.«

»Und was macht ihr?«

»Ach, nicht viel.«

»Wo ist eigentlich Marjorie?«

»Draußen im Garten.«

»Und Phyllis?«

»Schält Kartoffeln.«

»Was ist mit den anderen?«

»Harold putzt seinen Karren. Jack und Frances sitzen auf der Treppe vor dem Haus.«

»Und Laurie? ... Wie geht es Laurie?«

»Oh, Laurie ist tot.«

»Was?«

»Er war auf einmal ganz gelb. Sie haben ihn aufgebahrt ... «

Mutter stieß einen ihrer berühmten Schreie aus und sprang aus dem Bett.

»Unseren Laurie bahrt keiner auf ...«

Schwer atmend tastete sie sich die Treppe hinab, taumelte

auf die Küche zu, und tatsächlich: Da lag ich, nackt ausgestreckt auf dem Tisch, am ganzen Körper gelb, genau wie Dorothy gesagt hatte. Mrs Moore summte fröhlich vor sich hin, während sie meinen Körper mit einem Schwamm bearbeitete, als bereitete sie ein Hühnchen fürs Abendessen vor.

»Was fällt Ihnen ein?«, rief meine Mutter.

»Das arme Jungchen, es is von uns gegangen«, sagte die Negerin fröhlich. »Zu den Engeln aufgefahrn. Ich dachte, ich wasch ihn lieber, für den Sarg, wollte Sie bloß nich behelligen, Mum.«

»Sie grausames, böses Weib! Unser Laurie ist nicht tot – sehen Sie doch nur seine gesunde Farbe!«

Mutter riss mich von dem Tisch, wickelte mich in eine Decke und trug mich zurück in mein Bettchen. Dabei verfluchte sie Mrs Moore, beschimpfte sie als Leichenräuberin und rief alle Heiligen an, um sie zu fragen, wozu sie eigentlich taugten. Irgendwie überstand ich auch das – wenngleich mein Leben an einem seidenen Faden hing, jawohl, einem seidenen Faden. Wie leicht hätte ich Mrs Moores kaltem Schwamm zum Opfer fallen können. Meine Rettung verdankte ich einzig und allein Dorothys Langeweile.

Kurz darauf starb meine Schwester Frances. Sie war ein schönes, zartes Kind mit dunklen Locken, die einzige Tochter meiner Mutter. Obwohl sie erst vier war, hatte sie immer wie ein Kindermädchen auf mich aufgepasst, den ganzen Tag an meinem Bettchen gesessen und in Kindersprache auf mich eingeredet. Niemand hatte bemerkt, dass sie selbst todkrank war, so sehr waren alle mit mir beschäftigt gewesen. Sie starb ganz plötzlich, still, ohne Klage, in dem Sessel, der in einer Ecke meines Zimmers stand. Ein Tod aus Unwissenheit, der vermeidbar gewesen wäre – und ich glaube, sie hat mir ihr Leben geschenkt.

Aber zumindest wurde sie betrauert. Kein Tag verging, an dem Mutter nicht Tränen um sie vergossen hätte. Außerdem wachte sie ab jetzt mit Argusaugen über uns und achtete besser auf unsere Gesundheit. So wurde ich kein blasses, kränkliches Kind, war aber auf eine andere Art trotzdem krank, denn ich pendelte regelmäßig zwischen strotzender Gesundheit – wie die anderen Jungs – und dem unausweichlichen Rückfall in die gespenstisch fahle Zeit des Krankseins, wenn es nur Heiß oder Kalt, Hässlich oder Brutal gab. Ging es mir gut, konnte ich mich behaupten; niemand schonte mich, denn ich sah nicht so aus, als fehlte mir etwas. Doch wenn ich krank war, verschwand ich einfach von der Bildfläche und tauchte wochenlang ab. Kam das Fieber im Sommer, lag ich schwitzend in meinem Bett und wusste nie so recht, wer von uns beiden nun krank war, das Wetter mit seiner glühenden Hitze oder ich. Doch im Winter zündeten sie ein Feuer im Schlafzimmer an, und dann wusste ich, dass ich wirklich krank war. Waschbecken konnten einfrieren, Eiszapfen an den Dachrinnen hängen – trotzdem blieben unsere Schlafzimmer normalerweise ungeheizt, doch ein Feuer im Kamin, vor allem in Mutters Schlafzimmer, war ein Zeichen dafür, dass jemand ernsthaft krank war.

Sobald ich die üblichen Symptome bemerkte – federleichte Hände, Schwindel und bei jedem Atemzug das Gefühl spitzer Dornen in der Lunge – dachte ich als Erstes an meine Trugbilder und schickte Nachrichten an die besorgte Umgebung. Wenn ich mit Fieber aufwachte, fielen mir meine Untertanen ein, und ihre Anteilnahme war immer sehr tröstlich. Morsezeichen, gegen das Geländer des Bettchens geklopft, übermittelten kurze, sparsame Informationen. »Er ist krank.« (Ich stellte mir erste Anzeichen von Beunruhigung vor.) »Er hat es seiner Mutter erzählt.« (Teilweise Erleichterung.) »Er leistet verbissen Widerstand.« (Fürbitten in den Kirchen.) »Es geht ihm schlechter.« (Verzweifeltes Geschrei in den Straßen.) Es gab Zeiten, in denen ich zu Tränen gerührt war bei dem Gedanken an mein besorgtes Volk, die unsichtbaren Massen landauf landab, die angesichts der Bedrohung ihres Königs im Kummer vereint waren. Wie kläglich warteten sie auf jedes einzelne düstere Bulletin, und wie tapfer hielt ich mich unterdessen. Gewiss, ich strengte mich an, um ihnen etwas zu bieten, worüber sie sich Sorgen machen konnten, aber ich ermahnte sie auch, stark zu sein. »Er wünscht keine Sonderregelungen. Nur Flaggen und Panzer. Ein oder zwei Paraden. Und vielleicht drei Schweigeminuten.«

Damit war ich den ganzen ersten Morgen beschäftigt, wenn das Fieber noch frisch war, doch gegen Einbruch der Dunkelheit fantasierte ich gewöhnlich. Meine Arme und Beine gaben als Erste auf, sie splitterten wie Holzklötze, sodass ich das Gefühl bekam, Dutzende von Armen zu haben. Als Nächstes verlor das Bett seine Grenzen und verwandelte sich in eine Wüste aus heißem, feuchtem Sand. Ich fing an, mich mit einem zweiten Kopf zu unterhalten, der neben mir auf dem Kopfkissen lag wie ein naher Verwandter. Er gab nie Antwort, sondern lag einfach nur da und grinste mich eiskalt an. Als Nächstes lösten sich die Wände des Zimmers auf, wölbten und wellten sich, sie dröhnten, zerfaserten wie Blätterteig, schmolzen wie Zucker und sonderten widerliche Farben ab. Dann trat aus den Wänden und von der Decke reihenweise ein unfassbares Lächeln hervor, locker, entspannt, zuerst keineswegs bedrohlich, aber dann hörte es gar nicht mehr auf. Selbst das Grinsen eines Irren kommt irgendwann zum Ende, dieses aber harrte stumm aus, wurde breiter, kälter und immer verbissener, bis das kranke Blut in meinen Adern kochte. Es war ein Lächeln wie das der Katze in Alices Wunderland, ohne Gesicht oder Konturen, und ich konnte einfach hindurchsehen und den Raum dahinter erkennen. Dennoch hing es über mir wie ein Fleck in der Luft, eine Parade von Lächeln im Raum, erbarmungslos, grausam; eine lächerliche Verlächelung ungelächelten Lächelns, nicht mal das Lächeln eines Fremden, sondern das eines Niemands, das sich in blendender Stille ausbreitete, unaufhörlich, wissend, fort und fort ... bis ich schreiend am Geländer des Bettes rüttelte.

Daraufhin kehrten die Wände wie auf einen Paukenschlag an ihre Plätze zurück, und alles war wieder normal. Die Küchentür öffnete sich, Schritte polterten die Treppe herauf, und die Mädchen stürzten ins Zimmer. »Er sieht wieder Gesichter!«, tuschelten sie. »Schon gut«, sagten sie dann laut. »Schon gut. Sie sind weg. Hier, trink ein leckeres Glas Limonade.« Und dann tupften sie mir den Schweiß von der Stirn und hoben die Laken vom Boden auf. Ich lag eine Weile still, während sie aufgeregt durcheinanderwuselten. Aber was sollte ich ihnen denn auch sagen? Dass ich keine Gesichter gesehen hatte – sondern nur Lächeln? Ich versuchte es, kam aber nicht weit.

Später, als sich die rote Nacht um mich schloss, war ich kaum noch bei Bewusstsein. Ich hörte mich singen, stöhnen, reden, und die Töne waren wie Hände auf meinem Körper. Das Blut kochte, die Haut erschauerte, die Zähne klapperten und knirschten, die Knie zogen sich hoch bis zum Mund. Ich lag in einer heimtückischen Schweißlache, die mich abwechselnd in heißen Dampf hüllte oder vor Kälte erstarren ließ. Mein Hemd war so etwas Ähnliches wie ein allumfassender Himmel, der feucht auf meiner Gänsehaut lag und über den in regelmäßigen Abständen heiße Winde aus Afrika und arktische Schneestürme fegten. Wieder löste sich alles im Raum auf, die Bilder malten sich neu, Gegenstände bewegten sich hin und her, veränderten ihre Gestalt, schwollen zu Ungeheuern an oder verflüchtigten sich in unermesslichen Weiten. Die Kerzenflamme warf Schatten wie Umhänge, die wieder alles verhüllten, richtete sich zu einer elfenbeinernen Heiligenfigur auf oder fiel kichernd zu einer Kugel zusammen. Ich hörte Stimmen, die sich nicht beherrschen konnten; entweder wisperten sie kaum hörbar oder platzten unvermittelt mit einem grandios widerhallenden Wort heraus: »Schaufel!« zum Beispiel oder »Altmännerohren!« Bei einem solchen Ruf durchfuhr mich ein entsetzlicher Nachhall; es war, als hätte ein Pferd gegen ein Klavier getreten.

Ich war es selbst, kein Zweifel, der diese Worte sprach, und solche Monologe hielten stundenlang an. Manchmal antwortete ich bewusst, doch meistens lag ich nur da und horchte oder sah zu, wie sich aus den dunklen Ritzen des Zimmers aschfahle Alpträume kräuselten … Eine solche Fiebernacht machte alles langsamer, als hätte man die Standuhr mit heißen Tüchern verstopft. Unter der Oberfläche des Schlafs trieb ich dahin wie ein Tümmler in tropischen Gewässern, hörte durch wässrige Höhlen das Echo des Hauses, folgte den Tunneln meiner endlosen Träume, tauchte dann nach Jahren der Erfahrung, in denen ich viele Leben gelebt und viele Tode gestorben war, aus klaftertiefen Abgründen wieder auf und entdeckte, dass sich der Mond im Fenster keinen Zoll weiterbewegt hatte und die Welt nicht eine Minute älter geworden war.

Zwischen Schlafen und Wachen durchlebte ich zehn Generationen, und diese lange Entwicklung schwächte mich, doch wenn ich schließlich aus dem endlosen Delirium erwachte, erschien mir die reale Welt plötzlich wunderschön. Während ich schlief, hatte sie das Fieber abgestreift und war friedlich geworden; nun umhüllte sie mich wie eine Glasglocke. Erfrischt lauschte ich eine Zeitlang ihren entlegensten Geräuschen: dem Rauschen des Flusses, dem Rascheln der Blätter, dem Flattern der Vögel, dem Blöken eines Bergschafs, dem fernen Quietschen eines Tors, dem Schnauben eines Pferdes auf der Weide. Aus der Küche unter mir drang vertrautes Murmeln, Schritte kamen die Straße hinauf, eine Stimme sagte Gute Nacht, eine Tür schloss sich knarrend – manchmal stieß auch ein Junge einen Schrei aus, klar wie der Ruf eines Tieres in der Dunkelheit, auf den ein anderer aus der Ferne antwortete. Unaussprechlich berührt von diesen kostbaren Klängen lag ich da, als wäre ich soeben wieder zum Leben erwacht. Dann kehrte das Fieber zurück, so wie immer, der Raum begann zu flüstern und zu tanzen, die abgebrannte Kerze fauchte und flackerte, ich sah, wie der Docht sich krümmte und erlosch … und Dunkelheit umfing mich, ein alles verschlingendes Dunkel, ein dichtes, konzentriertes Schwarz. Eine Reihe von verhüllten Laternen schwang von den Dachbalken herab und trieb lächelnd auf mich zu. Und wieder hämmerte ich voller Angst gegen das Geländer des Bettes und rief laut nach den Schwestern und nach Licht.

Solche Schübe von Delirium waren bekannte Erscheinungen, und meine Familie hatte sich längst daran gewöhnt. Jack fragte, ob ich denn wirklich so viel stöhnen musste, und Tony beobachtete mich in verstohlener Erwartung; meistens aber behandelte man mich wie einen Hund mit Staupe und wartete, bis ich von selbst wieder auf die Beine kam. Diese dramatischen Fieberschübe trafen mich unvermittelt und heftig, waren aber auch schnell vorbei. Es folgte eine angenehme Genesungsphase, in der ich von Milchpudding und Zwieback lebte, bis es mir langweilig wurde. Dann stand ich auf und ging aus dem Haus, fing einen Streit an, und das Kranksein war vorüber. Abgesehen von den Delirien, die mich verwirrten und verunsicherten, fühlte ich mich nicht wirklich krank, und trotz des Geredes über angegriffene Lungen und TB kam es mir nie in den Sinn, dass ich sterben könnte.

Als ich mich eines Nachts wieder durch einen solchen Schweißausbruch kämpfte, der nicht anders zu sein schien als alle anderen, erlitt ich einen Schock, der mir eine beinahe wollüstige Ehrfurcht einflößte. Wie üblich war das Fieber heftig aufgeflammt, und ich wälzte mich in seiner vertrauten Glut, als ich mitten in der Nacht mit völlig klarem Kopf aufschreckte und die ganze Familie um mein Bett versammelt fand. Sieben Augenpaare voller schrecklicher Vorahnungen starrten auf mich herab, nein, nicht mich, sondern etwas in mir. Mutter stand da und rang hilflos die Hände; die Mädchen schluchzten lautlos. Selbst Harold, der sich normalerweise keine Gefühle anmerken ließ, wirkte blass und angespannt im Schein der Kerze.

Ich war überrascht von ihrem Schweigen und dem Blick in ihren Augen, einer Mischung aus Angst und Trauer. Was hatte sie mitten in der Nacht dazu gebracht, heulend an meinem Bett zu stehen? Ich hatte es warm und gemütlich; ich war ganz ruhig und auch belustigt, als hätte ich ihnen auf irgendeine Art einen Streich gespielt. Dann fingen plötzlich alle an zu flüstern: um mich herum, über mir und über mich hinweg, aber nie direkt an mich gewandt.

»So war er noch nie«, sagte einer, »hört bloß mal, wie es rasselt, wenn er Luft holt.«

»Und so schrecklich blass haben wir ihn auch noch nie gesehen.«

»Es ist grausam – das arme Würmchen!«

»Er war so ein fröhlicher kleiner Knirps, buuhuu!«

»Schon gut, Phyl, reg dich nicht so auf.«

»Ob der Vikar um diese Zeit kommen würde?«

»Am besten läuft jemand rüber und holt ihn.«

»Wir sollten auch Jack Halliday Bescheid sagen. Er könnte mit dem Fahrrad runterfahren und den Arzt benachrichtigen.«

»Wir müssen bei ihm bleiben, Ma. Er keucht so furchtbar.«

»Vielleicht sollten wir seinem Dad telegrafieren …«

Bei völlig klarem Bewusstsein hörte ich das alles und war drauf und dran, mich an dem Getuschel zu beteiligen, doch ihr seltsamer Tonfall zwang mich zum Schweigen, irgendeine seltsame Bedrohung in ihrer Art, und auch so etwas wie ängstliche Scheu in ihren Blicken und Stimmen, als erblickten sie schon den Schatten des Todes über meinem Bett. Da erst begriff ich, dass ich sehr krank war, obwohl ich keinerlei Schmerzen hatte und mein Körper sich ganz normal anfühlte. Stumm bereiteten sich die Mädchen auf ihre Nachtwache vor, indem sie sich in ihre Schals hüllten. »Ruh dich ein bisschen aus, Ma – wir rufen dich später.« Feierlich ließen sie sich rings um mein Bett nieder, falteten die Hände im Schoß und erforschten mit übernächtigten Augen mein Gesicht nach den ersten Anzeichen einer entscheidenden Veränderung. Umgeben von der Stille dieser wartenden Gestalten inmitten einer eisigen Nacht dämmerte mir zum ersten Mal in meinem Leben, dass ich tatsächlich sterben könnte.

Mehr weiß ich nicht mehr von diesem düsteren Vorfall –
ich glaube, ich bin einfach eingeschlafen. Meine Lider schlossen
sich über dem verschwommenen Anblick meiner Schwestern,
die meine letzte Wahrnehmung auf Erden hätten sein können.
Als ich am nächsten Morgen erwachte, war die Krise zur Überraschung aller offensichtlich überstanden. Und abgesehen von
der mitternächtlichen Erscheinung und dem anschließenden
Verhalten des Dorfes hätte ich nie von der Gefahr erfahren.

Viele Wochen schlief ich anschließend in Mutters Zimmer,
wo den ganzen Tag ein Holzfeuer im Kamin brannte. Meine
Klassenkameraden pilgerten im Sonntagsstaat herbei, um mir
Blumen zu bringen. Mädchen schickten mir mit Küssen bemal-
te Hühnereier, Jungs schleppten ihre kaputten Spielzeuge an.
Selbst meine sonst so hartherzige Lehrerin kam mit einer Tüte
voller Nüsse und Süßigkeiten. Schließlich erzählte mir Jack,
der das Geheimnis nicht länger für sich behalten konnte, dass
man an zwei aufeinanderfolgenden Sonntagen in der Kirche
für mich gebetet hatte, jeweils kurz vor der Kollekte. Damit
war mein Kelch gefüllt, ich fühlte mich unsterblich; nur wenige
Menschen hatten eine solche Ehre überlebt.

Diesmal wurde ich während der anschließenden Gene-
sung noch mehr verhätschelt als sonst. Ich lebte von Brühe
und trockenen Keksen. Täglich rieb man mich mit Kampferöl
ein und machte mir heiße Umschläge. So lag ich da, umhüllt
von scharfen, aromatischen Dämpfen, und vertrieb mir die Zeit
mit Spielen. Auf meinem Bett stapelten sich Murmeln und
Comic-Hefte, gepresste Blüten, alte Patronenhülsen, Klapp-
messer, Zündkerzen, Heuschrecken und mehrere ausgestopfte
Hänflinge.

Ich nutzte den Vorteil meines Zustands schamlos aus und

hatte eine einfache Methode, wenn es ganz schlimm wurde. Vor allem, wenn ich meine Medizin nehmen sollte, ein widerwärtiges Gebräu.

Meine Schwestern hatten die Aufgabe, sie mir einzutrichtern. Mit ausgestrecktem Löffel kamen sie gurrend auf mich zu.

»Na los, Kleiner – Eins! Zwei! Drei!«

»Danach darfst du auch das Marmeladenglas auslecken ...«

»Wir halten dir die Nase zu. Dann schmeckst du nichts.«

Ich schielte ausdruckslos vor mich hin.

»Sei ein braves Kind. Nur diesen einen Löffel. Runter damit!«

»Archie sagt nein«, erwiderte ich.

»Was?«

»Archie will nicht«, sagte ich. »Archie will nicht. Archie mag nicht. Archie weigert sich. Sagt Archie.«

»Wer ist Archie?«, flüsterten sie und sahen einander kopfschüttelnd an. Anschließend ließen sie mich gewöhnlich in Ruhe.

Nach dem Fieber waren Körper und Geist leicht wie taufrisches Gemüse. Die Krankheit hatte mich komplett ausgezehrt, sodass ich nun kaum noch Substanz hatte. Nachdem ich so lange in diesem düsteren, fiebrigen Raum verbracht hatte, war ich von den fantastischsten Vorstellungen erfüllt. Ich fühlte mich bleich und blutleer, ohne Organe, durchlässig für Farbe und Klang, wenn die Lichter des Fensters, die den Staub durcheinanderwirbelnde Luft, die hellen Zacken des Feuers und die weichen, leckenden Zungen der Kerze mein Inneres durchfuhren. Hitze, Spiegelbilder, Flüstern und Schatten huschten um mich herum, als wäre ich aus Glas. Es kam mir vor, als wäre ich körperlos, ein bloßer Abdruck auf den Laken, fadenscheinig wie ein Netz im

Wasser. Welche ekelhaften menschlichen Abfälle, dumpfen Gallerten, ungenutzten Salze aus mir herausgespült worden waren, konnte ich nicht sagen, doch meine Sinne waren jetzt derart qualvoll geschärft und empfindlich, dass sie bei jeder Regung der Welt mitschwangen, auf jedes Heben und Beben reagierten, draußen ebenso wie drinnen, als wäre ich dabei, meine gesamte Welt neu zu kartografieren.

Wenn ich morgens feucht und matt erwachte, war das Tageslicht wie die Milch des Paradieses; es ergoss sich in strahlenden Fluten durch die Fenster, in Strömen von Grün und Blau, die Bruchteile von Vogelsang, Blüten, Stimmen und den triefenden Ölfarben des Himmels enthielten. Ihr Licht schwemmte Nacht und Alpträume hinaus und zeigte mir den normalen Tag, sodass das Erwachen zu einem Moment der Dankbarkeit wurde, vielleicht so, wie ihn Wilde empfunden haben mögen. Die Gegenstände im Zimmer legten ihre Hexenmasken ab und zeigten sich in beinahe beschämender Normalität. Auf den vertäfelten Wänden glänzten Maserung und Knoten; der Spiegel verzeichnete nur das, was da war, die Bilder waren umrahmt von morgendlichem Gold, alles nahm wieder seine vertraute Gestalt an. Ich seufzte und streckte mich wie ein an den Strand gespülter Seemann, der wieder festen Boden unter sich spürt; die wilde See ist verschwunden, grünes Laub umgibt ihn, auf wunderbare Weise ist er gerettet.

So lag ich jeden Morgen in dankbarer Entrückung. Ich nahm Witterung auf und roch die Federn im Zimmer, das Wasser im Waschkrug, den Staub in den Ecken, den angenehmen Duft von Glas und Papier, die trockenen Steine vor dem Fenstersims, die Bienen in den Geranien, das Holz des Bleistifts neben meinem Bett, die erloschene Kerze und das Feuer im

Zündholz. Doch ich fühlte auch, ohne hinsehen zu müssen, wie es um den frühen Tag bestellt war: die Richtung des Winds, der durch die Bäume fuhr, ob Kühe auf der Weide standen und die Hühner gefüttert waren, das Gartentor offen oder geschlossen war und wie schwer die Wolken am unsichtbaren Himmel hingen. Immer wusste ich genau, wie warm es war. Von meinem Bett aus spürte ich das ganze Tal auf der Oberfläche meiner Haut, das Vergehen der Zeit, den Zyklus des Jahres, das Wetter und das neue Leben. In pantheistischem Überschwang verschmolz ich mit dem Dorf, als wäre mein Schicksal unauflöslich mit dem seinen verbunden, und nun, geläutert von meinem Fieber, eiskalt, aber lebendig, würde ich es nie wieder verlieren können …

Dann kam Mutter mit meinem Tablett fröhlich trällernd die Treppe herauf wie eine vom Wind getragene Lerche.

»Ich habe dir ein Ei und einen heißen Becher Kakao mitgebracht. Außerdem ein paar hauchdünne Scheiben Brot mit Butter.«

Das frisch gekochte Ei schmeckte wie sonnenwarmes Manna, der Kakao schäumte und dampfte, und das Brot – nur für Kranke bestimmt – war so dünn, dass man den Teller hindurchschimmern sehen konnte. Ich schlang es hinunter und gab mir Mühe, schwach und elend auszusehen, während Mutter die Laken glattzog, mir Stifte und Malbuch, Murmeln und Spielzeug brachte und von zukünftigen Herrlichkeiten plapperte.

»Ich gehe nach Stroud und besorge dir einen Malkasten. Und vielleicht ein paar Lakritze. Alle möglichen Leute haben nach dir gefragt. Sogar Miss Cohen – stell dir vor!«

Mutter saß auf der Bettkante und betrachtete mich voller Stolz. Liebe umgab mich auf allen Seiten; ich konnte nichts falsch machen. Wenn ich aufstand, musste ich kein Feuerholz hacken, und einen ganzen Monat lang würde niemand mit mir schimpfen. Ach, wie groß war die Versuchung, für immer krank zu bleiben …

Lungenentzündung: Dafür war ich bekannt, und ich machte ein großes Getue darum. Aber das war keineswegs meine einzige Waffe: Ich hatte auch kleinere Krankheiten, darunter im Lauf von nur wenigen Jahren Gürtelrose, Windpocken, Masern, Mumps, Hautflechte, Polypen, Nasenbluten, Läuse, Ohrenschmerzen, Bauchweh, Schwindelanfälle, Taucherkrankheit, Scharlach und durch Schleimhautentzündung bedingte Taubheit.

Und eines Tages bekam ich, sozusagen als Tüpfelchen auf dem i, eine Gehirnerschütterung. Ein Fahrradfahrer fuhr mich in einer stockdunklen Nacht über den Haufen, und ich lag zwei Tage im Koma. Als ich wieder zu mir kam, verbeult und zerschrammt, hatte sich eine meiner Schwestern in den Fahrradfahrer verliebt – einen hübschen jungen Fremden aus Sheepscombe, den auch meine Mutter wirklich umwerfend fand.

Doch meine jugendliche Karriere von Schocks und Fieber bestätigte zumindest eines: Wäre ich ein Schwächling gewesen, hätte ich sicher nicht überlebt; an meiner Zähigkeit bestand also kein Zweifel. Wie gesagt, zu dieser Zeit starben die Kinder noch wie die Fliegen, wenn die Lunge betroffen war und man nicht viel mehr tun konnte, als Kohlenteer verbrennen und beten. In den kalten Dorfhäusern mit den schimmeligen Wänden, klammen Betten und feuchten Böden konnten Kinder innerhalb eines Jahres erkranken und sterben, und normalerweise traf es die Stärksten. Ich war nicht stark, ich war nur zäh und von meinen diversen Krankheiten immunisiert. Doch manchmal, wenn ich darüber nachdenke, habe ich den Verdacht, dass ich dem Tod nur knapp entronnen bin.

Seltsamerweise war es keine Krankheit, sondern der Unfall, der mich am meisten beeinflusst hat. Dieser nächtliche Schicksalsschlag, der mir die Gehirnerschütterung einbrachte, zeichnete mich für immer – er hat meiner Stirn ein dunkles Mal aufgedrückt und eine unheimliche Tür in meinem Hirn aufgestoßen, eine Tür, durch die regelmäßig etwas eindringen kann, Boten, deren Worte ich nicht verstehe, Blicke auf Welten, die ich nie ganz fassen kann, Melancholie, Überschwang und Panik.

Die Onkel

Unsere Familie war groß, selbst für die kinderreichen Verhältnisse jener Zeit, und wir waren besonders reich mit Onkeln ge-
segnet. Dabei ging es weniger um ihre Anzahl als ihre Lebens-
art, die sie in den Augen von uns Jungs zu legendären Gestalten
machte, die Mädchen hingegen mit Sorgen und Aufregung erfüllte. Onkel George – der Bruder unseres Vaters – war ein hagerer Hallodri mit Schnauzbart, der in den Straßen Zeitungen
verkaufte, meistens in Lumpen herumlief und angeblich ein
Vermögen in Gold besaß. Doch von Mutters Seite kamen noch
fünf weitere Onkel hinzu: stämmige, trinkfeste Helden, die wir
liebten und als Idole unserer Jugend verehrten. Angesichts der
Zuneigung, die wir ihnen entgegenbrachten, und des Stolzes,

der uns ihretwegen erfüllte, werden sie mir das Folgende hoffentlich nicht übel nehmen.

Großpapa Light – der die elegantesten Beine von allen Kutschern in Gloucestershire hatte – zog seine fünf Söhne in einer Welt voller Pferde auf und übertrug einen Großteil seiner Fähigkeiten auf sie. Zwei von ihnen kämpften gegen die Buren, und alle fünf waren Kavalleristen im Ersten Weltkrieg, wo sie die Massaker von Mons und Ypres überlebten, sich durch ein paar weitere Schlachten geschickt hindurchschlängelten und schließlich alle mit dem einen oder anderen Granatsplitter im Leib zu Ruhe und Frieden zurückkehrten. In meinen frühesten Erinnerungen sehe ich sie als khakifarbene Schimären auf Urlaub zu Hause, vierschrötig, riesig, die Beine in Gamaschen, die einen süßen Duft nach Leder und Hafer verströmten. Sie erschienen uns wie alte Kämpen, die vom Schlachtfeld kamen und den ganzen Tag wie Tote schliefen. Dann wichsten sie ihre Stiefel, polierten die Messingknöpfe ihrer Uniformen und kehrten in den Krieg zurück. Es waren starke Männer, bereit, Blut

zu vergießen, eine Handvoll Onkel, die sich gegen den Feind erhoben, höllische Reiter der Apokalypse, und jeder von ihnen halb Mensch und halb Pferd.

Erst nach dem Krieg fächerte sich diese Bruderschaft von Rächern in meinem Bewusstsein auf, und ich war imstande, sie als Individuen zu sehen und zu begreifen, wer sie waren. John Lights Söhne, die fünf Light-Brüder, zierten so manche lokale Legende. Man bewunderte ihre ungestüme Art, ihre kräftigen Arme und ihren lässig auftrumpfenden Verstand. »Wir stammen aus der ältesten Familie der Welt. Wir gehen zurück bis auf die Genesis. ›Es werde Licht‹, sprach Gott, der Allmächtige – und das war lange vor Adam …«

Die Onkel wurden alle zu Kutschern ausgebildet und wollten dem Beispiel ihres Vaters folgen, doch die Armee entließ sie in eine veränderte Welt, und als ich alt genug war, um zu erfassen, was sie machten, arbeitete nur einer mit Pferden, alle anderen hatten andere Werdegänge eingeschlagen. Einer hatte mit Bäumen zu tun, ein anderer mit Motoren, wieder ein anderer war Seemann, und der letzte beteiligte sich am Aufbau der kanadischen Eisenbahn.

Onkel Charlie, der Älteste, war meinem Großvater am ähnlichsten. Er hatte dasselbe lange Gesicht, dieselben wohlgeformten, mit Gamaschen umwickelten Beine, verbreitete denselben von Tabakrauch gefärbten Geruch und sprach mit derselben bedächtigen Stimme, die von einem schweren Gloucester-Bass gefärbt war. Er erzählte uns lange Geschichten von Krieg und Entbehrung, wie er Pferde im Schlamm von Flandern gezähmt und auf dem Schlachtfeld mit Tricks überlebt hatte, die jeder Art von konventionellem Heldentum spotteten. Das alles schilderte er mit unbewegter Miene, aber voller Humor und erfrischender Selbstironie, sodass die Bewältigung der diversen Klemmen, in denen es immer um Leben und Tod ging, nicht mehr zu sein schien als ein gekonnter Sieg beim Kartenspielen.

Nachdem er aus seinen geheimnisvollen Kriegen nach Hause zurückgekehrt war, hatte er eine Arbeit als Förster angenommen und lebte inzwischen mit seiner Frau und vier wunderschönen Kindern in den Wäldern der Umgebung. So oft er auch umzog, alle Häuser, in denen er sich einrichtete, nahmen den Waldcharakter seines Berufs an und erinnerten mich an Köhler oder die einsamen Waldhütten aus den Märchen der Brüder Grimm. Wir Jungs kannten nichts Besseres, als Onkel Charles' Familie im Wald zu besuchen. Immer war das Haus von süßem Rauch erfüllt, stapelte sich im Hof das Holz für den Winter, und an den Giebeln und Türpfosten hingen Marderschwänze, Fuchsfelle, Krähengerippe, Fallen und Mäuse. In der Küche lehnten Äxte und Gewehre an der Wand, ein Steinkrug mit Ingwerbier stand in der Ecke, und auf dem gigantischen Feuer schmurgelte ein Eintopf mit Taubenfleisch oder einem frisch gehäuteten Hasen.

Es gab ein seltsames Geheimnis in Onkel Charlies Vergangenheit, das selbst Mutter nicht lüften konnte. Nach dem Ende des Burenkriegs hatte er eine Zeitlang als Barmann in einer südafrikanischen Diamantenstadt gearbeitet. Das war damals, in der gesetzlosen Zeit, als es noch zu den Aufgaben eines Barmanns gehörte, Betrunkene bewusstlos zu schlagen. Onkel Charlie war offensichtlich dafür geeignet, denn in seiner Jugend muss er stark wie ein Löwe gewesen sein. Die Schürfer kamen aus ihren Zeltlagern herab, mit Taschen voller Diamantenstaub, bestellten ganze Whiskyfässer, betranken sich bis zur

Besinnungslosigkeit und fingen an, den Saloon abzufackeln ...
Dann schlug Onkel Charlies Stunde. Er war die unangefoch-
tene Autorität in den berüchtigten Spelunken, er schwang die
Flaschen und setzte die Randalierer reihenweise außer Gefecht.
Doch auch er war kein Supermann und bekam seinen Anteil an
Narben ab. Eines Nachts benutzten die Männer ihn als Ramm-
bock, um einen Schnapsladen aufzubrechen. Zwei Tage hatte
er mit gebrochenem Schädel flachgelegen und konnte immer
noch eine Beule vorweisen, um es zu bezeugen.

Dann verschwand er für zwei oder drei Jahre und tauchte
in den Rotlichtvierteln von Johannesburg unter. In dieser Zeit
kamen weder Briefe noch sonstige Nachrichten zu Hause an,
und was damals mit ihm losgewesen war, wurde nie geklärt. Eines Tages kreuzte er ohne jede Vorwarnung in Stroud auf, blass,
hager und ohne einen Penny in der Tasche. Er sprach nicht darüber, wo er gewesen war oder was er getrieben hatte, erklärte
jedoch seine Wanderjahre jetzt für beendet. Und so kam es,
dass eine junge Frau aus unserem Bezirk, die hübsche Fanny
Causon, ihn zum Mann nahm.

Damals ließ er sich in den angrenzenden Wäldern nieder
und wurde zu einem der besten Förster in den Cotswolds. Seine
Arbeitgeber überhäuften ihn mit Lob und Schmeicheleien und
bezahlten ihn schlecht; trotzdem war er zufrieden zwischen
seinen Bäumen. Er brachte seine Familie mit dem Lohn eines
gewöhnlichen Arbeiters durch, ernährte sie mit Wild aus den
Wäldern, erzog seine Töchter allein mit Humor und brachte
seinen Söhnen die Sprache des Herzens bei.

Es war wie eine Offenbarung, ihm bei der Arbeit zuzusehen, in einer gerodeten Lichtung etwa, wo er die jungen Setz-
linge behandelte wie frisch ausgebrütete Küken, vorsichtig ihre

faserigen Wurzeln ausschüttelte und sie dann an den Hängen und in den Mulden fest in die kleinen Nester setzte, die er mit bloßen Händen geschaffen hatte. Seine Bewegungen waren zärtlich und dennoch von instinktiver Sicherheit erfüllt; die Jungpflanzen vertrauten sich seiner Obhut willig an. Es war, als breiteten sie, erfüllt von neuem Leben, ihre Blättchen aus und schlugen da, wo er sie hingesetzt hatte, Wurzeln für immer.

Die jungen Bäume in Horsley, Sheepscombe, in Rendcombe oder Colne bilden heute die Wälder, die mein Onkel Charlie damals für fünfunddreißig Shilling in der Woche gepflanzt hat. Diese Paläste aus sommerlichen Schatten mit ihren hohen Baldachinen aus Blättern und Vögeln, diese Flächen von frischem Grün, die nun unsere Hügel erklimmen, um vergangene Perspektiven wieder sichtbar zu machen, sind sein Werk. Onkel Charlie ist letztes Jahr gestorben, wie auch seine Frau – beide innerhalb einer Woche. Doch zuvor hat er unsere Landschaft so nachhaltig geprägt, wie er es sich nur wünschen konnte.

Der nächste Light war Onkel Tom, ein dunkler, stiller Redner, erfüllt von verborgener Kraft, der sich vor allem auf Frauen verstand. Meine früheste Erinnerung zeigt ihn als Kutscher und Gärtner in einem alten Haus in Woodchester. Damals war er bereits mit meiner Tante Minnie verheiratet, einer hübschen kleinen Frau mit Mittelscheitel, die Ähnlichkeit mit einer Zeichnung von Cruickshank hatte. Ihr sauberer kleiner Stallhof mit den eingetopften Farnen, stolz tänzelnden Ponys und bunt bemalten Einspännern und Kutschen erschien mir immer wie eine Spielzeugwelt. Sie zu besuchen hieß, die Dimensionen zu wechseln und das schwerfällige Reich der Menschen hinter sich zu lassen.

Onkel Tom besaß gute Manieren und hatte etwas von einem Dandy. Er konnte verrückte Dinge mit seinen Augenbrauen anstellen, beispielsweise sie unabhängig voneinander nach oben und unten ziehen, was auf verwirrende Weise vieldeutig war. Meistens sagte er nicht viel, doch seine Brauen sprachen unentwegt, als wollte er der Welt versichern, dass er ihr wohlgesonnen war. Abgesehen von seiner würdevollen Präsenz war dieser Trick angeblich von entscheidender Bedeutung für seinen Erfolg bei den Frauen. Als er noch Junggeselle war, hatten sie ihn unablässig verfolgt, aber trotz seiner bedächtigen Art war er flink wie ein Wiesel und hatte sie immer wieder abschütteln können. Unsere Mutter war stolz auf ihn. »Er war aus ganz anderem Holz als normale Männer«, pflegte sie zu sagen. »Ein echter Gentleman, genau wie König Edward. Und immer spendabel.«

Als er noch jung war, brachten sich die jungen Mädchen für ihn um und bestachen meine Mutter, damit sie sich für sie einsetzte. Ständig wurde sie zum Tee und Ähnlichem eingeladen, wo sie ihr Nachrichten oder glühende Liebesbriefe für ihn mitgaben, die in bunte Schals für Mutter eingewickelt waren. »Ich war das beliebteste Ding im ganzen Bezirk«, sagte sie. »So ein feiner Mann war unser Tom ...«

Jahrelang spielte Onkel Tom ein durchtriebenes Spiel und ging allen Verpflichtungen aus dem Weg. Doch dann traf er auf sein Gegenstück, Effie Mansell, die ebenso skrupellos wie vulgär war. Meiner Mutter zufolge war Effie M ein Monstrum, fast zwei Meter groß und kräftig wie ein Ackergaul. Kaum hatte sie beschlossen, dass sie Onkel Tom haben wollte, stieß sie ihn auch schon vom Fahrrad und sagte es ihm. Am nächsten Morgen brannte er durch nach Worcester, wo er einen Job als Straßenbahnschaffner annahm. Doch wäre er besser als Kumpel in ein Bergwerk eingefahren, denn Effie folgte ihm auf den Fersen. Sie gewöhnte sich an, den ganzen Tag in seiner Straßenbahn hin und her zu fahren. Dort hatte sie ihn unter ihrer Fuchtel, und was noch schlimmer war: Er musste für ihre Fahrkarten bezahlen. Noch nie ihm Leben hatte ihn jemand so gedemütigt. Am Ende platzte ihm der Kragen, vor lauter Nervosität verschusselte er das Wechselgeld, wurde entlassen und versteckte sich in einem Steinbruch. Doch die Gefahr verzog sich. Effie heiratete einen Inspektor, und Onkel Tom kehrte zu seinen Pferden zurück.

Inzwischen war er ernüchtert, und die Ställe hatten eine wohltuende Wirkung auf ihn. Auf einem Pferd konnte man entkommen, in einer Straßenbahn nicht. Doch mehr als alles andere auf der Welt wünschte er sich jetzt den Schutz einer braven Frau. Sein Leben war ihm zu schnell geworden. Daher heiratete er wenig später die Minnie seiner Wahl, gab seinen Junggesellenstatus auf und richtete sich mit einem Seufzer der Erleichterung und einigen bemerkenswerten Verrenkungen seiner Augenbrauen ein für alle Mal in der Ehe ein.

Seitdem lebte Onkel Tom ruhig und dankbar wie ein Prinz in seinem selbst erwählten Exil und verbarg sein Gesicht nur noch gelegentlich unter den Schleiern von Erhabenheit und Charme. Dann blinzelte er uns feierlich zu und zog verständnisvoll die Brauen nach oben und unten – mehr war von seiner vergangenen Größe nicht übrig geblieben.

Meine erste Begegnung mit Onkel Ray – Goldsucher, Sprengstoffexperte, Büffelkämpfer und Erbauer transkontinentaler Eisenbahnen – kam so überraschend, dass ich sie nie vergessen werde. Eben noch war er eine Legende am anderen Ende der Welt, und im nächsten Augenblick lag er in meinem Bett. Ich kannte nur die seidenweiche Haut meiner Geschwister, doch eines Morgens wachte ich auf und entdeckte diesen schuppigen, schnarchenden Riesen neben mir. Ich betastete die dicken Beine und knotigen Arme, sinnierte über die Stoppeln auf seinem Kinn, berührte die krokodilartige Haut dieses erstaunlichen Geschöpfs und fragte mich, wer das bloß sein konnte.

»Dein Onkel Ray ist nach Hause gekommen«, flüsterte mir Mutter zu. »Steh jetzt auf und lass ihn weiterschlafen.«

Ich sah das rostbraune Gesicht, die schmale Indianernase und sog den Geruch von Zigarren und Maschinenöl ein. Das war der Held, mit dem wir uns in der Schule gebrüstet hatten, und sein Anblick war keineswegs enttäuschend. Er glänzte wie Eisen, war rau wie ein Fels und lag da wie ein schlafender Häuptling. Er machte Ferien von seinen Eisenbahnen und war zu Besuch nach Hause gekommen, mit Taschen voller Geld und einem Riesendurst. Die Tage, die er bei uns verbrachte, erschienen uns wie eine wundervolle Feuersbrunst.

Zum einen war er anders als jeder andere Mann, den wir je gesehen oder von dem wir auch nur gehört hatten. Mit seinem wettergegerbten Gesicht, den blitzenden Zähnen und scharfen eisblauen Augen sah er aus wie ein Wigwam-Krieger, gezeichnet von Sonne und heldenhaften Massakern. Er hatte den kanadischen Akzent der Eisenbahnlager angenommen und sprach schleppend, mit leicht näselnder Stimme. Jeder Zoll seines Körpers war mit Tätowierungen bedeckt – Schiffe mit geblähten Segeln, Flaggen aller möglichen Nationen, Reptilien und Mädchen mit runden Augen. Durch geschicktes Anspannen der Muskeln konnte er den Eindruck erwecken, als segelten die

Schiffe, flatterten die Flaggen im Wind, wanden sich die Schlangen um die bebenden Mädchen.

Onkel Ray war ein teuflisches Geschenk für uns, ein ungeheuerliches Spielzeug, ein gutmütiges Monstrum, verrückter als ein Zirkusaffe. Er saß ganz still da, während wir ihn begutachteten, und nahm alles hin, was wir ihm antaten. Wir schlugen ihn, und er heulte auf; wir kniffen ihn, und er schluchzte. Er ertrug unsere Quälereien wie ein echter Caliban. Auf ein Stichwort hin schwang er uns an den Füßen im Kreis, stellte uns auf seinen Bauch oder hob uns paarweise in die Luft, mit jeder Hand einen, bis unsere Köpfe an die Decke stießen.

Doch früher oder später hieß es unweigerlich: »So, Jungs, jetzt muss ich aber los.«

Dann stand er auf und schüttelte uns ab wie Flöhe, wobei er sich genüsslich die Lippen leckte.

»Wo gehst du denn hin, Onkel?«

»Muss jemand treffen wegen 'nem Maultier.«

»Gar nicht wahr! Wo gehst du hin? Wohin?«

»Lass mir die Finger bügeln. Die Zunge stärken. Den Rücken ölen.«

»Das stimmt nicht, Onkel! Du schwindelst! …«

»Ich muss jetzt gehen, Jungs. Bis später im Backofen. Schrubbt euch die Ellbogen und seid schön brav. Wiedersehn.«

Und schon war er weg. Weiß der Himmel, wohin, uns fiel jedenfalls nichts ein. Dann kam er sehr viel später wieder, möglicherweise erst am nächsten Abend, patschnass, mit einem zutraulichen Grinsen im Gesicht. Er konnte nicht mehr klar sehen, weder seinen Mantel aufhängen noch den Riegel an der Tür finden. Dann setzte er sich ans Feuer, dampfte vor sich hin, sang und flirtete mit den gackernden Mädchen. »Du gehst jetzt besser ins Bett«, sagte Mutter streng. Er brach in heftiges Schluchzen aus. »Annie, das geht nicht! Ich kann mich keinen Zoll von hier fortbewegen. Ich hab einen Knochen im Bein … vielleicht sogar zwei.«

Eines Abends kam er nach mehreren Tagen auf einem Fahrrad nach Hause, fuhr trotz Sturm und Dunkelheit die Böschung hinunter und krachte geradewegs in die Klosetttür. Die Mädchen rannten nach draußen und holten ihn herein. Er jammerte und war blutüberströmt. Sie legten ihn in voller Länge auf den Küchentisch, zogen ihm die Schuhe aus und wuschen ihn. »Mein Gott, in was für einem Zustand er ist«, kicherten sie, aber insgeheim waren sie schockiert. »Es ist bestimmt Whisky oder so was, Mutter.« Er stimmte ein Lied an. »Oh, Dolly, meine Dolly …« Dann steckte er sich die Seife in den Mund. Er sang, fabrizierte Seifenblasen, und wir scharten uns um ihn. Einen solchen Mann hatten wir noch nie im Haus gehabt.

Bald hatte es sich herumgesprochen, dass Ray Light zu Hause war, schwer beladen mit kanadischem Gold. Schlitzohren hängten sich an ihn, Frauen verfolgten ihn, mehrere Male wurde er von der Polizei verwarnt. Mit fast allem wurde er spielend fertig, nur die Frauen machten ihm gelegentlich zu schaffen. Eine wohlerzogene junge Schneiderin, mit der er im Filmpalast herumknutschte, klaute ihm im Schutz der Dunkelheit seine prall gefüllte Brieftasche. Und eines Morgens stand Beatie Burroughs vor unserer Tür und erklärte, er habe versprochen, sie zu heiraten. In den Brauerei-Arkaden von Stroud, sagte sie, nur um es zu bekräftigen. Er musste sich drei Tage auf unserem Dachboden verstecken …

Doch egal, ob betrunken oder nüchtern, Onkel Ray blieb immer derselbe: ein großes struppiges Tier, das mit wedelndem

Schwanz seinem Vergnügen nachging. Ein hilfloser Riese, liebenswert, naiv, sentimental und unverhohlen lüstern. Er verstörte meine Schwestern, und trotzdem beteten sie ihn an. Und wir Jungs: Was konnten wir uns Besseres wünschen? Er brachte uns sogar bei, ihn zu fesseln, und prahlte damit, sich aus allen Schlingen befreien zu können. Eines Abends banden wir ihn auf einem Küchenstuhl fest, sahen eine Weile zu, wie er versuchte, die Knoten zu lösen, und gingen ins Bett. Am nächsten Morgen fand Mutter ihn auf allen vieren am Boden, fest eingeschlafen und immer noch an den Stuhl gefesselt.

Dieser Besuch von Onkel Ray mit seinen Spielchen und Spektakeln war wie ein verlängertes Weihnachten. Routine, Disziplin und normales Verhalten waren in dieser Zeit aufgehoben. Wir blieben abends lange auf, nahmen uns allerlei Freiheiten heraus und hatten obendrein Anteil an seinem Rausch, wenn er sich herumtrieb, seine Dinge erledigte, zerzaust und benommen nach Hause kam, die Mädchen befummelte, sang, hinfiel, wieder aufstand und Dollarscheine verteilte. Mutter war abwechselnd entrüstet und nachsichtig, schnalzte entweder mit der Zunge oder kicherte. Und die Mädchen waren ebenso aufgeregt und überwältigt wie wir, wenn auch auf andere, stillere Art. »Kannst du dir das vorstellen?«, tuschelten sie. »Nie im Leben. Wie schrecklich!« Oder: »Hast du gehört, was er dann zu mir gesagt hat?«

Als er sein ganzes Geld verprasst hatte, fuhr er nach Kanada zurück, zu den Eisenbahnlagern, und hinterließ mehrere eingeschlagene Schädel, zufriedene Kneipenwirte und Frauen, die ihn nach Strich und Faden ausgenommen hatten. Wenig später sprengte er sich in den schneebedeckten Rockies in die Luft und fiel aus großer Höhe vom Kicking Horse Pass in einen zugefrorenen See. Eine Lehrerin aus Tamworth – heute meine Tante Elsie – reiste viertausend Meilen weit, um ihn wieder zusammenzuflicken. Nachdem sie ihn aus dem Eis befreit und wieder aufgetaut hatte, heiratete sie ihn und brachte ihn zurück nach Hause. Das war das Ende seiner Pionierzeit als stromernder Präriehund, doch ohne ihn hätte die Canadian Pacific Railway den Pazifik nie erreicht – zumindest glauben wir das.

Der düster-majestätische Onkel Sid war der vierte, doch keineswegs geringste unter den Brüdern. Dieser kleine, kräftige Mann, der auf Erfolge als Kricket-Champion zurückblicken konnte, wurde später von Rheumatismus geplagt. Nach seinem Abschied vom Militär heuerte er als Busfahrer an und steuerte einen unserer ersten Doppeldecker. Damals galten diese Reisewagen mit ihren breiten Reifen und dem offenen Oberdeck als Giganten der Straße – schwankende Belagerungstürme, die sich häufig selbständig machten und unter einer Brücke stecken blieben. Unser Onkel Sid gehörte zur Elite der Busfahrer und war ein vertrauter Anblick in unserer Gegend. Voller Stolz, aber auch ein wenig beunruhigt sahen wir ihn an uns vorbeidonnern. Er thronte in seiner stinkenden Fahrerkabine, das Gesicht glänzte vom Bier und von der Anstrengung, mit der er das Lenkrad hin und her kurbelte, um den großen Bus in der Spur zu halten. Bei jeder Fahrt durch die Stadt gingen ein paar Dachziegel und Regenrinnen zu Bruch, und die Straßenlaternen bebten dermaßen, dass die Glühstrümpfe herausfielen. Trotzdem gab er sich immer größte Mühe, Frauen und Kindern auszuweichen, und geriet nur ganz selten auf den Gehsteig. Ein unkontrollierbares Ungetüm, das Menschenseelen beförderte, Schrecken aller Polizisten und Pferde – und Onkel Sid war es, der mit seinen mächtigen Pranken das rasende Gefährt auf Kurs hielt.

Seine Geschichte beginnt genau wie die von Onkel Charlie im südafrikanischen Burenkrieg. Als einfacher Soldat hatte er sich durch seine Verschwiegenheit, Gewitztheit und Kraft einen Namen gemacht. Sein Geschick beim Kricketspiel, das er sich auf den Maulwurfshügeln von Sheepscomb erworben hatte, brachte ihm besondere Privilegien ein. Recht bald schon wurde er in die Mannschaft der Armee aufgenommen und bekam bessere Essensrationen als die übrigen Soldaten. Die Draufgängertaktik, die er sich im Dorf angeeignet hatte, wirkte sich verheerend auf die Offiziere aus. Nach den Höckern und Kuhfladen zu Hause hatte er hier endlich ein flaches Spielfeld und einen knochentrockenen Pitch vor sich, und im Nu gehörte er zu den Stars, brach alle Rekorde und ruinierte die Nerven der anderen. Sein mörderisches Bowling brachte selbst Kriegshelden das Fürchten bei: Sie winkten ihm zum Abschied zu und machten sich aus dem Staub. Wenn er als Batsman antrat, zogen die Spieler den Kopf ein und brachten sich unauffällig am Spielfeldrand in Deckung. Ich sehe den vierschrötigen kleinen Sid förmlich vor mir, wie er hin und her rast, den Kricketball weghaut, das Gesicht in wilder Wut verzogen, während sich die Hosenträger unter seinen Schultern bis zum Zerreißen spannen. Ich stelle mir vor, wie er gebückt auf den nächsten Schlag wartet, dann auf seinen kurzen, krummen Beinen herumwirbelt und den Ball bis fast nach Johannesburg zurückdonnert, während er in weiter Ferne die Sheepscomber Fans jubeln hört. In einer Zeitung aus Transvaal, die meine Mutter sorgfältig aufgehoben hat, fand ich einmal eine alte Wertungsliste, die ungefähr so aussah:

Armee gegen Transvaal. Pretoria 1899

Armee	
Col. »Tigger« ffoukes-Wyte	1
Brig.-Gen. Fletcher	0
Maj. T. W. G. Staggerton-Hake	12
Hauptm. V. O. Spillingham	0
Major Lyle	31
Gefr. S. Light	126
Sonstig	7
Total (für 4 Dez.)	177

Transvaal 21 insgesamt 21 (Gefr. S. Light 7 zu 5)

Das war vermutlich der Höhepunkt von Onkel Sids Ruhm, die Zeit, die er am liebsten in Erinnerung behielt. Von da an ist ein gewisser Abwärtstrend zu beobachten, wenngleich es gelegentlich noch zu Ausschlägen nach oben kam.

So etwa am Tag jenes Ausflugs, als unser Dorf mit drei Bussen nach Clevedon fuhr, Onkel Sid voran, mit einem Kasten Bier neben sich. »Gib Gas, Onkel Sid!«, brüllten wir, während wir durch die sommerliche Landschaft fuhren. Mit einer Hand die Flasche umklammernd, die andere auf dem Lenkrad, raste er durch den stürmischen Wind, während wir hoch über den Hecken dahinflogen, durch die Luft getragen von diesem Steuermann ...

Auf dem Rückweg am Ende des Tages stoppten uns die Schreie einer Frau. Sie stand mit einem Kind auf dem Arm an der Straße und duckte sich vor einem Mann, der sie bedrohte. Dieses Bild prägte sich uns allen unauslöschlich ein: die Frau mit dem wirren Haar, das weinende Kind und der Mann mit dem erhobenen Arm. Unsere Busse kamen schwankend zum Stehen, und wir alle fingen gleichzeitig an zu johlen. Wir beugten uns über die Seitenwände und beschimpften den Mann als Lumpen. Unsere Männer blieben auf ihren Plätzen sitzen und schrien auf ihn ein, damit er die Frau in Ruhe ließ. Unser Onkel Sid aber faltete seine Jacke zusammen, kletterte wortlos aus der Fahrerkabine und ging auf den Mann zu. Dann holte er aus und stieß ihn mit einem Schlag durch die Hecke. Für ihn gab es nur Schwarz oder Weiß, und genauso schlicht hatte er reagiert. Mit stolzgeschwellter Brust kehrte er ans Lenkrad zurück und fuhr uns als Held nach Hause.

In puncto Ritterlichkeit, Temperament oder Alkohol war Onkel Sid genau wie seine Brüder. Egal, ob es darum ging, einen Mann außer Gefecht zu setzen oder ein Bier zu kippen, er machte es ebenso gut wie sie. Doch sein Job als Busfahrer (und das Rheuma) steigerten seinen Durst – und standen ihm gleichzeitig im Weg. Kein Wunder, dass die Obrigkeit auf ihn aufmerksam wurde, und von da an ging es wirklich bergab.

Als er Tante Alice heiratete und Vater von zwei Kindern wurde, hätte sein Beruf ihm Halt geben können. Doch das Gesetz war gegen ihn, und schon bald bekam er Schwierigkeiten. Er war zweifellos der beste Doppeldeckerfahrer in Stroud, er fuhr sogar noch sicherer und beschwingter, wenn er getrunken hatte. Das wusste jeder – nur nicht die Busgesellschaft. Man hielt ihm wiederholt Strafpredigten, ermahnte und verwarnte ihn in aller Schärfe, und schließlich brummte man ihm sogar unbezahlte Zwangsurlaube auf.

Wenn es so weit gekommen war, beging er aus Respekt Tante Alice gegenüber regelmäßig Selbstmord. Tatsächlich brachte er sich öfter um als jeder andere Mensch, den ich kenne, allerdings immer so vernünftig wie möglich. Wenn er sich in einem Kanal ertränkte oder in einen Brunnen sprang, führten diese gerade kein Wasser, und wenn er Desinfektionsmittel trank, lag immer ein Gegengift bereit, eindeutig gekennzeichnet, um allen Beteiligten weitere Probleme zu ersparen. Dahinter stand die – durchaus berechtigte – Überlegung, dass Tante Alices Zorn über die neuerliche Sperrung seines Lohns von der noch größeren Sorge um ihn aufgefangen würde, wenn sie ihn wieder einmal am Rand des Grabes sah. In dieser Hinsicht ließ ihn Tante Alice auch wirklich nie im Stich. Jedes Mal, wenn er zu den Lebenden zurückkehrte, verzieh sie ihm.

Die Busgesellschaft war fast ebenso langmütig: Immer wieder stellte sie ihn erneut ein. Dann fand man ihn eines Abends, nachdem er den Bus sicher ins Depot zurückgebracht hatte, über dem Steuer eingeschlafen, nach Whisky und Cider stinkend. Diesmal wurde er endgültig entlassen.

Wir saßen an jenem Abend noch relativ spät am Küchentisch, als es an der Tür klopfte. Eine hohle Stimme rief »Annie! Annie!«, und sofort war uns klar, dass etwas passiert sein musste. Dann ging langsam die Küchentür auf, und drei dunkel gekleidete Gestalten standen vor uns. Es war Tante Alice mit ihren kleinen Töchtern, beide im Sonntagskleidchen. Sie blieben am Fuß der Küchentreppe stehen, stumm wie Erscheinungen, und Tante Alices Gesicht mit den riesigen, erschöpften Augen kündete von tragischem Unheil.

»Diesmal hat er es getan«, sagte sie schließlich. »So ist es. Ich weiß es.«

Ihre Stimme klang wie eine Inkantation in der Kirche, und mir lief ein eisiger Schauer den Rücken hinab. Dabei hatte sie den beiden hübschen Mädchen, die versuchten, sich ihr schniefend und kichernd zugleich zu entwinden, majestätisch die Arme um die Schultern gelegt.

»Er ist nicht nach Hause gekommen. Wahrscheinlich haben sie ihn entlassen. Und jetzt ist er los, um allem ein Ende zu machen.«

»Nein, nein«, rief unsere Mutter. »Komm und setz dich erst mal, Schätzchen.« Damit zog sie Tante Alice zum Kamin.

Steif saß sie da, wie eine gotische Heiligenfigur, ohne die zappelnden Kinder loszulassen.

»Wo sollte ich sonst hin, Annie? Er ist runter nach Deadcombe. Das hat er immer gesagt ...«

Plötzlich wandte sie sich um und griff nach Mutters Händen, wobei sie heftig die dunklen Augen rollte.

»Annie! Annie! Er bringt sich um. Deine Jungs – sie müssen ihn suchen! ...«

So zogen Jack und ich Mäntel und Mützen über und traten hinaus in die vom Halbmond erleuchtete Nacht. Nach so vielen Gefühlsaufwallungen war ich derart benommen, dass ich am liebsten losgelacht oder mich irgendwo versteckt hätte. Doch Jack war kühl und unerschrocken wie immer, wortkarg wie der Kapitän eines Kanonenboots. Wir waren Männer in einer Krise, in geheimer Mission, Leben und Tod lagen in unserer Hand. So stapften wir dicht nebeneinander durch das Tal auf Deadcombe Wood zu.

Der Wald war von modrigem Schweigen erfüllt, kaum wiedererkennbar in seiner mitternächtlichen Verkleidung. Ein feiner Sprühregen hatte eingesetzt, nasse Farnkräuter streiften unsere Strümpfe, im Laub raschelten Eulen, tropfte Wasser. Was sollten wir tun? Was hatten wir hier verloren? Wir liefen zwischen den triefenden Bäumen hin und her und riefen mit frostigen, flachen Stimmen nach dem Onkel. Was würden wir finden? Vielleicht gar nichts. Oder noch schlimmer, das, was wir suchten ... Doch dann fielen uns die Frauen wieder ein, die ängstlich zu Hause saßen und warteten. Unsere Pflicht, wie entsetzlich sie auch sein mochte, war klar.

So stolperten und platschten wir durch unsichtbare Bäche, folgten Pfaden und machten einen Bogen um ominöse Schatten. Wir stocherten mit Stöcken in Haufen von altem Laub oder Fuchsbauten und suchten den ganzen Wald ab. Nichts, nur schwammige Dunkelheit; gar nichts, bloß unsere Angst.

Wir wollten gerade einigermaßen erleichtert umkehren, als wir ihn entdeckten. Er stand auf Zehenspitzen unter einer großen, abgestorbenen Eiche, mit den Hosenträgern um den Hals. An seiner elastischen Schlinge, die er über einen Ast geworfen hatte, wippte er auf und ab wie eine Marionette. Starr vor Schreck gingen wir auf die verrenkte Gestalt zu. Und dann sahen wir seinen unheilverkündenden Blick auf uns gerichtet.

Unser Onkel Sid war fürchterlich schlecht gelaunt.

»Ihr habt verdammt lange gebraucht!«, fauchte er.

Onkel Sid saß nie wieder am Steuer eines Busses, bekam aber eine Anstellung als Gärtner in Sheepscombe. Alle Brüder meiner Mutter hatten nach frühem Sturm und Drang Wurzeln in der Nähe ihres Zuhauses geschlagen – alle bis auf unseren Versicherungsonkel Fred, den wir an Wohlstand und Fremde verloren hatten. Diese Männer besaßen dieselben Eigenschaften wie Mutter: Sie waren einfältig, fantasievoll, launisch, blieben aber trotz aller Dummheiten immer die wahren Helden meiner Kindheit und Jugend. Noch heute sehe ich sie so, wie sie mir damals erschienen. Jeder von ihnen war Dichter und Orakel, und alle zusammen waren wie ein Ring von kantigen Megalithen auf einem der Hügel ringsum, verwittert und von alter Pracht gezeichnet. Sie waren die Ritter und Raufbolde einer versunkenen Zeit, und ihr Leben war wie ein langer Abschied. Alles war darin enthalten: Feldzüge und Wüstenmärsche, Krügers Kanonen und der Schlamm von Flandern, eine Welt, die sich noch ebenso langsam drehte wie zu Cäsars Zeiten, und ein Reich, das noch größer war als das seine. Hier hatten sie gekämpft, scharfäugig und namenlos, und die ersten Außenposten einstürzen sehen …

Ausflüge und Feste

Das Jahr drehte sich um das Dorf, die Feste ums Jahr, die Kirche um die Feste, der Squire um die Kirche und das Dorf um den Squire. Der Squire war unser Mittelpunkt, eine kränkliche alte Dorflinde, und tatsächlich fanden nur wenige unserer Feierlichkeiten außerhalb seines Schattens statt. Bei größeren Veranstaltungen durften wir seine Gärten betreten, bei kleineren versorgte er uns mit Rosinenbrötchen und Festreden, und in historischen Momenten nationaler Begeisterung – wenn ein König zur Welt kam, ein Feind besiegt war oder die Konservativen eine Wahl gewonnen hatten – durchstöberte er seine Rumpelkammer nach Kostümen, damit wir diese Anlässe auf angemessene Art zelebrieren konnten.

Das erste große Fest, an das ich mich erinnere, war der Friedenstag des Jahres 1919. Er wurde zum Inbegriff einer magischen Metamorphose mit Tränen und Staubfahnen und Sonnenschein, Musikkapellen, Paraden und Bergen von Rosinenbrötchen, und damals war ich so klein, dass ich all das für selbstverständlich hielt …

Wir alle hatten Kostüme bekommen, und auch das erschien mir damals normal. Abgesehen von dem, was der Squire gestiftet hatte, war Marjorie seit Wochen damit beschäftigt gewesen, alle möglichen Verkleidungen für uns und die Nachbarn zu entwerfen. Nichts Improvisiertes oder schlampig Zusammengestoppeltes, nein, Marjorie hatte sich ins Zeug gelegt, als ginge es um eine Hochzeit.

Am Morgen des großen Tages kam Poppy Green zu uns, um ihr Engelskostüm anzuprobieren. Sie war fünf und ungefähr so groß wie ich. Sie hatte rotbraune Locken, die sich wie Apfelschalen ringelten, ein glänzendes Mondgesicht, einen frechen Silberblick und duftete so herrlich fruchtig wie ein aufgeplatzter Pudding. Für mich war sie wie ein wandelnder Bonbonladen; ich liebte sie. Heute sollte sie eine Elfe darstellen. Marjorie hatte ihr ein kurzes, mit Rüschen besetztes Röckchen, einen Helm aus Stanniol, Flügel aus Pappe und einen mit einem Stern verzierten Stab gemacht. Als sie fertig angezogen war, stellten die Schwestern sie auf den Kamin und begutachteten sie. Dann wandten sie sich anderen Dingen zu und ließen uns allein.

»Flieg!«, forderte ich sie auf. »Du hast doch Flügel, oder?« Poppy krümmte sich und wackelte mit den Schultern.

Ich wurde ungeduldig und schubste sie vom Kaminsims, sodass sie mit großem Geschrei in den Kamin plumpste. Als ich sie so da liegen sah, mit Kohleflecken und Tränenschlieren, zerknautschtem Stab und Flügeln, empfand ich nur Zorn und Erstaunen. Hätte sie nicht durchs Zimmer flattern müssen?

Die Mädchen wuschen ihr den Schmutz ab und trösteten sie, dann trabte Poppy mit ihrem verbogenen Stab nach Hause. Allerlei Gestalten und Phantome liefen bereits durchs Dorf, und jetzt fingen auch wir an, uns vorzubereiten. Marge verkleidete sich als Queen Elisabeth mit Phyllis als Hofdame. Marjorie war damals sechzehn und wunderschön. Sie trug einen Hermelinmantel, ein Mieder aus Brokat und einen schwarzen, mit Hermelin und Perlen besetzten Hut und erfüllte die Küche mit einem solch herrlichen Glanz, dass wir sie mit offenem Mund anstarrten. Es war das erste Mal, dass ich Queen Elisabeth sah, doch fehlten ihr die scharfen Züge einer Tudor. Fein und stolz in ihrer majestätischen Robe, erinnerte sie eher an eine aus dem Staub erhobene Himmelskönigin, in der ich Marge erst wiedererkannte, als sie den Mund aufmachte. Ihre Augen leuchteten auf uns herab wie Smaragde im Schnee. Die dreizehnjährige Phyllis, mit einem langen schwarz-weiß karierten Samtkleid und einem Hut voller Federn und Faltern prächtig aufgeputzt, hüpfte wie eine kleine Elster um sie herum.

Wir anderen, alle von Marjorie ausstaffiert, waren das Ergebnis eigener Fantasien. Dorothy als »Nacht« war vielleicht die faszinierendste Erscheinung und von überirdischer Schönheit: ein dunkler Blitz, ein Stück nächtliches Firmament, geheimnisvoll in Schleier aus schwarzem, mit Silberpapier durchwirkten Netzstoff gehüllt. Auf ihrer Brust prangte eine Mondsichel, auf der Stirn ein Komet, und ihre langen mitternachtschwarzen Locken waren mit Flitter bestäubt. Ich roch den Frost, als ich sie ansah, und hörte das Knistern der Sterne. Unsere vertraute Dorothy war plötzlich fremd und verstörend.

Mein Bruder Jack hatte es abgelehnt, sich verkleiden zu lassen, es sei denn als allgemein anerkannter Held. So wurde er mit Grün behängt, bekam Pfeil und Bogen in die Hand gedrückt und nannte sich Robin Hood. Der kleine Tony, lockig und bildhübsch, wurde als Blumenmädchen ausstaffiert, mit bloßen Armen, Schutenhut und einem Körbchen voller Blüten, war aber so stolz darauf, dass wir ihm den Mädchenkram verziehen.

Ich selbst war mit meinem kurzen Hals und der stämmigen Gestalt wie geschaffen für meine Rolle als John Bull. Ich hatte keine Ahnung, wer das war, doch seine Bedeutung wurde mir rasch klar. Ich erinnere mich, dass die Mädchen mich unter viel Gequieke und Gekicher in meine Verkleidung zwängten.

Majestätisch streckte ich ihnen einen Arm oder ein Bein entgegen, blieb aber stets würdevoll und reserviert. Marjorie hatte die passenden Accessoires mit gewohntem Talent und Geschick zusammengestellt. Ich bekam einen Zylinder, einen hohen Stehkragen, eine Union-Jack-Weste, Frack und Knickerbocker. Meine Gamaschen hatten sie allerdings erst in letzter Minute aus Pappe gefertigt und mit Stecknadeln befestigt – eine schlampige Notlösung, die meinem Geschmack nicht entsprach und die ich ihnen nie verzieh.

Diesen Friedenstag habe ich als verschwommenes Durcheinander von Farben in Erinnerung, und er reichte von anfänglichem Zorn bis zu einem triumphalen Ende. Beim Umzug mit Kapelle marschierte ich feierlich ganz allein. Fantastische Verkleidungen schwirrten um mich herum, alle im Dorf schienen sich mit falschen Bärten, Nasen, Schuhwichse und Perücken herausgeputzt zu haben. Wir waren noch nicht weit gekommen, als ich erst meine Stiefel und dann die Gamaschen verlor. Als ich stehen blieb, um sie zu suchen, zog die Parade an mir vorbei. Ich setzte mich an den Straßenrand und heulte: weil ich hörte, wie die Kapelle sich entfernte, weil ich John Bull war und das einfach nicht hätte passieren dürfen. Ein Wagen nahm mich mit und brachte mich zu dem Festzug zurück, wo mich jemand auf einen Karren hievte. Mit untergeschlagenen Beinen thronte ich barfuß und ohne Gamaschen auf meinem Gefährt und ließ mich wie ein kleiner Prinz durchs Dorf kutschieren.

Verstaubt und schwitzend schlängelte sich die Parade auf ihrem langen Marsch zwischen den Häusern hindurch. Die Alten und Schwachen standen auf dem Trottoir und jubelten uns zu: Ich nickte huldvoll zurück. Am Ende erreichen wir den kühlen Buchenwald, durch den die Auffahrt zum Herrenhaus des

Squire verlief. Das Dröhnen der Blaskapelle brach sich an den Bäumen. Eulen flatterten protestierend davon.

Als wir aus dem Wald in den Park kamen, brannte die Sonne erneut auf uns herab. Tauben schwangen sich aus den Zedern auf. Die Schwäne flohen aus dem See. Auf den Stufen des Herrenhauses stand der rührselige Squire, dem bei unserem Anblick die Augen feucht wurden. Seine Mutter saß in einem Korbsessel und hielt eine Ansprache, bei der Gottes Herrlichkeit, das Empire und wir zur Sprache kamen, bevor sie mit der Ermahnung schloss, die Blumen nicht anzurühren.

Als sich der Umzug auflöste, wurde ich von meinem Karren gehoben und wanderte auf eigene Faust los. Fahnen und Rosen leuchteten vor dem Himmel, bunte Gestalten zwischen den Sträuchern. Japanische Mädchen und mit Ruß beschmierte Wilde wuchsen aus den Fliederbüschen. Ich sah Charlie Chaplin, Peter den Pastetenverkäufer, ein ganzes Rudel von Tigern, die auf zwei Beinen gingen, einen verwundeten Soldaten, der etwa mein Alter haben musste, und eine Braut am Arm eines Affen.

Später verlieh mir der Squire einen Preis, und man machte ein Gruppenfoto von uns vor einem Steingarten. Die Aufnahme, deren Sepiafarben inzwischen nachgedunkelt sind, besitze ich heute noch, wie ein an diesem Sommertag gepflücktes Blatt. Umgeben von Mädchen in hellem Musselin, Druiden und Königen aus dem Morgenland stehe ich in unerschütterlicher Zuversicht da, eiförmig, gewichtig und stolz, etwa zwei Fuß hoch und ebenso breit, die Knickerbocker wie schlaffe Ballons herabhängend, mit meinem Zylinder auf dem Kopf, streng wie das Profil auf einer römischen Münze. Andere bekannte Gesichter umringen mich, alle gezeichnet vom weißen Staub dieses Tages. Tony hatte sein Blumenkörbchen verloren, Jack seinen Pfeil und Bogen. Poppy Green hatte man die Flügel abgerissen; sie hält eine zerknickte Lilie in der Hand und steht heftig schielend neben mir, ein bisschen mitgenommen von der Hitze, und die silbernen Buchstaben auf ihrem Helm – die ich damals nicht lesen konnte – verheißen: FRIEDEN.

Unsere Dorfausflüge waren kirchlich oder weltlich, auf alle Fälle aber selten. Damals verirrte man sich kaum je über die Grenzen der Gemeinde hinaus, abgesehen von dem alljährlich stattfindenden Kirchenchorausflug. Dazwischen unternahmen wir eigene, profanere Streifzüge, bei denen an einem schönen Morgen ganze Familien auszogen, um Nüsse oder Beeren zu sammeln. Dann stiegen wir das wildere Ende des Tals zum Brombeergestrüpp im Wald empor, mit Körben und Eimern und Flaschen voll kaltem Tee, im Gänsemarsch wie Indianer auf dem Kriegspfad. Schwere Trauben von Brombeeren erhoben sich vor dem Himmel, dunkel wie grollender Donner. Stunde um Stunde pflückten und verschlangen wir sie, bis unsere Münder purpurrot und die Hände bis zum Gelenk mit Saft bekleckert waren. Später im Jahr gab es Pilze, kleine Knöpfe im struppigen Gras, als sei Manna vom Himmel gefallen. Wir fanden sie an dunstigen Septembermorgen, mit feuchten Spinnfäden überzogen. Sie waren über Nacht erschienen, aus dem Nichts und ohne Wurzeln, wie eine Handvoll verstreuter Gummibälle. Die Hyphen klammerten sich an die Graswurzeln und ließen sich mit einem elastischen Schnappen abbrechen. Die Haut konnte man abschälen wie Birkenrinde, und das Fleisch schmeckte ungewohnt ... Zu anderen Zeiten gab es wilde grüne Zwetschgen, winzige Pflaumen, schwarze Schlehen, pinkfarbene Holzäpfel

– die jedermann zugänglichen Gaben des Waldes, eine unkontrollierte Fülle, die wir eimerweise nach Hause schleppten. Ob wir daraus Marmelade, Gelee oder Kuchen machten oder sie einfach verfaulen ließen, spielte keine Rolle.

Manchmal gingen wir zu Fuß nach Sheepscombe, um unsere Verwandten zu besuchen, vier Meilen, die unseren kurzen Beinchen viel länger vorkamen, sodass wir den ganzen Tag dafür einplanten. Ganz früh schon brachen wir auf, wenn die Sonne gerade aufging und das Tal in Nebelschleiern vor uns lag ...

»Heute wird es heiß«, sagt unsere Mutter fröhlich, und gewöhnlich hat sie recht. Wir steigen gemächlich Richtung Bulls Cross auf und suchen unterwegs die Büsche nach Vogelnestern ab. Oder wir machen eine Pause, um Löcher zu graben und an den Gattertoren zu schaukeln, während Mutter sich umdreht und die Aussicht genießt. »Wie schön«, murmelt sie. »Wundervoll grün ... Und der Mohn, so wundervoll rot!« Die Dunstschleier über den Wipfeln der Bäume verziehen sich, und plötzlich ist alles um uns herum blaue Luft.

Painswick räkelt sich weiß im nächsten Tal, wie das Gerippe eines untergegangenen Mammuts. Doch der Wind trägt stoßweise den Klang des frühen Arbeitstages zu uns herauf: das Rasseln der Räder, das Kreischen der Sägen, Rufe und Hämmern. Die schmale Straße nach Sheepscombe steigt rechts von uns steil bergan. »Na los, keine Müdigkeit vorschützen, Herrschaften!«, spornt unsere Mutter uns an. Anschließend bringt sie uns ein Kirchenlied bei, in dem es um die Sehnsucht nach dem verlorenen Paradies geht und das wie geschaffen ist für ein Tamburin. Ich habe es weder vorher noch nachher je wieder gehört, doch für mich fasst es diesen Ausflug am besten zusammen – das abgelegene, struppige Tal, durch das wir wandern, den Duft des heißen Strohs in der Luft, Heckenrosen und Horizonte, Trockenheit und Quellwasser, die ganze lange Reise des Tages mit seinen vielen Pausen bis zu den Schafhürden unserer unzivilisierten Verwandten.

Sie erwarten uns schon mit warmem Ingwerbier und einem Mittagessen aus grünen Bohnen mit Speck. »Kommt aus der Sonne, Annie«, sagt Tante Fan, »ihr müsst ja völlig erschlagen sein.« Wir treten ein und sehen, wie Onkel Charlie mit seiner Hippe den Speck bearbeitet. Unsere Cousine Edie und ihre zurückhaltenden Brüder überlegen wohl gerade, ob sie uns die Köpfe einschlagen sollen. Großpapa kommt in einem Aufzug aus schimmelgrünem Kordsamt aus seiner Hütte nebenan. Wir setzen uns zum Essen, unsere Vettern treten uns unter dem Tisch ans Bein, mehr aus Aufregung als Boshaftigkeit. Dann spielen wir mit ihren Frettchen, spucken in ihren Brunnen, fangen eine Schlägerei an und bringen eine Mauer zum Einsturz. Später werden wir ausgeschimpft und mit einer Tracht Prügel bestraft, dann klettern wir auf einen Baum neben dem Plumpsklo. Edie kommt am höchsten, bis wir sie ins Bein beißen, dann hängt sie kopfüber von einem Ast und schreit. Es war ein rundum befriedigender und erfüllter Tag; doch jetzt wird es langsam Abend, und wir verabschieden uns.

In der dichten, warmen Dunkelheit schleppen wir uns mit schweren Stiefeln schläfrig wieder die Straße zurück. Nächtliche Gerüche steigen aus Wäldern und Gärten, süße Düfte und scharfe, saure Ausdünstungen. Am Himmel hüpfen die Sterne auf und ab, im Rhythmus unserer Schritte. Glühwürmchen, heller als Lampen oder Kerzen, spicken die Felder mit ihrem grüngelben Funkeln. Riesige Bockkäfer taumeln aus der Dunkelheit und brummen blind um unsere Köpfe.

Dann taucht Painswick vor uns auf – ein Seestern aus Licht, der sich in der Ferne ausbreitet. Rasch passieren wir das Waldstück, in dem es spukt, und erreichen den oberen Teil unseres Tals. Obwohl er noch über eine Meile entfernt ist, hören wir das kühle, vertraute Murmeln des Wasserfalls. Wir kommen nach Hause, wir sind schon fast da, als Mutter ein Gedicht rezitiert: »Ich erinnere mich, ich erinnere mich des Hauses, in dem ich geboren ward …« Sie sagt es ganz auf, und ich trotte dicht neben ihr her und sehe, wie die Bäume am Himmel vorbeilaufen …

Die erste Expedition mit dem Kirchenchor, die wir je unternahmen, war ein Ausflug im Leiterwagen nach Gloucester. Nur Tenöre, Bässe und die jungen Sopranstimmen durften mit. Später, als Pferdeomnibusse und offene Autobusse aufkamen, beteiligte sich das ganze Dorf daran. Mit Hilfe dieser starken neuen Erfindung konnten wir sogar unseren Bezirk verlassen und bis ans Ende der Welt, nach Bristol oder noch weiter fahren.

In einem Jahr führte der Ausflug nach Weston-super-Mare. Seit Wochen hatten wir dafür gespart. Am Abend davor legten wir unsere Kleider bereit, und schon im Morgengrauen waren die Mädchen auf den Beinen, um Sandwiches zu schmieren. Als ich an diesem Morgen herunterkam, lief ich als Erstes hinaus, um zu sehen, wie das Wetter war. Ein düsterer Himmel erwartete mich. Tony stand hinter dem Klosett und betete inbrünstig, mit gefalteten Händen. Als er merkte, dass ich ihn entdeckt hatte, fing er an, sich zu kratzen und pfiff vor sich hin, doch die ganze Sache war ein überaus schlechtes Omen.

Das Frühstück fiel aus; wir bekamen unseren Porridge einfach nicht herunter. Jack und ich rannten die Böschung hinauf, um zu sehen, was los war. Die ersten Familien versammelten sich bereits in Erwartung der Wagen, sodass wir hastig wieder hinunterliefen. Die Mädchen waren fertig, Tony auch. Mutter fummelte mit einem Besenstiel unter dem Klavier herum.

»Komm schon, Mutter, oder sie fahren ohne uns ab!«

»Ich muss erst mein Korsett finden.«

Sie fand es, dann fing sie in aller Seelenruhe an, sich zu waschen, wie eine Ente, die den ganzen Sommer Zeit dafür hat. Wir standen um sie herum und drängten zur Eile, wie gelähmt vor Nervosität.

»Lauft schon mal vor – ihr seid mir hier nur im Weg!«

So ließen wir sie zurück und rasten zum Treffpunkt. Unterdessen wartete das ganze Dorf, Mütter mit Unmengen von Proviant, Kinder mit aus Kakaodosen gebastelten Schäufelchen, Väter, deren Mäntel von klirrenden Flaschen ausgebeult waren. Die kleine Mrs Tulley sammelte das Fahrgeld ein und fummelte sich nervös im Gesicht herum; Mr Vick, der Krämer, hatte seine Schlüssel in einem Korb dabei, die beiden Schneiderinnen trugen Kleider, die nicht abgeholt worden waren und niemandem gehörten, und Lily Nelson, auf der Flucht vor ihrem Bruder, raunte den anderen zu: »Ihr dürft aber Arnold nichts davon erzählen – er würde mich umbringen.« Der alte Gärtner des Squire hatte einen Korb voller Tauben mitgebracht, die er am Pier freilassen wollte. Und der Briefträger, der keinem mehr Briefe zustellen konnte, hatte seine Posttasche weggestellt und kam ebenfalls mit.

Im ersten Licht des Tages wirkten die Gesichter fahl. Die Männer holten tief Luft und sahen zum Himmel auf. »Sieht nicht gut aus, was?« »Das kann man wohl sagen.« »Verdammt duster über Stroud.« »Kann aber noch aufklaren.« Man zog die Luft durch die Zähne, schüttelte skeptisch den Kopf, und ich spürte, wie sich das Unheil ringsum zusammenbraute.

Der Vikar erschien, um uns zu verabschieden; unter seinem Regenmantel lugten die Beine der Pyjamahose hervor. »Unweit der Promenade gibt es eine sehr schöne Kirche ... ich nehme an, dass ihr einen Moment dafür erübrigen könnt ...« Jeder Junge aus dem Chor bekam einen Shilling in die Hand gedrückt, dann schlurfte der Vikar wieder zurück in sein Bett. Ganz zuletzt tauchte der Totengräber Herbert auf, mit irgendwas Undefinierbarem in einem Sack. Nur von Mutter keine Spur.

Dann kamen die Omnibusse, und alle kletterten hinauf und kämpften um die Sitze. Wir schrieben unsere Mutter ab und drängten uns mit an Bord, elend vor lauter Schuldbewusstsein. Die Omnibusse waren hoch, mit breiten offenen Sitzen und zusammengefalteten Segeltuchplanen im hinteren Teil, auf denen allein wir Chorknaben sitzen durften, damit wir herunterfallen und uns den Hals brechen konnten. Alle nahmen ihre Plätze ein und kuschelten sich unter eine Decke. Die Hupe erklang, es ging los. »Sind auch alle da?«, rief der Chorleiter. Ich muss zu unserer Schande gestehen, dass weder Jack noch ich den Mund aufmachten.

Genau in diesem letzten Moment erschien wie üblich unsere Mutter, eine Gestalt, die aus der Ferne auf uns zueilte, dabei etwas rief und fröhlich die Handtasche schwenkte, um jeden Anflug von Ungeduld im Keim zu ersticken. »Nun machen Sie schon, Mutter Lee! Um ein Haar wären wir ohne Sie abgefahren!« Strahlend kletterte sie an Bord. »Ich musste noch eben mein Halstuch waschen«, sagte sie und befestigte es zum Trocknen an der Windschutzscheibe. Und dort flatterte es wie eine Fahne, als wir schließlich das Dorf verließen.

Eine Schlange von fünf Fahrzeugen, eine Armee in ihren Streitwagen, donnerte die Hügel hinab. Bei diesem Tempo und aus dieser Höhe nahm das Tal völlig neue Aspekte an; die Wälder rauschten unter uns vorbei, Felder und Fliegen gleichermaßen wurden in einem Zug aufgesogen. Geschwindigkeit und Stolz entrückten uns der Erde, wir bejubelten alles, Tier und Vogel gleichermaßen, und zogen mit Hohn und Spott über die Unglücklichen her, die sich noch auf den Feldern abrackern mussten. Das hatte erst ein Ende, als wir Stroud erreichten; hier begann die Fremde. Jetzt war es nicht mehr so leicht, Fußgänger damit zu beeindrucken, dass wir der Kirchenchor von Slad auf seinem alljährlichen Ausflug waren. Daher machten wir es uns gemütlich, packten die Butterbrote aus und krittelten an allem herum, was uns vor die Augen kam.

Das flache Severn Valley erschien uns langweilig nach unseren steil aufragenden Hügeln, der lachsfarbene Sandstein von Clifton Gorges zu grell im Vergleich mit unserem Kalkstein. Alles kam uns sonderbar und ungewohnt vor; wir grölten, als wir die ungewohnten Heuraufen sahen, und machten uns über die jämmerliche Verfassung des Viehs lustig: »Das da macht es nicht mehr lange – es ist schon ganz wackelig auf den Beinen.« Liebevoll sahen wir uns im Kreis unserer vertrauten Gesichter um und fühlten uns durch die Fremde stärker miteinander verbunden als sonst. Wellen von Zuneigung und Loyalität überschwemmten uns. Wir riefen uns über die Sitze hinweg zu. »Harry! He, Harry! Hör doch mal, Harry! Alles in Ordnung bei dir? Hallo, Bert! Wie geht's dir, altes Haus? Wo ist Walt? He, Walt! Hör doch mal!«

Meile um Meile ratterten wir unter dem rasenden Himmel dahin, ließen Halstücher und Drachen vom Heck flattern und kniffen die tränenden Augen im Wind zusammen. Die Älteren saßen vorn im Schutz der Windschutzscheibe, kauten auf ihren

Speckstreifen oder schliefen. Mutter wies auf Wahrzeichen der Gegend hin und hielt den Schlafenden Vorträge über historisch interessante Aspekte unserer Fahrt. Dann fand ein auf dem Boden herumkrabbelndes Kind den Taubenkorb, und der Wagen explodierte unter Kreischen und flatternden Flügeln ...

In Weston klarte es auf, und wir parkten an der Promenade. »Das Meer«, hieß es. Wir schauten uns um, keine Spur von Meer. Nur ein weiter blauer Himmel und endloser brauner Schlick, der sich bis zu den dunklen Ausläufern von Wales hinzog. Doch der Geruch der unsichtbaren See verblüffte unsere Landrattennasen. Salz, nasser Seetang und auch Fisch. Bei jedem Atemzug kam etwas Neues hinzu. Unser tief eingeschnittenes Tal hatte uns darauf nicht vorbereitet, eine solche Weite hatten wir noch nie erlebt. Die windig-blaue Welt erschien uns völlig leer gefegt, sodass wir jetzt auf Augenhöhe mit dem Himmel waren. Am Rand der Promenade flatterte das Segeltuch der Buden im Wind; wir hatten den Mund voll mit Schellfisch und Essig; bewunderten Reihen von sauberen Pensionen (jede so groß wie bei uns die Pfarrei), Liegestühle, Kutschen, Esel und die Pier, die wie ein schlafender Drache, auf Pfählen ruhend, weit in den geriffelten Schlick hineinragte.

Der blaue Tag gehörte uns; wir klimperten mit den Münzen und teilten uns in Gruppen auf. »Hey, Jake, Steve, gehen wir einen trinken!«, und schon verschwanden die Männer in einer Seitenstraße. »Ich bin ganz erledigt von der Fahrt, Sie auch, Mrs Jones? Ich kenne ein anständiges Teehaus unweit des Musikpavillons.« Die alten Frauen nickten und suchten sich ein gemütliches Plätzchen zum Ausruhen, und die jungen bewunderten die Polizisten.

Wir Kinder machten uns derweil aus dem Staub, schließlich

mussten wir die Welt aus Schlick erforschen. Unvermittelt waren Läden und Straßen zu Ende; hier war die Grenze menschlichen Wirkens erreicht – und dahinter – nichts als Schlick, salziger Wind und Vögel, doppelt so viel Licht wie sonst, ein Raum, der uns den Atem verschlug, der niemandem gehörte und von niemandem beansprucht wurde, und in weiter Ferne ein Horizont aus Wasser. Wir wieherten wie Pferde und galoppierten wild durcheinander, wobei sich jeder Hufabdruck im feuchten Sand abzeichnete. Wer diesen Schlick betrat, machte ihn lebendig. Die Abdrücke begannen zu sprechen, sie schmatzten, sie seufzten und füllten sich mit Wasser, sie wurden zu einem fußgroßen Ausschnitt des Himmels. Ich vergrub die Finger im Sand, wollte sehen, wie tief er war, stieß auf einen harten, flachen Kieselstein und zog ihn heraus, um ihn auf meiner Handfläche zu inspizieren. Plötzlich brach er in der Mitte auf und streckte zwei Scheren aus. Entsetzt ließ ich ihn fallen und rannte davon …

Unterdessen hatte sich das halbe Dorf Liegestühle gemietet und trotzte tapfer dem Wind. Mrs Jones beschwerte sich über den Tee in Weston: »Wahrscheinlich mit Spülwasser gemacht!« Der alte Gärtner des Squire versuchte mit seinem Korb Möwen zu fangen, nachdem er die Tauben verloren hatte, und der Totengräber, der offensichtlich seinen Spaten mitgebracht hatte, stand weit draußen und buddelte Löcher in den Schlick. Dann kam die Flut, eine Welle von zähem, rötlichem Schlamm, und wir alle gingen auf die Pier.

Es war eine märchenhafte Konstruktion, die sich da über den Wellen erhob, voller monströser und fantastischer Geschöpfe, Wasserrutschen, Zerrspiegel und einer ganzen Serie von Alpträumen für einen Penny. Man pirschte sich unauffällig zu seinem Lieblingsautomaten, in der Hand brannte eine Münze, und bestellte einen Mord, das Delirium eines Säufers, ein Grab, an dem es spukte, oder eine Hinrichtung in Newgate. Letzteres fand ich natürlich besonders spannend, denn mit einem Penny ließ sich haufenweise Angst und Schrecken kaufen: ein bunt bemalter Galgen, das zustimmende Nicken des Priesters, der gequälte Ausdruck des Todgeweihten. Auf Knopfdruck spulten sie ihren unheimlichen Tanz ab, Priester, Henker und Todeskandidat, alle durch Stäbchen miteinander verbunden und jeder sozusagen zu ewiger Verdammnis verurteilt. Ihre rituellen Bewegungen endeten mit einem letzten Zucken des Gehängten, dann hielten die Figuren mitten in der Bewegung inne, und das Licht erlosch. Ein weiterer Penny, und es flammte wieder auf, das reglose Trio erwachte zu neuem Leben, der arme Verbrecher wurde erneut zum Galgen geschleppt und gehenkt.

Die weiße Pier, die über den Wellen glänzte, kam mir vor wie ein festlich geschmücktes Leichenhaus. Staunend und mit blutroten Zuckerstangen im Mund tasteten wir uns gierig von einem Grauen zum nächsten. Denn es gab noch jede Menge anderen Klimbim oder Vitrinen mit haarsträubenden Missbildungen unter Glas – darunter ein zweiköpfiger Indianer, ein Schaf mit sieben Beinen und ein Mädchenauge, in dem ein winziger Embryo schwamm.

Wir verbrachten mehr Zeit auf dieser bombastischen Pier als irgendwo sonst in Weston. Dann zog die Flut sich wieder zurück, es wurde Abend, und wir kehrten zu den wartenden Omnibussen zurück. Von allen Seiten schlenderten die Leute herbei, mit Beuteln voller Muscheln und Seetang, den Totengräber mussten sie mit Gewalt von seinen Löchern im Schlick wegholen, und dann wurde überprüft und gezählt, ob sich auch wirklich alle wieder eingefunden hatten. Schließlich saßen wir auf unseren Plätzen, die Plane wurde über unsere Köpfe gezogen, und wir brachen mit einem lauten Hupkonzert auf.

So begann die lange Heimfahrt durch das rötliche Zwielicht und bereits untergegangene Landschaften. Der Motor brummte, die kleinen Kinder schliefen und die jungen Mädchen futtterten Garnelen. Bei Sonnenuntergang machten wir Rast an einem mit Gaslampen erleuchteten Pub, und die Männer bestellten noch ein Bier. Das dauerte so lange, bis alle von ihnen rosige Gesichter hatten und anfingen, ihre Frauen an sich zu ziehen. Dann kletterten wir erneut in die Autobusse, und alle wurden schläfrig, während wir im Dunkeln Bristol hinter uns ließen. Der letzte Abschnitt: Irgendwer holte seine Harmonika heraus, wir Jungs streckten die Hände aus nach Frauen, an die wir uns kuscheln konnten, und schliefen zum Schaukeln und eintönigen Dröhnen des Wagens und dem Gesang der betrunkenen Männer ein.

Am Ende passierten wir Stroud und kletterten die Straße durchs Tal hinauf. Hier erkannten unsere Körper selbst im Schlaf jede Kurve wieder und passten sich jeder Steigung an, bis wir mit dem Geruch der Heimat in der Nase erwachten. Wir waren zu Hause, die Straßenlaternen hießen uns willkommen – und der Ausflug war zu Ende. Mit gedämpften »Gute Nacht«-Wünschen sammelten wir unsere Familien und liefen auseinander. Bald lag ich in meinem Bett, benommen vom Schlaf, in den Ohren noch das Geräusch des Motors und der Mundharmonika, und im Kopf alle Bilder des Tages – Schlick, lachsroter Sandstein und der Henker …

Im Winter feierte das ganze Dorf das Pfarrfest mit Tee und allerlei Unterhaltung. Es fand im Klassenraum unserer Schule statt, jedes Jahr um Dreikönige herum, und kostete einen Shilling Eintritt. Der Tee war eine Orgie der Völlerei, bei dem sich alle Mühe gaben, mehr zu essen, als sie für den Eintritt gezahlt hatten, und die Helfer sich noch mehr den Bauch vollschlugen als die Gäste. Das anschließende selbst ausgedachte und vorgeführte Unterhaltungsprogramm im Schein der Lampen versorgte uns mit ausreichend Sprüchen für das nächste Jahr.

Schon Wochen vor diesem Fest kam es in unserer Küche zu immer gleichen Szenen. Die drei Schwestern saßen in verschiedenen Ecken, murmelten leise vor sich hin, lächelten, nickten und machten allerlei seltsame Gebärden, als spielten alle drei auf ihre jeweilige Art verrückt. Sie probten ihre Sketche für den Unterhaltungsteil, bis ich sie wohl oder übel ebenfalls auswendig kannte. Tagelang gingen mir drei gespenstische Monologe, in denen alle Fragen unbeantwortet blieben, nicht mehr aus dem Kopf.

Am Morgen des großen Tages gingen wir schon früh zur Schule und bauten eine Bühne aus Böcken und Planken. Mr Robinson stand seit drei Tagen in der Garderobe, im Moment war er damit beschäftigt, den gekochten Schinken aufzuschneiden, damit drei kichernde Gehilfinnen Brote damit belegen konnten. Inzwischen war auch John Barraclough eingetroffen und baute auf dem Schulhof seine alte Feldküche auf. Er hatte sechs Holzlatten über dem Knie zerbrochen und füllte den Boiler mit Wasser. Auf den Tischen an der Wand standen fünfunddreißig frisch gespülte Teekannen, die jetzt im Wind trockneten. Das Fest nahm Gestalt an. Jack und ich trugen Stühle, halfen bei der Bühne und schleppten Wasser vom Brunnen herbei; damit machten wir uns so auffällig nützlich, dass wir beide umsonst reindurften.

Pünktlich um sechs, vor dem großen Fressen, kehrten wir zu der hell erleuchteten Schule zurück. Die Dorfbewohner strömten mit Laternen in der Hand aus allen Richtungen herbei. Wir hörten das Wasser in Barracloughs Boiler sprudeln, sogen den süßen Holzrauch seines Feuers ein und sahen sein erhitztes Gesicht leuchten wie eine Kürbislaterne, wenn er sich bückte, um es zu schüren.

Wir standen in der Schlange, ohne die Kälte zu spüren, und warteten auf Einlass. Als die Tür aufging, löste sich die Schlange auf, alle drängten mit vorgerecktem Kinn, ausgebreiteten Ellbogen und um sich tretend hinein. Die Lampen und Dekorationen hatten aus dem Gefängnis unseres Klassenzimmers einen Festsaal gemacht. Die langen Tische bogen sich unter Platten und Tellern mit Rosinenkuchen, dunklen Brötchen und Schinkensandwiches. Die beiden Öfen dröhnten und stanken nach Koks. Die Helfer standen mit vollen Teekannen bereit. Wir setzten uns steif hin und nahmen das Essen in Augenschein: ungeduldig, hüstelnd und wartend ...

Dann öffnete sich der Bühnenvorhang, und vor uns stand der Squire mit Mantel und Jägerhut. Er ließ seine trüben, feuchten Augen durch den vollbesetzten Raum schweifen, seufzte und wandte sich zum Gehen. Jemand hinter dem Vorhang flüsterte ihm etwas zu. »Lieber Himmel!«, sagte der Squire und drehte sich wieder zu uns um.

»Das Pfarrfest!«, begann er und hielt dann inne, »ist also wieder einmal gekommen ... meine ich. Tee und Unterhaltung! Ein neues Jahr! Ein neues Jahr hat begonnen! ... Wenn ich euch alle hier versammelt sehe – wieder einmal – wenn ich sehe – wenn ich daran denke ... und ihr seid alle gekommen! Wenn ich euch hier sehe – und ich bin sicher, ihr seid alle da – wieder einmal ... muss ich daran denken, Freunde! – wie die Zeit – wie ihr – wie wir alle hier – gleichsam ...« Sein Schnurrbart zitterte, Tränen rannen ihm über das Gesicht; er tastete nach dem Vorhang und trat ab.

Daraufhin nahm der Vikar mit dem schneeweißen Haar seinen Platz ein und strahlte kraftlos auf uns hernieder.

»Welcher Baum hat keine Blätter?«, fragte er.

»Der Mastbaum!«, brüllten wir wie aus der Pistole geschossen.

»Und welcher hat keine Wurzeln, wenn ich fragen darf?«

»Der PURZELBAUM!«

»Ach, das kennt ihr schon«, sagte er verdrießlich. Dann fasste er sich wieder und faltete die Hände: »Und nun, o gütiger Herr ...«

Wir leierten das Tischgebet herunter, schnappten uns einen Teller und stopften alles durcheinander in uns hinein. Kuchen, Brötchen, Schinken, es spielte keine Rolle; wir arbeiteten uns einfach von einer Platte zur nächsten durch. Diejenigen, die in der Nähe des Feuers saßen, fächelten sich mit den Schinkensandwiches Luft zu, ein Spaßvogel briet sich eine Scheibe Schinken auf dem Ofen, dampfende braune Teekannen wurden am Tisch entlang gereicht, und alle waren so beschäftigt, dass es kaum Unterhaltungen gab. Durch die erleuchteten Fenster konnten wir sehen, wie es draußen schneite, riesige Federn vor der dunklen Nacht. »Das ist Frau Holle, die ihre Kissen schüttelt!«, rief jemand. Ein hervorragendes Omen. Dreikönige, und Frau Holle da oben im Himmel mit ihrer Bettwäsche zugange. Wir schnallten unsere Gürtel etwas weiter und nickten einander zu: Das würde ein fettes Jahr.

Wir hatten die Tische mit Abfällen, Krümeln und Fleischresten bekleckert, manche langten immer noch zu, aber es war klar, dass eigentlich keiner mehr konnte. Da erhob sich der Vikar, und wir dankten dem Herrn noch einmal. »Und nun, meine Freunde, folgt die – äh – Erbauung für die Seele. Wenn es euch nichts ausmacht – äh –, für einen Moment an die frische Luft zu gehen: Fleißige Hände warten, um die Tische abzuräumen und alles vorzubereiten für – ähem – die Unterhaltung …«

Wir schoben uns nach draußen und drängten uns dicht aneinander, bis die Tische weggeräumt waren. Drinnen, hinter dem Vorhang, bereiteten sich die Darsteller auf ihren Auftritt vor. Auch mein großer Augenblick rückte näher. Der Schnee wirbelte um mich herum, und mir brach der Schweiß aus; am liebsten hätte ich mich nach Hause geflüchtet. Dann öffnete sich die Tür wieder, und ich kauerte mich neben den Ofen, zitternd und zähneklappernd vor Lampenfieber. Der Vorhang ging auf, und die Unterhaltung begann mit einer komischen Einlage, von der ich nichts mitbekam …

»Als Nächstes, meine Damen und Herren, folgt ein musikalisches Duett, vorgetragen von Miss Brown und – äh – dem jungen Laurie Lee.«

Mein Gesicht war vor Anspannung verzerrt, als ich die Bühne betrat, Eileens war weiß wie eine halbe Note. Sie setzte sich ans Klavier, stellte die Noten krumm und schief auf, ich rückte sie gerade, sie flatterten zu Boden. Ich bückte mich, um sie aufzuheben, und wir wechselten einen hasserfüllten Blick. Das Publikum war totenstill. Eileen versuchte, mir ein A vorzugeben, schlug aber stattdessen ein B an, und ich stimmte mein Instrument wie ein Affe, der versucht, einen Faden durchs Nadelöhr zu fädeln. Schließlich waren wir bereit, ich hob die Geige, und Eileen raste los wie ein wild gewordener Gaul. Nach der

Hälfte des Stücks – ich glaube, es war ein Schlaflied – hatte ich sie eingeholt, und nach den Refrains, die wir doppelt so schnell spielten, hörten wir einfach auf und standen reglos da, völlig erledigt.

Das Publikum trampelte und johlte ausgiebig, und irgendwer rief sogar: »Zugabe!« Eileen und ich wechselten keinen Blick mehr, doch jetzt liebten wir uns. Wir fanden die Noten von »Danny Boy« und legten unser ganzes Gefühl hinein, zogen die klangvolleren Akkorde träumerisch in die Länge und huschten über die schwierigen Stellen rasch hinweg, bis die Zuhörer plötzlich einstimmten und uns als Ausdruck größten Respekts mit ihren im Kirchenchor erprobten Stimmen begleiteten. Als es vorbei war, stahl ich mich an meinen Platz am Ofen zurück, mein ganzer Körper fühlte sich entspannt und gut an, Eileens Mutter schluchzte in ihren Hut, und meine vermutlich auch ...

Jetzt konnte ich mich zum Publikum gesellen und die Unterhaltung genießen. Was mir zuvor wie ein Tollhaus voller Dämonen erschienen war, wurde nun zu einem Spektakel menschlicher Genialität. Eine fabelhafte Nummer folgte der anderen, und jede war neu. Mr Crosby, der Organist, erzählte Witze und Anekdoten, als hinge sein Leben davon ab, zitternd, schwitzend, ohne Punkt und Komma. Er gab den Zuhörern nicht einmal Gelegenheit zum Lachen, sondern verdrehte die Augen, als suchte er in den Kulissen nach Rettung. Trotzdem fanden wir ihn großartig und wollten ihn nicht gehen lassen, sodass er immer hysterischer wurde und seine Monologe immer schneller vortrug. Er trällerte Lieder über Garnelen und hüpfte, sprang und rannte auf der Bühne herum, als hätte er einen Stamm von primitiven Wilden vor sich.

Als Nächstes war Major Doveton mit seinem indischen

Banjo an die Reihe, das noch schwerer zu stimmen war als meine Geige. Er setzte sich rittlings auf einen Stuhl und fummelte an den Stimmwirbeln herum, wobei er uns auf Englisch und Urdu verfluchte. Alle Saiten rissen, er stolperte von der Bühne und kickte das Banjo wütend durch die Garderobe. Daraufhin folgte ein Stück, in dem Marjorie mit einem Kleid aus Gänsefedern als Cinderella in ihrem Schloss saß, darauf wartete, dass sich der Kürbis in eine Kutsche verwandelte, und sang: »*All alone by the telephone* …«

Nun kamen zwei Balladen, die mit überraschender Inbrunst von der verwitweten Mrs Pimbury vorgetragen wurden. In der ersten lud sie uns ein, sie nach Kanada zu begleiten; die zweite richtete sich an einen Pilz:

Wachse! Wachse! Wachse, kleiner Pilz!
Jemand wartet schon auf dich.
Morgen komm ich wieder, das verspreche ich
Und wenn du gewachsen bist – nehme ich dich mit
für mich!
Wachse! Wachse! Wachse, kleiner Pilz!

Obwohl wir es noch nie gehört hatten, ging es rasch in unseren Sprachschatz ein, wie auch das Lied einer Dame, die später an der Reihe war. Die Baronin von Hodenburg beschloss den Unterhaltungsreigen mit einem fast professionellen Flair. Sie war der Gaststar aus Sheepscombe, und ihre Erscheinung war umwerfend, so sehr verkörperte sie das Mysterium der Kunst. Sie hatte langes rotes Haar und trug einen grünen Kittel, wie eine Krankenhauspatientin. »Sie schreibt«, flüsterte meine Mutter. »Gedichte, kleine Bücher und so was.«

»Ich trage Ihnen jetzt ein kleines Lied vor, das ich selbst verfasst habe«, sagte die Dame mit einem grässlich deutschen Akzent. »Text und Musik stammen von mir, wenn ich so sagen darf, und beziehen sich auf die schöne Landschaft in dieser Gegend.«

Damit nahm sie Platz, krümmte den eleganten Rücken, hob die mit Armbändern geschmückten Handgelenke über die Tastatur und gab ein paar erschreckende Töne und Läufe zum Besten. Dazu sang sie mit schrillem Lachen:

Elfenvölkchen, komm herbei!
Sing und spring, tandaradei!
Bringt die Pfeifen, bringt die Flöten
Bringt die hübschen, leichten Noten
Komm herbei! Das Leben ist frei-hei!
Das Leben – ist – frei!

Wir fanden das Lied bescheuert, haben es aber nie vergessen. Von nun an schmetterten wir es der Baronin entgegen, sobald wir sie irgendwo auf der Straße oder hinter einer Hecke erblickten. Dann blieb sie stehen, legte den Kopf auf die Seite und lächelte verträumt in sich hinein …

Nach ihrem Vortrag endete der Abend mit einem Feuerwerk von Slapsticks, derben Sprüchen über Babys, Kerlen, die sich als Frauen verkleidet hatten, und breiten Gloucester-Dialogen zwischen Bauerntrampeln und feinen Pinkeln, wobei die Bauern die besseren Karten hatten. Uns tat alles weh vor Lachen; wir traten vor Begeisterung gegen die Stuhlbeine, wussten aber, dass das Ende gekommen war. Der Vikar erhob sich, dankte allen Beteiligten und erklärte, am Ausgang würden

Orangen verteilt. Irgendwie brachten wir auch noch die Nationalhymne hinter uns und strömten schließlich hustend hinaus in den Schnee.

Zu Hause diskutierten die Schwestern über ihre Auftritte, bis ihnen die Tränen von der Nasenspitze tropften. Doch für uns Jungs war es noch nicht vorbei, die Zitrone hatte noch ein bisschen Saft. Morgen in aller Herrgottsfrühe würden wir die Körbe mit den Essensresten finden – angebissene Brötchen, Schinken voller Brotkrümel – und uns darüber hermachen, bis auch das restlos verputzt war.

Erste Bisse in den Apfel

Jo war immer so still, so schüchtern und gleichzeitig so sehr darauf aus, zu gefallen, dass sie mir als Erste in den Sinn kam. Es gab andere, ja, sie waren auffälliger und deutlich entgegenkommender, doch Jos kühles Gesicht, ihr ordentlich zurückgebürstetes Haar, der schmale Körper und die stumme Anmut verliehen ihr die geheimnisvolle Anziehungskraft, die ich suchte. So wurde sie, ohne es zu wissen, zur Wegweiserin, einer schlanken Kerze für die Höhlen, in deren Schatten ich mich nun bewegte.

Auf dem Heimweg von der Schule schlängelte ich mich an sie heran, löste sie unauffällig aus der Gruppe der anderen und senkte den Blick auf das Messingarmband, das an ihrem Handgelenk baumelte. War ich elf oder zwölf? Ich weiß es nicht – sie war noch jünger. Sie stand am Straßenrand und lächelte mir leicht zu.

»Hast du noch was vor, Jo?«

»Nichts Besonderes.«

»Oh.«

Das war gut, Hauptsache, sie blieb stehen.

»Lass uns runter zum Fluss. Hast du Lust? Ja?«

Keine Antwort, aber auch kein Versuch, zu fliehen.

»Runter zum Fluss, so wie neulich. Was meinst du, Jo?«

Immer noch keine Antwort, kein Zeichen, auch kein Blick. Sie hörte nicht auf, mit dem Armband zu spielen, kam aber trotzdem mit zur Uferböschung. Vorsichtig trat sie über die Ameisenhaufen, sonst aber ging sie kerzengerade, dicht neben mir und stumm, ohne sich anmerken zu lassen, welches ihr Ziel war, nur, dass sie mit mir ging.

Ernst nahmen wir in der schwülen, grünen Dämmerung unter den Eiben Platz. Die alten Bäume mit dem roten Holz erhoben sich wie eine Kuppel über uns und bildeten Tunnel aus

rostigem Dämmerlicht. Jo war so reglos wie ein Ableger dieser Eiben; sie blickte weder mich an noch irgendwo anders hin. Ich stützte mich auf einen Ellbogen, warf einen Stein in die Bäume und hörte, wie er von Ast zu Ast fiel.

»Was machen wir jetzt, Jo?«, fragte ich.

Sie gab keine Antwort, wie üblich.

»Was meinst du, Jo?«

»Ist mir egal.«

»Na los, sag du.«

»Nein, du.«

Der Vorschlag kam immer von mir. Sie wartete, bis ich ihn aussprach. Wartete, ohne den Kopf zu regen, starrte vor sich hin und zupfte sacht an der Wurzel irgendeines Unkrauts.

»Guten Morgen, Mrs Jenkins!«, sagte ich munter. »Wo drückt es denn heute?«

Ohne mit der Wimper zu zucken, sank Jo wortlos ins Gras und sah hinauf zu den Eiben mit den roten Beeren, streckte sich unmerklich auf ihrem grünen, zerdrückten Lager, kratzte sich an der Wade und wartete. Das Spiel war formell und feierlich, mit einem streng ritualisierten Ablauf. So still sie dalag, so still bewegten sich meine Hände, und selbst die Vögel hörten auf zu singen.

Ihr Körper war blass und milchgrün im Gras, wie ein Birkenblatt im Wasser, leicht gebogen, von Adern durchzogen und strahlend, als leuchtete er sanft von innen heraus. Das war jetzt nicht mehr Jo, sondern das offenbarte Unbekannte, ein Labyrinth von nackten Halmen, fremder als Haut, glatter als Kerzenwachs, wie etwas vom Mond Gefallenes. Die Zeit verging, ihre kühlen Gliedmaßen bewegten sich nicht, weder auf mich zu noch von mir weg; sie drehte nur einen Ring aus Gras um ihren

Finger, starrte leer vor sich hin und wich meinem Blick aus. Die Sonne stand schon tief über den lanzenförmigen Spitzen der Grashalme, warf schräge Tigerstreifen über die Vertiefungen ihres Körpers, fesselte ihn mit purpurroten Bändern und wanderte in trägen Farbmustern über ihn hinweg.

Nacht und Zuhause schienen in weiter Ferne. Wir waren zwischen den Wurzeln der Bäume gefangen. Meine Knie waren feucht vom Tau, während ich stumm darüber nachsann, was Jos stille Hingabe mir zeigte. Sie fröstelte ein wenig, ihre Hände regten sich. Eine Amsel kreischte im Gebüsch …

»Nun, das wäre alles, Mrs Jenkins«, sagte ich. »Morgen komme ich wieder.«

Damit stand ich auf, schwang mich auf mein unsichtbares Pferd und galoppierte davon, zum Abendbrot. Jo zog sich ruhig an und bummelte nach Hause, allein zwischen den vereinzelten Bäumen.

Natürlich wurden wir am Ende entdeckt; vielleicht hatten wir uns aber auch einfach für unsichtbar gehalten. »Was hat das zu bedeuten, mein Junge? Jo und du – gestern Abend? O ja, wir haben euch gesehen, ha ha!« Ein paar Rinderhirten hatten mich auf der Straße angehalten; ich stritt alles ab, war aber nicht überrascht. Früher oder später kam einem immer wer auf die Spur, doch die Sache war schnell vergessen. In diesem Dorf gab es kaum etwas, das geheim oder schockierend war, wir taten bloß dasselbe, was andere auch getan hatten. Solche frühen Sexspiele waren rein formale Übungen, wie wenn junge Kälber aufeinander losgehen. Aber wir hatten wirklich Glück, in einem solchen Dorf zu leben, wo die Natur für reichlich Vorbilder sorgte, die wir imitierten, so gut wir konnten. Wenn uns jemand sah, lachte er sich krumm – und es gab keine Richter, die uns als unzüchtig abgestempelt hätten.

Diesen Vorteil nutzten jung und alt gleichermaßen, was heute völlig unmöglich wäre, egal wo. Wir fanden uns ebenso verdorben wie jede andere Gemeinde vergleichbarer Größe – eine x-beliebige Straße in London beispielsweise. Aber damals tratschte man so etwas nicht weiter oder meldete es der Polizei. Mit Missetätern wurde man selbst fertig, stillschweigend, spöttisch oder mit allerlei Hänselei. Da sich das Dorf selbst zu schützen wusste, blieb es uns erspart, unsere fleischlichen Sünden in einer Anklageschrift wiederzufinden, von fragwürdigen Festnahmen, amtsärztlichen Befunden oder richterlichen Strafpredigten ganz abgesehen.

Keine Frage, die meisten von uns wären unter dem heutigen Strafrecht in dem einen oder anderen Stadium der Jugend geschnappt, einige sogar in eine Besserungsanstalt gesteckt worden. So aber blieb unser Führungszeugnis sauber – trotz unbestreitbarer Verfehlungen. Wir waren nicht besser und nicht schlechter als die Battersea-Jugend, aber weniger bedroht von allen möglichen Verfügungen. Wenn wir auf frischer Tat ertappt wurden, setzte es eine Tracht Prügel, und die Faust des Bauern, dem wir seine Äpfel oder Eier geklaut hatten, kam uns natürlicher und gerechter vor als irgendwelche kaltschnäuzigen Gesetzeshüter, die ihre Statistiken aufplustern wollten. Nicht das Verbrechen hat sich potenziert, sondern seine Definition. Eine moderne Großstadt ist für Heranwachsende die reinste Polizeifalle.

Unser Dorf war bestimmt kein heidnisches Paradies, und wir waren uns auch unserer Toleranz nicht wirklich bewusst. Es war einfach so. Ganz sicher haben auch wir unseren Teil zu den üblichen Verbrechen beigetragen. Totschlag, Brandstiftungen, Raubüberfälle, Vergewaltigungen – all das tauchte im Lauf der Jahre immer mal wieder auf. Da wo die Straßen schlecht waren, kam es zu Inzest; manche fanden Trost bei ihrem Vieh, und natürlich gab es die üblichen Freundschaften zwischen erwachsenen Männern und halbwüchsigen Jungen, die durch die Felder spazierten, als wären sie ein Liebespaar. Alkohol, animalische Triebe und Langeweile waren in den meisten Fällen die Ursache. Bei uns wurde so etwas weder gutgeheißen noch missbilligt, aber man rannte deswegen auch nicht zu irgendwelchen Behörden. Manchmal machte man den Frevlern die Hölle heiß, verhöhnte und stellte sie an den Pranger, doch dann gingen ihre Missetaten im dörflichen Alltag unter. Auf alle Fälle war ihre Bestrafung einzig und allein Sache der Gemeinde.

Als ich also zu gegebener Zeit zum ersten Mal mit Sex in Berührung kam, bestand mein Problem weniger in Schuldgefühlen oder der Überlegung, wie ich es am besten vertuschen konnte, sondern schlicht in der Offenbarung selbst. Die frühe Erforschung des vor mir ausgebreiteten Mädchenkörpers war wie ein einsames Kartenstudium. Die darin enthaltenen Hinweise verrieten mir, welchen Weg ich gehen musste, dann wurde sie zusammengefaltet und weggelegt. Schon bald stieß ich auf andere Reisende, die alle in derselben Richtung unterwegs waren. Sie nahmen mich ganz selbstverständlich auf, diese Jungen und Mädchen in meinem Alter, und gemeinsam drangen wir in das schwierige Gelände vor. Es war helllichter Tag, und wir kannten noch keine Scham. Böschungen und Unterholz waren unsere Bühne, Neugier unsere Triebfeder. Wir waren unbeholfen und verkrampft, aber Heimlichkeiten gab es nicht, dazu kannten wir uns zu lange, und das war unser Schutz. Außerdem waren wir alle in einem Alter, in dem man nichts falsch machen kann, noch so grün hinter den Ohren und so lässig unschuldig, dass wir nicht viel mehr taten, als die Wirklichkeit nachzuäffen.

Anstiften und sich darbieten, das war die Rolle der Mädchen, und ihre Selbstsicherheit übertraf die unsere. Sie spürten, dass sie endlich zu sich selbst gefunden hatten. Plötzlich waren sie keine Geschöpfe mehr, die man herumkommandieren konnte, keine Wildfänge wie früher. Sie besaßen, und das war ihnen sehr bewusst, den Schlüssel zu Geheimnissen, die viel bedeutsamer waren, als wir uns hätten träumen lassen. Sie wurden aalglatt und schwierig – aber keineswegs unantastbar. Die schüchterne, stille Jo rückte in den Hintergrund angesichts der Herausforderung, die Bet oder Rosie darstellten. Bet war frech, Rosie aufreizend, und beide zusammen forcierten unser Tempo. Bet war erst elf, aber frühreif, eine farblose Blondine, in deren Schlafzimmerblick sich pure Anmaßung spiegelte. »Gib mir ein Weingummi«, sagte sie, »und ich zeig dir, was du willst.« (Für ein Weingummi hätte sie sich sogar in der Kirche ausgezogen.) Rosie hingegen war durchtriebener und verschlagen, sie hatte das scharfe Salz der Bosheit im Blut und ließ mich um Scheunen oder Hühnerställe tanzen, bis ich halb verdurstet war und nur noch zitterte. Es dauerte lange, bis ich herausgefunden hatte, wie ich mit beiden – Bet und Rosie – umzugehen hatte.

Unterdessen war es, als hätte mich jemand in heißes Öl getaucht, frittiert, abtropfen lassen und als zitternde Marionette an Fäden gehängt. Über Nacht erwachten geheimnisvolle Sinne zum Leben und breiteten sich wuchernd in mir aus, bis mein ganzer Körper durch die Verschiebung der Kräfte aus dem Lot gekommen war. Das war die Zeit, in der die Schenkel brannten wie trockenes Gras und nach Wasser und kühlender Gurke verlangten, wenn die Lust träge zwischen Bauch und Händen schaukelte, stachelig, ausgehungert, den Rundungen der Wolken ihre Form aufzwingend, oder man im Sommer bäuchlings auf einer Wiese lag und sich von der Erde durchpulsen ließ. Bruder Jack und ich waren plötzlich viel mehr unterwegs als sonst, wir rannten, kletterten auf Bäume und rackerten uns ab bis zur Erschöpfung, während wir bislang eher Faulpelze gewesen waren. Es war nicht so, dass wir nicht wussten, was mit uns geschah, wir hatten bloß keine Ahnung, wie wir damit umgehen sollten. Und vielleicht würde ich heute noch auf Bäume klettern, wäre Rosie nicht gewesen …

An einem reglosen Sommertag, weich, diesig und bernsteingelb, beschloss Rosie Burdock, sich meiner anzunehmen. Die Buchen standen im schweren Licht der Sonne, als wären sie mit wildem Honig glasiert. Es war die Zeit der Heuernte; nach der Schule gingen Jack und ich zum Bauernhof, um dort auszuhelfen.

Das Surren der Mähmaschine empfing uns über die Stoppeln hinweg; Hasen sprangen wie Feuerwerkskörper aus den Feldern empor, und das Heu duftete süß und frisch. Alle Bauersleute waren an der Arbeit, sie rechten das Heu, wendeten es und luden es auf Wagen. Es waren hochgewachsene, schnauzbärtige Burschen, deren Brust aussah wie ein Brombeergestrüpp. Die Heugabeln flogen durch die Luft, und das frisch gemähte Gras landete auf den Wagen, als wären ihm Flügel gewachsen. Der Bauer drückte Jack und mir kurze Heugabeln in die Hand, und wir reihten uns bei den anderen ein …

Hinter einem der Heuhaufen stolperte ich über Rosie, die mit den verschlagenen, glitzernden Augen ihrer Mutter zu mir heraufgrinste. Sie trug ein kariertes Kleid und ein billiges Halsband aus Messing; ihre nackten Beine waren vom braunen Staub des Heus gefärbt.

»Komm raus da«, sagte ich. »Verschwinde.«

Rosie war hochgewachsen und ziemlich kräftig. Ich hatte eine Heidenangst vor ihr. In ihren Katzenaugen und dem verzogenen Mund erblickte ich ein dunkles Wissen um Dinge, die bedrohlicher waren als alles, was ich mir vorstellen konnte. Bei unserer letzten Begegnung hatte ich sie mit einem Kohlstrunk verdroschen. Doch sie war mir nicht böse; sie grinste nur.

»Ich kann dir was zeigen.«

»Mach, dass du wegkommst«, sagte ich.

Mir war heiß, und mir war kalt; ich fühlte mich wie ausgetrocknet und war gleichzeitig schweißüberströmt. Ihre Augen funkelten, und ich blieb wie angewurzelt stehen. Ihr Gesicht war unter einem pulsierenden Schleier verborgen, und ihr Körper schien zu flackern.

»Hast du Durst?«, fragte sie.

»Nein, und jetzt hau endlich ab.«

»Glaub ich nicht«, sagte sie. »Komm mit.«

Und so pflanzte ich die Heugabel in die trockene Erde und folgte ihr, als bliebe mir nichts anderes übrig.

Wir gingen weit, bis ans Ende der Wiese, wo ein halb beladener Heuwagen stand. Girlanden von struppigem Gras hingen auf allen Seiten wie ein Vorhang herab. Wir krochen unter den Wagen, zwischen die Räder, in eine nach Kräutern duftende, dunkle Höhle. Rosie tastete herum, hob einen Sack in die Höhe und förderte einen Krug voller Cider zutage.

»Cider«, sagte sie. »Du darfst aber nicht davon trinken. Jedenfalls nicht viel.«

Groß und eckig lag der Krug im Gras wie eine nicht explodierte Bombe. Wir stellten ihn auf, schraubten den Verschluss ab, und der Duft vergorener Äpfel stieg uns in die Nase. Ich hielt mir den Krug an den Mund und verdrehte die Augen zur Seite, wie ein Tier an einem Wasserloch. »Na los«, sagte Rosie. Ich holte tief Luft ...

Nie werde ich ihn vergessen, diesen ersten heimlichen Schluck des goldenen Feuers aus dem Saft jener Täler und jener Zeit, den Wein aus wilden Obstgärten, den rostroten Sommer, die dicken gelben Äpfeln und Rosies glühende Wangen. Nie sollte ich ihn vergessen, und nie wieder schmeckte er so ...

Keuchend und prustend stellte ich den Krug ab. Dann drehte ich mich zu Rosie um. Sie war gelb vom Staub der Butterblumen und sah im Halbdunkel aus wie eine schnurrende Katze. Ihr dichtes Haar war ein Nest wilder Bienen, und ihre Augen waren voller Stacheln. Ich wusste nicht, was ich mit ihr anstellen oder was ich überhaupt machen sollte. Sie erschien mir weich und kostbar, ein Ding voller unerforschlicher Geheimnisse, gefährlich wie Treibsand.

»Rosie«, sagte ich, auf den Knien, zitternd.

Durch das raschelnde Gras kroch sie auf mich zu, rasch und vollkommen selbstsicher. Ihre Hand fühlte sich in der meinen an wie eine kleine, feuchte Flamme, die ich weder festhalten noch loslassen konnte. Dann schubste mich Rosie gnadenlos und kräftig aus meiner schwankenden Position und zog mich, zog mich hinab zu sich, mit einem breiten grünen Lächeln ins hohe Gras, wie unter Wasser.

An das Folgende habe ich kaum Erinnerungen, und auch

sie sind verschwommen. Das Trommeln in meinem Kopf. Rosie war ganz nah, salzig, eine unsichtbare Berührung, zu nah, als dass ich sie hätte erkennen oder bewerten können. Und es schien, als triebe der Wagen, unter dem wir lagen, davon wie ein Kahn, hinaus über das Tal, wo wir uns unbeobachtet wiegten, auf reglosen Wellen schaukelnd.

Dann zog sie ihre Stiefel aus und stopfte sie voller Blumen. Dasselbe tat sie mit meinen. Ihre ausgetrocknete Stimme knisterte wie Feuer in meinem Ohr. Neue Flammen loderten auf. Ich trank noch mehr von dem Cider. Rosie erzählte mir die fantastischsten Sachen. Ich gefiele ihr mehr als Walt, Ken, Boney Harris oder sogar der Hilfspfarrer. Und ich versicherte ihr mit lauter, rauer Stimme, dass sie noch hübscher war als Betty Gleed. Lange saßen wir einfach da, ihr Mund dicht vor dem meinen, und atmeten dieselbe heiße Luft. Dann küssten wir uns, nur ein einziges Mal, so trocken und scheu, dass es war, als berührten sich zwei Blätter in der Luft.

Nach einer Weile verstummten die Kuckucke und verzogen sich in den Wald. Die Mähmaschinen fuhren nach Hause und ließen uns allein. Ich hörte, wie Jack nach mir rief, als er die Straße entlangging; irgendwann war auch seine Stimme nicht mehr zu hören. Und wir lagen in unserem Lager aus Gras und hielten uns an den Händen, während ihr heiseres, gefährliches Flüstern mich berauschte und der Cider in meinem Kopf widerhallte wie ein Gongschlag …

Schließlich wurde es dämmrig. Wir krochen unter dem Wagen hervor und stolperten zusammen heimwärts. Heller Tau und Glühwürmchen leuchteten auf dem Gras. Die Hitze des Tages hatte nachgelassen. Ich fühlte mich wie ein Riese, schaukelte an Baumästen und fuhr mit den Armen durch Brennnesseln, nur um ihr zu imponieren. Alles, was ich tat, wirkte kühn und lässig. Rosie trug ihre Stiefel in der Hand und lächelte.

Es gab etwas an diesem Abend, das die Erinnerung übersteigt, bis heute. Die langgezogenen Hügel spuckten Feuer wie chinesische Drachen, blutrot in der untergehenden Sonne. Der schwankende Weg ringelte sich um meine Füße und versuchte, mich zu Fall zu bringen. Und der See erhob sich mit rauschenden Wellen, als wollte er uns zwischen seinen menschenfressenden Fischen ertränken.

Vielleicht bin ich hineingefallen – ich weiß es einfach nicht mehr. Doch hier kam mir Rosie abhanden. Ich ertappte mich dabei, dass ich allein nach Hause wanderte, nass bis auf die Knochen und von Wundern überwältigt. Ich entdeckte unglaubliche Sinnestäuschungen. Ich konnte Bäume dazu bringen, ihren Platz zu verlassen und sich gegenseitig zu überspringen. Ich konnte Büsche in ohrenbetäubende Eisenbahnen verwandeln. Ich konnte die Sterne am Himmel lutschen wie saure Drops und aufs Gesicht fallen, ohne mir weh zu tun. Ich fühlte mich großartig, unschlagbar und zum ersten Mal im Leben immun gegen die Gefahren der Nacht.

Als ich immer noch triefnass nach Hause kam, strotzte ich vor Kraft und Lust, setzte mich auf den Hackklotz und sang »Mächtig tobt des Sturmes Brausen« und andere, ähnliche Kirchenlieder. Dieses einsame Gebrüll im Dunkeln hielt bis lange nach dem Abendessen an. Dann kamen Harold und Jack und führten mich ab, Richtung Bett. Seitdem war ich nie wieder derselbe …

Etwa ein Jahr später kam es zu der Vergewaltigung im Brith Wood. Falls man es denn überhaupt so nennen kann. Inzwischen gehörte ich zu einer Gang von Grünschnäbeln, die grölend durch die Gegend zog, raufte, kämpfte, ziellos und gefährlich, verwirrt von ihrer eigenen Kraft und ihrer Langeweile. Natürlich musste es eines Tages so weit kommen, und dieser Tag war ein Sonntag.

Wir planten die Vergewaltigung eine Woche im Voraus, im Stall des Baumeisters. Die stickige Luft des Stalls, die nach modriger Spreu, trockenem Leder und feuchtem Stroh roch, die stinkenden Gänge und das schmuddelige Dämmerlicht sorgten für die Atmosphäre, die uns gefiel. Regelmäßig versammelten wir uns hier, um Karten zu spielen, uns zu kratzen, zu pfeifen und über Mädchen zu reden.

An diesem Morgen waren wir ein halbes Dutzend: Walt Kerry, Bill Shepherd, Sixpence, Boney und Clergy Green. Das Tal draußen, wir konnten es durch die offene Tür sehen, fröstelte im Aprilregen. Wir saßen auf umgedrehten Eimern und kauten auf Lederstreifen vom Zaumzeug herum. Da platzte Bill Shepherd plötzlich mit seinem Vorschlag heraus.

»He«, sagte er. »Hört mal. Ich hab eine Idee ...«

Er senkte die Stimme zu einem pelzigen Flüstern, sodass wir uns alle im Kreis zu ihm vorbeugten.

»Ihr kennt doch Lizzy Berkeley, oder?«, fragte er. Bill war ein pausbäckiger Kerl, kräftig und verschlagen, der immer aussah, als hätte er gerade etwas verbrochen. »Die wär gut«, sagte er. »Die is nicht ganz richtig im Kopf. Sie wär perfekt, wisst ihr.«

Wir dachten an Lizzy, und es stimmte, sie hatte diesen religiösen Spleen. Klein und stämmig, etwa sechzehn Jahre alt, mit großen blauen Augen. Sie lief mit einer Handvoll Kreidestücken durch den Brith Wood und verunzierte die Buchenstämme. Mit riesigen Großbuchstaben und in allen Farben des Regenbogens kritzelte sie JESUS LIEBT MICH JETZT auf die glatte grüne Rinde.

»Ich hab am Sonntag gesehn, wie sie das wieder machte«, sagte Walt.

»Sie macht das immerzu«, meinte Boney.

»Jerusalem«, sagte Clergy salbungsvoll.

»Tja, also was sagt ihr?«

Wir rückten näher heran, damit das Pferd uns nicht hören konnte. Bill bannte uns mit dem Blick seiner blutunterlaufenen Augen.

»Es is nämlich so, kapiert ihr: kinderleicht.« Wir hörten mit angehaltenem Atem zu. »Am Sonntagmorgen nach der Kirche gehn wir in den Wald. Und wenn sie vonner Kirche kommt, schnappen wir sie uns.«

Jetzt atmeten wir alle aus. Wir sahen es klar vor uns. Sahen, wie sie allein durch den sonntäglichen Wald kam, die kreidebunte Lizzy, ahnungslos und fromm, plump wie ein Kleiderbündel. Wir sahen, wie sie durch ihre mit Botschaften beschmierten Bäume auf uns zukam, ahnungslos, direkt in unsere Arme.

»Die würd schreien«, sagte Boney.

»Dazu is sie zu bekloppt«, meinte Bill.

»Die würd mich glatt für'n Apostel halten.«

Clergy stieß sein wieherndes, nervöses Kichern aus, und Boney wälzte sich vor Lachen auf dem Boden.

»Ihr seid also dabei, ja?«, flüsterte Bill. »Was meint ihr? Wie wär das? Ein Kinderspiel, wartet nur ab.«

Keiner von uns antwortete, aber wir fühlten uns alle verpflichtet. Kaum war es geplant, schien es auch schon besiegelt zu sein. Wir hatten es so lebhaft vor uns gesehen, dass es bereits hätte passiert sein können, und mehr gab es nicht zu sagen. Für den Rest der Woche gingen wir uns aus dem Weg, hatten aber unseren schändlichen Plan immer im Hinterkopf. Wir dachten an kaum etwas anderes als diese bevorstehende Begegnung, an Lizzy und ihren stämmigen Körper, die leichte Beute, an der wir alle irgendwie teilhaben würden …

Am Sonntagmorgen nach der Kirche machten wir uns gegenseitig stumme Zeichen. Es war ein feuchter, sonniger Frühlingsmorgen. Wir nickten, blinzelten und deuteten mit dem Kopf Richtung Wald, dann ging jeder von uns einzeln los. Doch als wir uns am Ort des geplanten Überfalls versammelten, war der Elan irgendwie verflogen. Alle waren angespannt und stumm; keiner sagte ein Wort. Wie verabredeten setzten wir uns unter einen Baum und warteten.

Warteten lange. Vögel sangen, Eichhörnchen schnatterten, die Sonne schien, doch niemand kam. Allmählich hob sich unsere Stimmung, und wir fingen wieder an zu kichern.

»Sie kommt nich«, sagte einer. »Bestimmt hat sie Bill gesehn.«

»Hat ihn gesehn und is heulend nach Hause gerannt!«

»Glück gehabt. Ich hätte sie zum Schreien gebracht!«

»Ich hätte sie 'n Baum raufgejagt!«

Wir waren übermütig und glücklich, als hätten wir eine Schlacht gewonnen. Trotzdem warteten wir noch ein bisschen länger.

»Mist!«, sagte Bill schließlich. »Das war's dann wohl. Hauen wir ab.« Und alle waren heilfroh, als er das sagte.

In diesem Moment sahen wir, wie sie mit ihrem albernen Strohhut fast andächtig den Pfad entlangstapfte. Bill und Boney wurden leichenblass und beobachteten sie entsetzt. Sie kam

langsam näher, wie eine kleine dicke Puppe. Die Sonne spren-
kelte ihr Kleid. Keiner von uns regte sich, als sie auf einer Höhe
mit uns war, aller Augen ruhten auf Bill und Boney. Sie erwi-
derten unseren Blick mit kläglicher Verzweiflung und rappelten
sich langsam auf.

Dann ging alles sehr schnell. Unbeholfen, banal und
stumm, wie in einem sehr alten Film. Die beiden Jungs sprangen den Hang hinab und verstellten dem pummeligen Ding
den Weg. Lizzy blieb stehen, und alle drei starrten sich an …
Das war der Schlüsselmoment unserer Fantasien gewesen: abso-
lut belanglos. Nach einer unbehaglichen Pause schlurfte Bill auf
sie zu und legte ihr die Hand auf die Schulter. Sie schlug ihm
zweimal den Kreidebeutel ins Gesicht, steif, mit ruckartigen
Bewegungen, wie eine Marionette. Dann drehte sie sich um,
stolperte, stand wieder auf, sah sich noch einmal um und trabte
durch die Bäume davon.

Bill und Boney taten nichts, um sie daran zu hindern, sie
sackten nur zusammen und sahen zu, wie sie weglief. Und das
Letzte, was wir von unserer jungfräulichen Lizzy sahen, war
eine rundliche Gestalt, die wie ein Gummiball aus unserem
Blickfeld hüpfte.

Wir schoben ab, jeder für sich, in unterschiedliche Richtungen. Ich trödelte auf dem Heimweg, pfiff ziellos vor mich
hin und bewarf Baumstämme und Zaunpfosten mit Steinen.
Was an diesem Morgen geschehen war, ließ sich nicht in Worte
fassen. Aber wir sprachen ohnehin nie wieder darüber.

Und wie ging es mit unseren Anführern weiter – diesen
gefährlichen Verführern unschuldiger Mädchen vom Lande?
Boney wurde wenig später selbst vergewaltigt und heiratete seine Amazone, eine reiche Bauernwitwe, die ihn im Bett und in

der Scheune gleichermaßen triezte. Bill Shepherd lernte eine junge Frau kennen, die ihn gekonnt reinlegte und sein Postsparbuch klaute. Walt ging zur See und gewann Preise für seine Kochkunst, bevor er ins Bratfischgeschäft einheiratete. Auch die anderen heirateten, bekamen viele Kinder und wurden Mitglieder des Kirchenvorstands.

Und die Mädchen, die unsere Beute und Lehrmeisterinnen gewesen waren und uns geholfen hatten, diese Zeiten zu überstehen? Die hübsche Jo wurde an der Seite eines Bäckers aus Painswick dick und rund, die fröhliche Bet ging nach Australien und gründete dort eine Familie, und Rosie, die mich mit ihren Ciderküssen getauft hatte, heiratete einen Soldaten und war für immer verloren.

Letzte Tage

Die letzten Tage meiner Kindheit waren auch die letzten des Dorfes. Ich gehörte zu der Generation, die durch puren Zufall das Ende einer tausendjährigen Geschichte miterlebte. Die Veränderung erreichte unser Cotswold-Tal erst spät, Ende der Zwanzigerjahre. Inzwischen war ich zwölf geworden, doch in diesen wenigen Jahren konnte ich mit eigenen Augen sehen, wie sie sich vollzog.

Meine Familie, meine Generation und ich selbst wurden in eine stille Welt hineingeboren, die von harter Arbeit und der dazu erforderlichen Geduld geprägt war. Man krümmte den Rücken auf den Feldern, man sorgte sich um die Ernte, beobachtete Wetter und Wachstum, und die Dörfer lagen wie Schiffe in der leeren Landschaft, mit langen Fußwegen dazwischen. Die schmalen, hellen Wege waren von Hufen und Wagenrädern zerfurcht; Öl oder Sprit kannte man noch nicht. Nur selten wurden sie von Menschen benutzt, und wenn, dann nicht zum Vergnügen. Pferde waren damals das Schnellste. Mensch und Pferd – das waren alle Kräfte, die uns damals zur Verfügung standen, dazu kamen Hebel und Flaschenzüge. Doch das Pferd war König, und fast alles andere kreiste darum: Futter, Schmieden, Stallungen, Weiden, Entfernungen und der Rhythmus der Tage. Seine acht Meilen pro Stunde markierten die Grenzen unseres Radius, so, wie es seit den alten Römern schon gewesen war. Diese acht Meilen pro Stunde konnten Leben oder Tod bedeuten, sie waren die Ausdehnung unserer Welt und unser Gefängnis.

In diese Welt wurden wir geboren; sie war alles, was wir anfangs kannten. Dann setzte der Wandel ein, und das Pferd hatte das Nachsehen. Mit Messinglampen ausgerüstete Automobile keuchten die Straße hinauf, gefolgt von lärmenden offenen Ausflugswagen. Der Bus mit seinen robusten Reifen kletterte die staubigen Hügel empor, und immer mehr Menschen benutzten ihn. Hühner und Hunde waren die frühesten Opfer; sie wurden verrückt und kamen unter die Räder. Auch die Alten traf angesichts derart unvorstellbarer Geschwindigkeiten der Schlag oder ein Herzanfall. Dann tauchten scharlachrote Motorräder im Dorf auf, so groß wie ein breites Gattertor, mit denen unsere Jugend in zwei Minuten die Hügel hinaufschoss wie auf einer Rakete. Und dann brachte sie Wochen damit zu, die Maschine auseinanderzunehmen und zu reparieren.

Diese Neuerungen veränderten unser Leben nicht sofort. Automobile waren noch etwas Ausgefallenes, man sah sie nur selten; die Motorräder waren meistens in Einzelteile zerlegt; die Ausflugswagen benutzten wir nur einmal im Jahr, und unsere Busse waren anfangs kaum mehr als ein Experiment. Unterdessen bot Lew Ayres mit einem Bowlerhut auf dem Kopf zwei Mal pro Woche Fahrten nach Stroud an. In seiner Wagonette hatten sechs Passagiere Platz, und der Preis lag bei zwei Pence, trotzdem gingen die meisten Leute lieber zu Fuß. Mr West aus Sheepscombe kam jeden Tag mit seinem Karren und transportierte Pakete für nur einen Penny. Doch die meisten von uns blieben trotzdem bei ihrem gewohnten Fußmarsch, kämpften vornübergebeugt gegen den feuchten walisischen

Wind an und ignorierten die Fuhrleute. Wir hielten sie für Halsabschneider und verbrachten lange, mühsame Tage mit unseren Einkäufen.

Doch die Pferde, die mit verdrehten Augen vor den Automobilen scheuten, waren Vorboten der kommenden Hysterie. Bald sollte das Dorf zerbrechen, sich auflösen und zerstreuen und nur noch ein Ort für Ruheständler sein. Ein paar Jahre blieben ihm noch, die letzten seiner tausend, und sie vergingen, fast ohne dass wir es bemerkten. Rasch, schmerzlos, mit Motorradfahrten, im Schatten des neuen Kinopalasts, mit kleinen Ausflügen nach Gloucester (früher eine Stadt in der Fremde), um die tollen Auslagen der Geschäfte zu bewundern. Und bis zum Schluss erschien uns – ähnlich der trügerischen Kraft, die dem Tod vorausgeht – das Leben verschwenderisch wie eh und je.

Die Kirche beispielsweise war uns noch nie so mächtig vorgekommen. Ihre Glocken läuteten jeden Sonntagmorgen voller Zuversicht, das Dorf hörte sie und stellte keinerlei Fragen. Es zog seine Sonntagskleider an, drängte sich in die Kirchenbänke, knickste und kniete, ermahnte seine Kinder, verbeugte sich zum Gebet, sang brüllend oder zittrig die Kirchenlieder mit, saß ausdruckslos da oder nickte kurz ein, während der Hilfspfarrer hochgestochene Predigten leierte, die er aus der Kirchenbibliothek geklaut hatte.

Der Sonntag war alles andere als ein Tag der Ruhe; im Gegenteil, manchmal war er anstrengender als ein Wochentag. Er war nie langweilig, sondern spornte uns an mit seiner Kombination aus Faulheit und Disziplin. An diesem einen Tag in der Woche waren wir – nach dem Bad am Abend zuvor – sauber, trugen unsere Sonntagskleider und aßen mittags Fleisch. Für

die Disziplin sorgten die Sonntagsschule, das Lernen des Tages-
gebets und Gottesdienste morgens und abends. Ob man Lust
dazu hatte oder in welcher Stimmung man gerade war, spielte
keine Rolle, und bislang waren uns auch noch keine Zweifel
gekommen.

Am Sonntagmorgen stand bei uns zu Hause regelmäßig
alles Kopf – Chaos in der Küche, schrille Kommandos, sich mit
dem Waschen zu beeilen, und alle hatten die Uhr im Blick. Wir
kämmten uns das Haar mit Pomade und Wasser und wuschen
uns unter der Pumpe. Da es Sonntag war, gab es ein Pfund großer Würste zum Frühstück, schwarz verbrannt und triefend vor
Fett. Man stippte sie in Pfeffer und verschlang sie hastig, ein
aufgeschlagenes Gebetbuch neben dem Teller aufgestellt.

»Lieber Himmel, du kommst zu spät, Kleiner.«

Kauen, murmeln, würgen.

»Was machst du denn? Beeil dich, na los!«

»Lass mich in Ruhe – ich lerne das Tagesgebet.«

»Was sagst du?«

»Ich-muss-mein-Gebet-lernen!«

»Dann leg einen Zahn zu und mach!«

»Wie soll ich das schaffen, wenn du mich dauernd störst?«

Doch in Wirklichkeit war es gar nicht schwer: zehn unergründliche Zeilen, die ich zwischen zwei Bissen aufnahm, und
das gewöhnlich im Laufen. Die Böschung hinauf, die Straße hinunter, das mit Fettflecken übersäte Gebetbuch in einer Hand,
den Rest der Wurst in der anderen: »Allmächtiger, gütiger Vater,
der du allein die größten Wunder wirkst ...« In fünf Minuten
hatte ich alles im Kopf.

In der Sonntagsschule putzte sich Miss Bagnall die Nase
und sagte: »Das Tagesgebet – wer möchte uns heute vortragen ...«

Dann sprang ich auf und spulte wie am Schnürchen die halbe Seite wohlklingender Silben ab. Mit den Augen hatte ich sie aufgenommen, und nun rollten sie mir über die Zunge wieder hinaus, ohne irgendwelche Spuren zu hinterlassen. Nur kann ich bis heute kein Tagesgebet sprechen, ohne den Geschmack einer knusprig gebratenen Wurst im Mund …

Nach einer Stunde Sonntagsschule gingen wir alle in die Kirche; der Chor direkt in die Sakristei. Hier streiften wir unsere schmuddeligen Gewänder über, die nur zu Ostern gewaschen wurden. Der Pfarrer ließ uns antreten und sprach ein kurzes, strenges Gebet, dann drängten wir uns nacheinander ins Chorgestühl, nahmen unsere privilegierten Plätze ein und studierten die Gemeinde. Die Kinder aus der Sonntagsschule besetzten den düsteren Nordflügel. Ihre Köpfe waren flaumig wie mit Reif bestäubte Blumen. Der Rest der Kirche war schwarz vor Erwachsenen, festlich aufgeputzt mit Katzenfell und Federschmuck. Die meisten Familien blieben zusammen, doch hier und da gab es auch junge Paare, die frisch verlobt mit erhitzten Gesichtern und roten Händen dasaßen. In den vordersten mit Namensschildern versehenen Bänken hatten unsere Honoratioren Platz genommen: die Gutsherren, Squire Jones und die Croomes; dann die Angehörigen der Armee, die Carvossos und Dovetons; die wohlhabenden alten Jungfern, Misses Abel und Misses Bagnall, und schließlich die reichen Bauern. Allen hatte das Protokoll ihren festen Platz zugewiesen, dem Squire ganz vorn neben der Kanzel. Während der Gebete, Psalmen und ausgelassenen Kirchenlieder schlief er selig wie ein Kind. Nur wenn ein auswärtiger Prediger, der auf Besuch bei uns war, zu rhetorischen Höhenflügen ansetzte, schreckte er mit einem lauten »Gottverdammmich!« auf.

Der morgendliche Gottesdienst begann mit einem frei gewählten Orgelstück, einem Walzer von Strauss beispielsweise, sehr langsam gespielt. Die Orgel war so alt, dass ihr Ächzen und Stöhnen häufig lauter war als die Musik. Sie wurde mit einem gewöhnlichen Pumpenschwengel betätigt, was den Prozess entsprechend vergröberte, und Rex Brown, der in seinem Kasten versteckte Kalkant, der nur für uns Chormitglieder sichtbar war, belebte den Gottesdienst, indem er ihn mit allerlei Gesten parodierte oder Mädchennamen ins Holz ritzte.

In der dicht gedrängten Gemeinde herrschte feierlicher Ernst. Ein Gefühl von Allmacht erfüllte den Raum, Klagen, laute Gesänge, inbrünstige Gebete und öffentliche Reue gesellten sich dazu. Niemand im Dorf blieb ohne Grund der Messe fern, und noch verspürte auch niemand den Wunsch dazu. Wir waren zur Kirche gekommen, weil es Sonntag war, so wie wir montags unsere Wäsche wuschen. Außerdem führte Gott ein strenges Regiment; wie ein archaischer Squire oder Verwalter vermerkte er peinlich genau, wer mit seiner Pacht in Rückstand geriet, und würde nicht zögern, ihn vor die Tür zu setzen, wenn er seine Schulden nicht beglich.

Doch dieser morgendliche Gottesdienst war noch mehr. Angesichts der stets drohenden Sintflut kommt er mir vor wie eine Rückkehr aller Gattungen in die Arche. Heute haben wir dieses Bedürfnis abgestreift, und wenn die Flut kommt, werden wir stolz und einsam untergehen, daran besteht kein Zweifel. Damals aber legte sich der Löwe neben das Lamm, die Taube schmiegte sich an den Hals des Falken, die Schafe kuschelten sich an den Wolf; wir wärmten uns aneinander und wussten, dass wir Geschöpfe desselben Königreichs waren …

Das war der Sonntagvormittag. Nach der Messe stand man noch zwischen den Grabsteinen beieinander und hielt ein

Schwätzchen, dann ging es langsam nach Hause, zum Sonntagsbraten, und später dämmerte man über der Sonntagszeitung ein. Die Älteren verschliefen lustvoll den ganzen langen Nachmittag, die Jüngeren kehrten wieder in die Sonntagsschule zurück. Später folgte die Abendandacht, die sich vom Morgengottesdienst so sehr unterschied wie ein Rendezvous von einer Kundgebung auf dem Trafalgar Square. Die Atmosphäre war sanfter, verträumter, intimer, die Teilnahme freiwillig. Wir Chorknaben mussten natürlich hin, doch die anderen gingen nur, wenn ihnen danach war.

Bei Nacht, im Dunkel des Friedhofs, war die Kirche nicht mehr als ein Streifen rotglühender Fenster. Drinnen warfen Öllampen und reglose Kerzen Schatten in den Raum, der nun plötzlich viel kleiner wirkte. Die Spektakel des Morgens waren jetzt verschwunden, das Hauptschiff umgab uns heimelig und schläfrig. Nur einige wenige Gläubige waren gekommen, und alle waren in ihre eigenen Gebete versunken: eine der beiden Misses Bagnall, die Witwe White, die Putzfrau der Kirche, ein Witwer und ganz hinten der Briefträger. Die Feier war beinahe entrückt, unsere Choräle waren dunkel und leise, die Psalmen traditionell und immer gleich, sodass wir keine Vorlage brauchten. Die wenigen, in der Dunkelheit verstreuten Anwesenden waren kaum zu erkennen und sangen wie zu sich selbst: »Herr, nun lässt du deine Diener ziehen in Frieden …« Mit geschlossenen Augen und bebenden Stimmen sangen sie. Das wäre morgens nicht möglich gewesen.

Von unseren Chorstühlen aus sahen wir zu, wie das Jahr verging: Weihnachten, Ostern und Pfingsten, der Bittsonntag und Gebete um Regen, denn die Kirche begleitete die Arbeit der Bauern mit großer Aufmerksamkeit. Erntedank war unser

Lieblingsfest, denn es hatte am meisten mit uns zu tun. Dann war die Kirche verschwenderisch geschmückt, mit allem, was unser Tal zu bieten hatte, und die Gläubigen brachten die schönsten Früchte ihrer Felder und Gärten mit. Am Morgen des Erntedankfestes die Kirche zu betreten war so, als krabbelte man kopfüber in ein übervolles Horn, einen aus allen Nähten platzenden Kornspeicher, einen Gemüsestand, eine Höhle voller bunter Blumen. An den normalerweise nackten Wänden sprossen Laub und Früchte, der Altar war von dicken Getreidegarben umrahmt, und an den Kommunionbänken lehnten dekorative Brotlaibe, so groß wie Wagenräder. An der Kanzel hingen bündelweise blaue Weintrauben aus dem Garten des Squire. Riesige Zierkürbisse, Lauch und Zwiebeln schmückten die Bänke, Eier und Butter häuften sich auf dem Lesepult, in den Fenstern stapelten sich Äpfel, und die dicken runden Säulen, die die Kirche unterteilten, waren mit Hafer und Gerste verkleidet.

Fast alle in der Gemeinde hatten daran mitgewirkt. Vierschrötige Bauern und Gutsleute, die in Vatermördern zur Kirche kamen, alte Gärtner und Geflügelzüchter – sie nickten einander zu, stießen sich gegenseitig in die Rippen oder zeigten mit dem Finger, um auf etwas hinzuweisen, das sie beigesteuert hatten. Die Kirche war älter als ihre einzige Grundfeste, so alt wie das Leben der Menschen auf der Erde. Der Same dieser Früchte und der Same dieser Männer stammten noch immer aus derselben Quelle; sie waren auf dieses Tal beschränkt und erneuerten sich hier, aber sie reichten zurück bis in die Eiszeit. Stolz auf die Ahnen, die Gnade Gottes und das anhaltende Wachstum zu preisen – dazu waren wir gekommen. Und wenn wir sangen »Danket dem Herrn und preist seine Macht, glücklich ist wieder die Ernte vollbracht ...«, obwohl wir genau wussten, dass beim

Bauer Lusty noch Hafer auf dem Feld verrottete, spielte diese kleine Unstimmigkeit keine Rolle.

Ich erinnere mich an ein Erntedankfest, das dieses Gefühl perfekt wiedergab. Ich war damals noch nicht alt genug, um im Chor zu singen, und saß neben dem dreijährigen Tony. Es war sein erstes Erntedankfest, aber er hatte so viel darüber gehört, dass er seine Erwartungen ins Unermessliche geschraubt hatte. Der Chor stand mit erhobenem Banner ungeduldig im Eingang, bereit, die Prozession anzuführen. Tony sah sich mit glänzenden Augen um und nahm die köstliche Pracht in sich auf. In einem Moment der Stille, kurz bevor die Orgel mächtig brausend eine Hymne anstimmte, fragte er mit lauter Stimme: »Gibt es auch Trommeln?«

Es war eine ganz natürliche Frage, unschuldig und echt. Weder Trommeln noch Pauken und Trompeten wären bei diesem Anlass fehl am Platz gewesen.

Der Tod des Squire bedeutete nicht den Tod der Kirche, obwohl sie zusammen alt geworden waren. Er starb, das große Haus wurde auf einer Auktion versteigert und in ein Invalidenheim umgewandelt. Der See versandete, die Schwäne flogen davon, und der große Hecht erstickte im Schilf. Ohne die schützende Hand des Squire brach alles auseinander – aber das wäre ohnehin unausweichlich gewesen. Seine Bediensteten zerstreuten sich und gingen in die Fabriken. Sein Neffe zerstückelte das Grundstück.

Zerfall, Freiheit des Denkens und neue Verlockungen kamen jetzt auf uns zu, verführerisch und verwirrend zugleich. Das erste junge Paar, das nur auf dem Standesamt heiratete, wurde von der Kanzel aus in Bausch und Bogen verdammt. »Wer mit dem Feuer spielt, kommt darin um!«, tobte der Vikar. »Merkt euch meine Worte!« Später erwischte er mich bei der Lektüre von *Söhne und Liebhaber*, nahm mir das Buch weg und zerriss es. Es könnte eine seiner letzten Amtshandlungen gewesen sein. Wenig später nahm ein junger Apologet seinen Platz ein.

Unterdessen verschwanden die alten Leute einfach – die mit den weißen Backenbärten, Gamaschen, Stiefeln und Hauben, die Letzten ihrer Welt, die noch die alte Ausdrucksweise hatten, die alles, was kreuchte und fleuchte, mit Ihr und Euch angesprochen hatten, junge Mädchen als »Maid«, halbwüchsige Jungen als »Junker« und alte Männer als »Meister« bezeichneten, vom Squire nur als »Er« sprachen und sich noch an die Postkutsche von Birdslip erinnern konnten. Kicker Harris, der alte Kutscher mit seinem Zylinder und seinen Beinkleidern, wurde davongeweht wie ein Blatt im Wind. Lottie Escourt, unehelicher Spross eines normannischen Adelsgeschlechts, legte sich in den Relikten ihrer Vergangenheit zur Ruhe und starb. Andere verabschiedeten sich, ohne dass man viel davon mitbekommen hätte. Die alte Mrs Clissold etwa, die uns gelegentlich um einen Gefallen bat: »Kommt mal kurz herein, Junker, ich will Euch um einen Gefallen bitten!« Dann rannten wir zum Laden, um ihr eine Packung Pfefferminzbonbons zu kaufen, und wurden auf die übliche Art belohnt. Mit einem Bonbon in der Backentasche lehnte sie sich in ihrem Sessel zurück und entließ uns mit einem schläfrigen Nicken: »Ich hab grad keinen Penny zur Hand, aber Mrs Crissole wird Euch schon nicht vergessen …« Wir schrieben es als gute Tat des Tages ab, und sie starb, ohne uns vergessen zu haben.

Als die Mädchen anfingen, mit jungen Männern auszugehen, begannen auch für meine Familie die letzten Tage.

Ich erinnere mich noch genau daran, wie es anfing. Es war Sommer, und wir Jungs saßen am Fluss und beobachteten eine große Rauchwolke am Himmel.

Plötzlich sprang ein Mann von seinem Rad und schrie: »Es ist das Kesselhaus!« Wir rannten den Hügel hinauf, um es zu sehen.

Das Kesselhaus brannte fast jedes Jahr. Als wir ankamen, sahen wir, dass es diesmal besonders großartig war. Das Lagerhaus stand wie üblich in Flammen, Decke und Wände stürzten ein, Feuerwehrmänner schrien, Fenster schmolzen wie Eiszapfen, und aus dem Innern des Gebäudes hörte man dumpfes Getöse, wenn die Kessel durcheinanderpolterten. Damit verging ein großer Teil dieses Tages, und wir jubelten über jeden einstürzenden Schornstein.

Als wir gegen Abend zum Dorf zurückkamen, entdeckten wir einen fremden Mann unten in unserem Garten. Einigermaßen schockiert beobachteten wir ihn aus der Ferne. Abgesehen von Nachbarn oder Verwandten auf Besuch hatte ihn nie jemand betreten. Doch dieser Fremde schlenderte nicht nur nach Belieben herum, nein, obendrein wuselten auch alle Frauen unserer Familie um ihn herum.

Ungestüm rannten wir die Böschung hinunter auf sie zu und stellten fest, dass sich alle vor Höflichkeit überschlugen. Unsere Schwestern machten ein großes Getue und begrüßten uns, als hätten wir gerade eine Weltreise hinter uns. Marjorie war ganz besonders sanft und liebevoll, die anderen strahlten uns ängstlich an. Mutter war zwar nicht gerade elegant, hatte aber ihr bestes Schwarzes an, und der Fremde drehte seinen Hut in den Händen.

»Das sind unsere Brüder«, sagte Marjorie und drückte zwei

von uns an ihre Brust. »Jackie und Loll, und das hier ist Tone. Drei schreckliche Lausebengel.«

Nervös und erleichtert lachten alle los, als wären mehrere dunkle Geister auf einen Schlag vertrieben worden. Wir grinsten und befreiten uns aus ihrer Umarmung, zogen Grimassen und machten uns wichtig, kamen aber ums Verrecken nicht dahinter, was das alles zu bedeuten hatte. In Wirklichkeit war dieser Brand im Kesselhaus ein Leuchtfeuer im Leben unserer Mädchen gewesen. Es war der Tag, an dem der erste junge Mann einer von ihnen den Hof machte, und das war dieser Fremde. Er gehörte zu Marjorie und hatte die erste Schneise in unseren Garten geschlagen.

Er wirkte attraktiv mit seinen dichten Locken, war Schiffsbauer, sehr kräftig und eine gute Partie. Er hieß Maurice. Wir Jungs akzeptierten ihn und behandelten ihn wie einen von uns. Ihm folgten wenig später zwei weitere junge Männer, einer für Dorothy und einer für Phyllis. Dorothy bekam Leslie, einen Pfadfinderführer aus der Gegend, der sehr schüchtern war, zumindest, bis er sie kennenlernte, Phyllis aber schleppte den Schuhmacher Harold an, der aussah wie ein eleganter Latino, Klavier nach Gehör spielte und Lieder über altmodische Mütter zum Besten gab. Und am Ende ließ sich sogar unser Bruder Harold anstecken; er flickte unsere Stühle, polsterte die Sessel neu und brachte ein Mädchen mit nach Hause.

Nach diesen Schicksalsschlägen veränderte sich unser gemeinsames Leben für immer. Neue Regeln und Ideen hielten Einzug, statt zu acht saßen wir nun zu einem runden Dutzend in der Küche, und so blieb es, bis die Mädchen heirateten. Die jungen Männer kamen jeden Abend, mit Kerzen in Gläsern, stürzten kopfüber die steile Böschung herunter oder schlenderten im Sommer mit den Mädchen die Straße entlang und schoben ihre Räder. Manchmal saßen sie auch am Feuer und erzählten gemächlich von der Arbeit oder sagten gar nichts, waren einfach nur da, während die Nähmaschine summte und Mutter vom Hundertsten ins Tausendste kam und das Nichts warm um sie herumplätscherte. Vor Mutter und ihren unberechenbaren Launen nahmen sie sich in Acht, doch deren Wutausbrüche richteten sich gegen die Welt an sich, nicht gegen einzelne Menschen. Leslie war taktvoll, zurückhaltend und lachte kurz und heftig, wenn sie einen Witz machte. Maurice hielt ihr häufig Vorträge zum Thema »Der Arbeiter von heute«, nach denen sie dann gar nichts mehr verstand. Phyls Harold setzte sich gelegentlich ans Klavier, schlug mit der Kraft von zehn starken Männern auf die Tasten und beflügelte uns alle mit seinem lautstarken Gesang.

Dann gab es Käse und Kakao, man sagte Gute Nacht, und der Erste stand auf, um zu gehen. Es folgten lange Abschiede an der Spülküchentür: Jedes Paar kam an die Reihe. Diejenigen, die noch warteten, wurden ungeduldig. »Typisch unsere Doth! Immer noch nicht fertig?« »Nur noch eine Sekunde!« Weitere Stille, weitere Küsse. »Nun macht schon, beeilt euch! Ihr seid wirklich unmöglich!« Nach vollen fünf Minuten Stille draußen klapperte Marge mit dem Türriegel. »Wie lange soll denn das noch dauern, Doth? Ihr seid schon den ganzen Abend zugange. Es gibt Leute, die müssen morgen arbeiten!« »Schon gut, kein Grund, so ein Geschrei zu machen. Er ist gerade los. Gute Nacht, Schwesterchen.« Einer nach dem anderen verschwand, dann löschten wir die Lichter, und die Mädchen begaben sich zu Bett.

An Sonn- und Feiertagen dauerte die Balz den ganzen

Tag, und dann versammelten sich die Freunde der Schwestern alle bei uns. Bei Regen war es hoffnungslos – dann spielten wir einfach Karten, oder die jungen Männer mussten die neuesten Entwürfe meiner Schwestern anprobieren. Doch bei schönem Wetter plante Mutter gern auch mal etwas Besonderes, zum Beispiel ein Picknick im Wald.

Ich erinnere mich an einen glühend heißen Sonntag im August. Mutter hatte einen Ausflug vorgeschlagen. Wir würden ein Stück laufen und dann an einem schönen Plätzchen im Grünen unter den Bäumen Tee trinken. Es klang ganz einfach, doch wir wussten es natürlich besser. Diese Picknicks waren aufwendige Angelegenheiten und erforderten gewaltige Vorbereitungen. Dann flog Mutter durch die Küche, kommandierte alle herum, und die jungen Männer sahen erschrocken zu. Es gab Gurken in Scheiben und ganze Schüsseln voller Brotaufstriche, Radieschen, Pfeffer und Salz, Kuchen, Brötchen und Makronen, Suppenteller voller Butterbrote, Marmelade, Sirup, Milchkannen und mehrere selbst gemachte Süßspeisen.

Die jungen Männer fanden das alles entsetzlich und brummten, das sei völlig verrückt. Doch dann hieß es: »Kannst du das bitte nehmen, sei so gut«, und plötzlich hatte jeder von uns irgendetwas in der Hand. So brachen wir schließlich auf, wie Griechen auf einem Fries, die einem Waldgott ihre Geschenke darbieten – Mutter trug ein Geschirrtuch um den Kopf und pflückte unterwegs einen Blumenstrauß, die Schwestern gingen hinter ihr mit Kuchen und Brot, dann Jack mit dem Wasserkessel, Tony mit Salz, ich selbst hatte eine Kanne Milch, und hinter mir kamen die mürrischen jungen Männer in ihren feinen blauen Serge-Anzügen mit dem Nachtisch in offenen Schüsseln – Süßspeisen, die in der Sonne rasch schmolzen und sie mit gelben und rosa Spritzern bekleckerten. Die jungen Männer fluchten leise, Bruder Harold schämte sich dermaßen, dass er weit hinter uns zurückblieb, und Mutter marschierte unaufhörlich trällernd vor uns her, entschlossen, das Ganze zu einem Erfolg zu machen.

Sie merkte sofort, wenn andere missmutig wurden, und konnte mit ihrem Charme Berge versetzen, um die Stimmung zu heben. Deshalb legte sie eine verzweifelte Fröhlichkeit an den Tag und kämpfte mit ihrer lauten Stimme gegen das allgemeine Schweigen an.

»Nun komm schon, Maurice, leg einen Schritt zu, trallala. Leslie! Sieh doch bloß, diese hübschen – wie-heißen-die-noch? Und die da – diese Dingsda –, sind sie nicht traumhaft? He, Leslie, guck doch mal hin, sie sind doch wunderhübsch, oder? Komisch, dass du den Namen nicht weißt. Ach, ist das nicht ein herrlicher Tag, trallali? Jungs, was meint ihr, ist es nicht herrlich?«

Wortreich, aufgekratzt und unbeirrt brachte sie uns endlich zu dem Platz im Wald. Dort erhielten wir Befehl, auszuschwärmen und Reisig zu sammeln. Das Feuer rauchte düster und brannte in den Augen, die jungen Männer saßen da wie Märtyrer, die Milch wurde sauer, die Butter zerfloss auf dem Brot, Kuchenkrümel klebten auf den Gurken, Wespen entdeckten den Sirup für sich, das Wasser im Kessel wollte nicht kochen, und am Ende mussten wir den Nachtisch trinken.

Da wir Brüder alles verdrückten, egal wo wir gerade waren, machten wir uns nicht viel daraus. Doch die jungen Freunde unserer Schwestern saßen auf ihren ausgebreiteten Seidentaschentüchern und starrten verstört auf das Essen. »Nein, vielen Dank, Mrs Lee. Ich glaube, ich kann nicht mehr, ich habe eben erst zu Mittag gegessen, tja.«

Keiner von ihnen war ein solches Durcheinander gewöhnt oder machte sich etwas aus Picknicks unter freiem Himmel – und am allerliebsten wären sie mit ihren Mädchen irgendwo allein gewesen, auf einem Feld oder in einer Böschung, um sich an Sommer und Liebe zu laben und keinen von uns ertragen zu müssen.

Als die Mädchen sich verlobten, zeigten sie heftig errötend die Ringe in der Familie herum. »Lauter Brillanten. Hat mehr als zwei Pfund gekostet. Er hat ihn in Gloucester-Market gekauft.« Nun, da es offiziell war, saßen sie noch länger draußen im Dunkeln, und die Spannungen verschärften sich. Die Mädchen waren jetzt erwachsen und wollten weg von zu Hause. Sie waren verliebt und hatten den Richtigen gefunden. Die Ungeduld machte allen zu schaffen, bis es in einem Fall zu einem unvermuteten Ausbruch kam ...

Es war Abend; ich saß am Küchentisch und zeichnete. Eine meiner Schwestern hatte sich verspätet. Als sie endlich kam, waren wir schon fertig mit dem Abendbrot. Sie hatte ihren Freund im Schlepptau, das war ungewöhnlich, normalerweise kam er an diesem Tag nie zu uns.

»Komm, zieh den Mantel aus«, sagte Mutter, »und setz dich zu uns.«

»Nein danke«, antwortete er frostig.

»Aber du willst doch nicht die ganze Zeit so herumstehen, oder?«

»Es ist alles in Ordnung, Mrs Lee, glauben Sie mir.«

»Ma, wir haben uns überlegt –«, setzte die Schwester an. Ihre Stimme war ruhig und laut.

Ich wurde immer ganz still, wenn es nach Ärger aussah,

und drehte mich auch jetzt nicht zu ihnen um. Ich zeichnete einfach weiter, und die wachsende Auseinandersetzung floss in jede Linie, in jedes Detail ein. Ein gestricheltes Blatt, die Krümmung eines Zweigs, an allem blieb ein Wort oder ein Satz haften. »Red nicht so dummes Zeug ... Du benimmst dich wirklich sehr merkwürdig ... Keiner von euch hat eine Ahnung, wie es in mir aussieht ... Es ist grausam, dich so reden zu hören ... Ich hatte nie eine echte Chance ... Ach, jetzt setzt euch endlich hin und redet nicht so albernes Zeug ... Es hat keinen Zweck, wir haben uns entschieden ... Es reicht jetzt, Mrs Lee, es wird Zeit, dass sie hier rauskommt ...« Mein Bleistift hielt inne, was sollte das bedeuten?

Die anderen Mädchen waren empört, Mutter traurig und verloren, die Stimmen schwollen an und ab. »Nun, jedenfalls denken *wir* so. Es ist ein Skandal, was du uns zumutest. Und was ist mit ihm? – kommt einfach hier reinspaziert – für wen hält er sich denn? Und was ist mit *euch*, wenn wir schon dabei sind? Was soll schon mit uns sein? Wir hören zu. Ihr glaubt, hier müsste sich alles nur um euch drehen. Das stimmt doch gar nicht! Und ob es stimmt! Nie im Leben! Jetzt reicht es, komm, Kleines, wir gehen!« Schockiertes Schweigen, Fassungslosigkeit. »Untersteh dich!«

Ich lauschte mit jeder Faser meines Rückens. Nichts geschah; die Worte flammten auf und erloschen. Zuletzt gingen wir Jungen nach oben, zogen uns aus und legten uns im Dunkeln ins Bett. Noch während wir angestrengt lauschten, wurde es in der Küche leiser, der Streit schien in einem Murmeln zu verebben ... Doch dann hörten wir einen lauten Tumult, die Mädchen schrien, Mutter kreischte, man hörte Schritte und das Poltern von Möbeln. Jack und ich schossen aus dem Bett und rannten im Nachthemd nach unten. Mutter und zwei Schwestern hatten den jungen Mann am Hals gepackt und schlugen ihn gegen die Wand. Die dritte Schwester versuchte, sie von ihm wegzuzerren. Es war ein heilloses Durcheinander. Ohne zu zögern oder auf das Gedränge zu achten, stürzten auch wir uns entschlossen auf ihn.

Doch als wir ihn erreichten, war die Schlacht bereits vorbei, und die Frauen hatten ihn wieder losgelassen. Der Freund meiner Schwester stand keuchend da, allein in einer Ecke. Ich gab ihm einen Schubs, er versetzte mir einen Schlag, dann bückte er sich nach seinem Hut.

Er hatte versucht, unsere willige Schwester zu entführen, und dafür hatten wir ihn beinahe gemeinsam umgebracht. Doch im nächsten Moment lagen sich alle in den Armen, vergossen Tränen, küssten und verziehen einander. Mutter schlang den Arm um den Hals des Mannes und hätte ihn vor lauter Zuneigung fast noch einmal erwürgt. Die ganze Gruppe bewegte sich in die dunkle Spülküche hinüber, und alle murmelten: »So so, alles ist wieder gut. Wir sind wieder Freunde, ja? Mein lieber Junge … ach, Mutter … alles wieder gut …«

Eine Sekunde zuvor war ich noch blindwütig bereit gewesen, jemanden umzubringen, um meine Familie zu beschützen, und jetzt war die ganze Aufregung verflogen, beendet, vorbei. Angewidert von ihrem Gegurre und Getue, wandte ich mich ab, trat zum Feuer und wärmte mit erhobenem Nachthemd meine nackten Lenden am Kaminschirm …

Die Madchen würden heiraten, der Squire war tot, Busse verkehrten, und die Städte rückten näher. Nach und nach schüttelten wir das Tal ab und wandten uns der Welt zu, in der das

Vergnügen anonymer und reizvoller war. Es brach förmlich über uns herein, und wir standen parat. Jede Woche hielt Miss Bagnall ihre Penny-Dances ab, wo uns die weiblichen Körper vertrauter wurden. Für einen Penny durfte man zum Lancer oder Two-Step mit ihnen über den gebohnerten Tanzboden walzen – schwang man sie aber zu übermütig im Kreis, klappte Miss B das Klavier zu und ging nach Hause ...

Die Zeit verflog, das Dorf schrumpfte, und die Entfernungen nahmen ab. Sonne und Mond, die einst über unserem Hügel aufgegangen waren, gingen nun im Osten über London auf. Der eigene Körper war kein Punchingball mehr, der gegen Bäume und Hänge prallte, sondern ein in die Ferne blickendes Totem mit seltsamen Bedürfnissen, die wir bislang kaum befriedigen konnten. An den Gesichtern der anderen Dorfbewohner konnten wir ablesen, wie sehr wir uns verändert hatten, und an ihren Gewohnheiten die Veränderungen, die sie selbst durchmachten. Die Pferde waren tot, kaum jemand hielt noch Schweine, man brachte dafür aber viel Zeit mit seinen diversen Maschinen zu. Die Flöten und Hörner, die Grammophone mit ihren Trichtern, die Windharfen – all das verschwand. Jetzt suchten Radioantennen den elektrischen Himmel nach der Musik der Savoy Orpheans ab. Die alten Männer in den Pubs sangen »Als ich auszog«, und dann zogen sie aus und kamen nie wieder. Unsere Mutter war ergraut, noch eine Spur wirrer im Kopf und erzählte von großen Gutshäusern, die sie nie bauen würde.

Was mich anging, nun, für mich wuchs das Gras höher und die Sorgen ebenfalls. Die Bäume fühlten sich an wie nackte Haut, Mädchen waren nicht länger etwas, das man links liegen ließ, sondern Geschöpfe, die einen unendlich traurig machen konnten. Jetzt unternahm ich alle Ausflüge durch das Tal allein, Leidenschaft loderte in jedem Gebüsch, und die Bewegungen des Windes, der Wolken und Sterne waren plötzlich nur für mich allein bestimmt. Unbekannte Stimmen erwählten mich aus allen anderen und forderten mich auf, die Welt zu erlösen. Ich seufzte vor Einsamkeit, wurde rot, wenn ich stolperte, liebte die Fremden, liebte Brot und Butter. Machte auf meinem Fahrrad lange Fahrten im Regen, starrte kläglich in erleuchtete Fenster, grinste jämmerlich, wenn ich daran dachte, wie unbekannt ich war, und lebte in einem Zustand ständiger, wilder Erregung.

Wie gesagt, die Schwestern waren im Begriff zu heiraten. Harold arbeitete in der Fabrik an seiner Drehbank. Bruder Jack besuchte die Oberschule und war dort obergut, und Tony hatte immer noch seine feine Sopranstimme. Meine Mutter verstand mich ansatzweise, konnte mir aber nicht helfen. Ich fühlte mich dem Untergang geweiht, hauptsächlich aber wundervoll.

Damals fing es an, dass ich auf dem Bett saß, völlig gedankenverloren den knabbernden Eichhörnchen zuschaute und dabei Gedichte ersann, Stunde um Stunde, ohne auf die Zeit zu achten. Die Fantasie ließ mich kaum je im Stich, das Versmaß kam nie aus dem Takt, und während die Schwestern nach mir riefen und draußen die Sonne auf- und unterging, waren mir diese Gedichte, die ich machte und nie im Gedächtnis behielt, das Allerwichtigste ...

* * *

Foto: Sandra Lousada

Laurence Edward Alan ›Laurie‹ Lee wurde am 26. Juni 1914 in Stroud geboren und starb am 13. Mai 1997 in Slad. Er war Dichter, Romancier und Theaterschriftsteller. Aufgewachsen ist er im Dörfchen Slad und besuchte die Central Boys' School in Stroud, Gloucestershire. Sein berühmtestes Buch ist *Cider mit Rosie*, der erste Teil einer autobiografischen Trilogie. Der Roman zählt heute noch zu den beliebtesten Büchern und wird immer und immer wieder neu aufgelegt.

Der Verlag bedankt sich herzlich für die leidenschaftliche Unterstützung bei der Herausgabe des Romans durch Burkhard Varnholt und Matthias Vock.

2. Auflage 2015
Copyright © der deutschen Übersetzung bilgerverlag GmbH, Zürich, 2015

First published as *Cider with Rosie* by Chatto & Windus, an imprint of The Random House Group

Übersetzung aus dem Englischen: Pociao & Walter Hartmann
Korrektorat: Ulrike Ebenritter

Illustrationen und Buchumschlag: Laura Stoddart – www.laurastoddart.com

Herstellung: Dario Benassa, purpur, Zürich
Druck: Drukarnia GS

ISBN 978-3-03762-045-8

9 783037 620458 >